移动互联网营销宝典

刘徽 著

電子工業出版社
Publishing House of Electronics Industry
北京•BEIJING

内 容 简 介

本书是一本系统阐述移动互联网营销等相关方法、思路的著作。内容涉及范围包括微信、二维码、O2O、移动社交、移动电商、移动阅读、移动视频、移动支付、移动游戏、移动广告及移动搜索等相关内容。

本书不仅较为全面地介绍了移动互联网的常见运营手段以及具体操作方法，更是详细地介绍了互联网思维，并以专业的视角全方位解读移动互联网给传统产业带来的变革。

本书适合于网络营销人员、移动互联网营销人员以及企业人员阅读。

图书在版编目（CIP）数据

移动互联网营销宝典 / 刘徽著. —北京：电子工业出版社，2015.1
ISBN 978-7-121-24179-6

Ⅰ. ①移… Ⅱ. ①刘… Ⅲ. ①网络营销 Ⅳ. ①F713.36

中国版本图书馆 CIP 数据核字(2014)第 197389 号

策划编辑：林瑞和
责任编辑：徐津平
印　　刷：三河市双峰印刷装订有限公司
装　　订：三河市双峰印刷装订有限公司
出版发行：电子工业出版社
　　　　　北京市海淀区万寿路 173 信箱　邮编 100036
开　　本：720×1000　1/16　印张：18.5　字数：296 千字
版　　次：2015 年 1 月第 1 版
印　　次：2015 年 1 月第 1 次印刷
印　　数：4000 册　　定价：49.00 元

凡所购买电子工业出版社图书有缺损问题，请向购买书店调换。若书店售缺，请与本社发行部联系，联系及邮购电话：（010）88254888。

质量投诉请发邮件至 zlts@phei.com.cn，盗版侵权举报请发邮件至 dbqq@phei.com.cn。

服务热线：（010）88258888。

前　言

智能手机的诞生，引发了具有划时代意义的商业模式革命，进而引发了巨大的移动互联网商业市场，眼看着这块移动互联网市场“蛋糕”越来越大，我相信无数电商企业、传统企业以及网络营销人都希望能分一杯羹。

一、手机的特性

很显然，这块“蛋糕”是由移动互联网带给我们的，我们要想分一杯羹，就必须对手机这一载体充分了解。

手机是作为移动通信手段而诞生的，但现在很显然，它除了通信功能之外，还附加了其他各种各样的功能供人们使用。尤其是智能手机的诞生，几乎实现了将互联网从 PC 终端搬到手机端。移动电商自然也就应运而生，要想了解移动电商这种商业模式的变化，我们首先还是要从手机的特性来进行分析。

1. 本人性：所谓本人性，是指绑定手机的所有者。在大多数场合下，手机基本上可以说是人手一部，因此绑定手机所有者就很容易。绑定之后，服务商便可以掌握所有者的相关信息（如年龄、性别、居住等个人信息），并通过个人信息平台向所有者提供配套的个性化服务。反过来，如果手机所有者通过这个平台上传相关信息，服务商也可以迅速了解信息来源。所以说，本人性是重要的特性之一。

2. 经常性：所谓经常性，就是指经常将手机放在身边使用。大多数人在日常生活中都随身携带手机，甚至很多人在日常生活中，已经根本离不开手机了，即便是睡觉，也要把手机放在枕边。对于很多人来说，手机已经成为他们最亲密的伙伴，是日常生活中必不可少的工具。

3. 定位性：手机的第三个特性就是定位性，所谓定位性就是用户可以通过确定接收电波的基地位置来确定手机的位置。现在的手机都具有 GPS 定位功能，只要开启 GPS 定位功能，在本人同意的前提下，便可以在很短的时间内进行定位。

4. 网络性：智能手机的诞生，使得我们的手机已经成为了电脑的替代品，通过移动互联网，我们完全可以实现电脑上所有的应用流程，也正是因为这一特性，手机已经成为我们日常生活和商业运作中不可忽视的一个重要武器。我们可以肯定地说：一个新的时代、一种新的生活方式已经来临。

二、手机时代来了，你会营销吗？

中国互联网市场从引进到电子商务市场成熟经历了 8 年，在这 8 年中，诞生了很多成功的企业，如阿里巴巴、京东商城、当当网、一号店等。也有很多传奇电商巨头如同天上的流星，曾经辉煌过，但转眼之间走向了灭亡，如 PPG、麦考林、8848 等。

历史告诉我们，电商时代注定是一个造就英雄的时代，也注定会有无数的英雄变为先烈。无论是英雄还是先烈，作为后来者，除了怀着一份敬重的心（因为正是他们，互联网才有所发展，电商才走向繁荣），我更多的是在思考一个问题：如何进行营销？

如何进行产品营销？如何进行品牌营销？如何进行互联网营销？如何进行社会化媒体营销？……这些问题，可能自从我选择营销作为我的专业，选择从事营销和网络营销教师，选择研究中国商业运作作为我未来的使命开始，就注定成为伴随我一生的问题。也正是因为如此，我早在 7 年之前，成立了自己的营销工作室，其中非常重要的一个版块就是研究营销、网络营销、电子商务以及移动营销；也因为如此，在这 7 年过程中，我走访了无数企业，拜访了很多前辈，也总结了很多经验，相继出版了《你的网站赚钱啊——写给 4000 万中小企业的网络营销工具书》、《实战网络营销宝典：网站赚钱谋略大全》、《30 分钟玩转视频营销》等书籍。

现如今，智能手机引发的移动互联网时代来了，面对移动互联网时代所带来的商机，我相信很多企业家、营销人跟我一样，都在思索：手机时代来了，我们应该如何营销？这也是我写本书的目的所在。

三、本书的结构安排

从 2013 年春节的时候开始，我就已经花了很多时间来认真研究和分析移动互联网这个媒体，一直想写这方面的作品，但迟迟未动笔，直到 2013 年 10 月，跟电子工业出版社林瑞和编辑在广州见面（他是我已经出版的三部作品的策划编辑），我们就移动互联网聊了很长的时间，在他的鼓励下，我才开始筹备这本书的写作。

对于这本书，我可以说是非常小心翼翼。从选题到内容的规划，再到每一个章节的落定，林瑞和先生和我进行了反复的推敲，非常感谢他给我提供的帮助。

本书从移动互联网的应用方面来进行阐释，大致分为以下几个部分。

1. 微信：微信应该是移动互联网中最为热门的一个应用软件，微信营销可以说是移动互联网营销的重中之重。在本章中，我们重点介绍微信和微信公众平台两个方面的相关知识。

2．二维码：相信大家对于二维码已经不陌生了，二维码营销伴随移动互联网的发展而不断繁荣，在本章中，我们重点介绍二维码及二维码营销的相关知识。

3．O2O：线下与线上的结合，传统渠道与网络渠道的整合，已经成为企业渠道拓展和开发的重要走向。现如今，已经很少有不需要考虑互联网因素的传统企业、传统渠道，另外更多的电商品牌和企业也尝试性地通过线下来实现体验营销。在本章中，我们重点介绍如何进行线上线下整合营销。

4．移动社交：社交媒体平台自从诞生之日起，就伴随着我们不断地壮大和发展。社交平台的出现，使传播从传统的单方向传播，走向“人人为我，我为人人”的传播模式，使得互联网世界里的每个人不仅仅是信息的接受者，也是信息的传播者，甚至是信息的创造者。这种言论自由的体现让社交平台成为消费者的最爱，使得社交平台从 PC 端延伸到移动端。在本章中，我们重点介绍移动社交的相关知识和如何进行移动社交营销。

5．移动电商：移动电商是本书除了微信营销之外，另一个需要阐述的重中之重。在本章中，非常详细地介绍了移动电商的引流、成交、销售、部落（圈）文化的建立与运营等相关知识。

6．移动阅读：移动阅读是消费者使用手机时使用频率最高的一种应用，也是消费者通过移动互联网或手机端获得信息的重要来源。在本章中，我们重点介绍移动阅读及其应用等相关知识。

7．移动视频：视频营销是我最看好的网络营销手段之一，也是目前网站引流、传播的重要手段之一，移动互联网营销自然也少不了移动视频营销的出现。在本章中，我们重点介绍移动视频营销的概念及微视的应用。

8. 其他移动应用：除了上述移动互联网应用之外，移动互联网应用还包括了移动支付、移动游戏、移动应用广告、移动搜索、移动云端等应用软件，这些软件或因为应用技术还未成熟，或因为是辅助其他的应用软件而没被重视，但它们确确实实地在移动互联网发展过程中占据着很重要的角色。在本章中，我们重点介绍这些被人忽视的移动应用软件。

四、本书适合阅读人群

目前，国内外关于移动互联网的书籍还不多，也许是因为我们对移动互联网研究的时间还不长，对移动互联网所涉及的领域还没有清晰地掌握，另一方面，移动互联网用户也处于培养时期，所以相比传统营销或传统互联网营销而言，移动互联网营销无论是在理论还是在实战方面都处于摸索的阶段。

我曾经说过一句话，网络营销的核心是营销，只不过它的载体是互联网而已，因此我也深深地相信，移动互联网营销其核心也是营销。所以在本书中，无论是介绍哪种移动营销应用软件，我都是从企业的角度出发，从营销的角度去思考，因此读者会在这本书中看到很多营销的影子。

适合本书的阅读者包括但不限于：

- 高等院校网络营销及电子商务专业的学生
- 移动互联网研究人员及移动互联网营销人员
- 想通过移动互联网进行商业运作的个人、团队和企业
- 网络营销人员
- 网络管理人员
- 企业高级管理人员

当然，除了上面这一系列人员之外，只要你对移动互联网感兴趣，或者想了解一下移动互联网营销，或者准备着手移动互联网营销运营的人，都可以选择这

本书，我也相信这本书会给你很多启发。

五、致谢

本书能够得以出版首先要感谢电子工业出版社的林瑞和编辑，正是因为去年跟他的一次长时间的交流，他的鼓励、帮助以及他在图书策划方面的深厚功底，才使得我顺利地完成这本书的创作。其次我要感谢我的朋友吴军华、林丹妮、李欢欢、黄日庆、黄希婷、谢桂萍、方佩玲、林丽文、刘宇豪、陈嘉辉、王光友等人的帮助，感谢他们在我的创作过程中源源不断地提供资料并参与了写作，尤其是要感谢罗灿，他对本书的完成帮助很大，他完成了本书第 2 章“微信”和第 6 章“移动电商”的写作。

同时，我也要谢谢我服务的企业：广州凤经纬工贸有限公司、简格高隔间集团（鲁班墙）、广州业德贸易有限公司（健康送食品）、广州顺伊商务有限公司、宁波东锐激光有限公司、广州礼品网、广州服装辅料门户网、中国惠民商城、状元坊饰品、MedAir 空气净化器、欧曼尚品服饰、娃哈哈集团、广粮集团……，因为无论是研究还是创作，都需要花费很多时间和精力去完成，我在为他们服务的时候，更多的时候是他们配合我的时间安排，感谢他们对我的支持。

最后，我要感谢我的广东机电职业技术学院的领导、老师和我的学生，还要感谢我的读者和支持者，感谢他们一直以来对我的支持。除此之外，我要特别感谢我的家人，自从我成立工作室之后，我将更多的时间花在工作、研究和写作方面，很少有时间陪家人，谢谢他们对我的理解、支持和照顾。

刘　徽

2014 年 8 月于广州

目　录

第 1 章

移动互联网的魔力

在开始着笔写这本书的时候是 2014 年的 1 月，而完成这本书的时候，2014 年已经过去半年了。当时思考写这本书的原因是：在悄然过去的 2013 年，在整个互联网的世界里，最热的一个话题莫过于移动互联网。当然即便是现在，移动互联网依旧是互联网中最热门话题。2013 年一整年，我基本上可以说除了在学校教学之外，其他的时间都用来研究移动互联网。因为毫无疑问，移动互联网经过这几年的快速发展，已经成为我们生活中非常重要的一部分，甚至有人预测在未来的十年，移动互联网都会处于“黄金时期”。

那么移动互联网到底是什么呢？

从字面来看，移动互联网就是将移动通信和互联网两者结合起来，形成一体所产生的一种新的运用模式，移动互联网的诞生，使得人们从“人随网走”（PC 电脑）变为“网随人走”（移动网络），极大地简化了上网方式，降低了上网门槛，让互联网的受益群体不断扩大，进而弥补了因收入差异、城乡差异、年龄差异而形成的数字鸿沟，带动整个 IT 产业由 PC 端走向移动端，对改造传统产业，催生新的产业形态、业务形态和商业模式，培养新的消费需求，创造新的业务增长点都起到了很大的作用。

移动互联网的广泛使用最大的意义在于，它赋予了碎片化时间极高的利用价值，使得人们在地铁等地铁、坐公交车的时候可以充分使用移动互联网为自己的工作和生活提供便利。随着移动互联网应用软件的深度挖掘和广泛使用，移动互联网已经不再是浏览新闻、收发邮件那么简单。在移动互联网技术高度发达的今天，可以说：互联网上能办到的事情，在移动互联网上都能办到；在互联网上不能办到的事情，在移动互联网上也能做到。如最近两年来，产生了很多专门适应于移动互联网应用场景的 APP。

也正是如此，移动互联网已经成为人们有用、爱用的便捷工具，其实用性显然已经远远超过互联网发展的早期。

1.1　中国移动互联网的发展概况

在过去的 2013 年，中国移动互联网可以说得到了前所未有的发展，一大批移动应用 APP 的出现，以及各大互联网巨头登陆和抢夺移动互联网市场，使得 2013 年的移动互联网成为最热门的一个话题。另外，随着智能终端、基础设施以及技术支持的全方位发展，移动互联网的用户规模、应用的广度和深度都有了量的增长，也有了质的提高。主要体现在以下几个方面。

1.1.1　移动互联网用户规模持续扩大

2012 年 6 月底，中国手机网民规模首次超过台式电脑用户规模，达到 3.88 亿（台式电脑网民只有 3.8 亿），手机网民在总体网民（5.38 亿）中的比例达到 72.2%，手机正式成为我国网民的第一大上网终端。到 2013 年 6 月底，我国手机网民规模达到 4.64 亿，较 2012 年底增加约 4379 万人，网民中手机上网人群占比由 74.5% 提升至 78.5%（如图 1-1 所示）。另外，根据工信部发布的数据，截止 2013 年 9 月份，我国移动互联网用户约 8 亿，远超过 PC 端的网民。虽然这两者数据稍有差异，但都共同表明了一点，即中国手机网民已经形成庞大规模，并保持快速发展的态势。

以上数据，还仅仅是统计了中国手机网民，移动互联网用户还包括平板电脑上网用户、各种电子阅读器上网用户以及其他通过移动互联网网络、移动设备上网的用户。很显然，移动互联网用户的数据要远远大于手机上网用户。历年来我国互联网网民及手机网民数据见表 1-1。

图 1-1 中国手机网民及其占网民比例

此外，伴随着移动终端价格的下降及 Wi-Fi 的广泛铺设，移动网民出现爆发趋势，尤其是 2013 年 12 月底工信部发布 4G 牌照之后，将会给移动互联网带来新的春天。在不久的将来，会有越来越多的用户手持智能手机，刷微信微博、玩手游、听音乐、手机购物……移动互联网与工作、生活、休闲娱乐的紧密结合势必继续带动移动网民数量进一步快速增长。

表 1-1 历年来我国互联网网民及手机网民数据

截止时间	网 民 数	宽带用户	手机网民
2013.06	5.91 亿	未统计	4.64 亿
2012.12	5.64 亿	未统计	4.2 亿
2012.06	5.38 亿	3.80 亿	3.88 亿
2011.12	5.13 亿	3.96 亿	3.56 亿
2011.06	4.85 亿	3.90 亿	3.18 亿
2010.12	4.57 亿	4.5 亿	3.03 亿
2010.06	4.2 亿	3.64 亿	2.77 亿
2009.12	38400 万	34600 万	2.33 亿

续表

截止时间	网 民 数	宽带用户	手机网民
2009.06	33800 万	32000 万	1.55 亿
2008.12	29800 万	27000 万	1.17 亿
2008.06	25300 万	21400 万	7305 万
2007.12	21000 万	16300 万	5040 万
2007.06	16200 万	12244 万	4430 万
2006.12	13700 万	9070 万	1700 万
2006.06	12300 万	7700 万	1300 万
2005.12	11100 万	6430 万	未统计

——资料来源：CNNIC 第 17~32 期互联网报道

1.1.2　移动网络接入提速加快

从 2012 年开始，台式电脑网民在整体网民中的比例将不断下降，而移动互联网已经成为我国网民第一大上网终端，而且还保持着不断上升的趋势。如果说 2012 年是一个重要的时间点，那么 2013 年对于中国移动互联网来说，更是非常重要的一年。因为在这一年，移动互联网应用得到了前所未有的拓展，移动互联网的理念以及被人们所深刻理解，这对于传统互联网来说是一个真正的颠覆。

这种颠覆得益于 3G 的普及（已经进入 4G 时代）、无线网络发展（包括公用和私用 WIFI 的发展）以及手机应用的创新。3G 的快速普及和无线网络的普及为手机上网奠定了用户基础和网络基础。在促使更多用户便捷上网的同时，也提升了各项上网体验，而基于生活需求的手机应用（如手机地图、手机购物、手机支付等）的应用满足了手机网民的多元生活需求，同时增强了网民们对移动互联网的兴趣，提升了手机网民的使用依赖性。

随着 4G 通信技术的普及和推广，很快手机也能传输高质量视频图像（它的图像传输质量与高清晰度电视不相上下），并且能以为 100Mbps 的速度下载，比目前的拨号上网快 2000 倍，上传的速度也能达到 20Mbps（注：3G 通信技术只能为用户带来最高 2Mbps 的数据传输速率）。届时，4G 通信技术几乎能够满足所有用户对无线服务的要求，手机互联网将前来前所未有的发展。

1.1.3 移动智能终端爆发式增长

在 3G 网络不断完善、4G 网络快速拓展、智能手机和平板电脑等移动终端高速普及以及消费者需求增长等因素的推动下，我国移动智能终端用户数呈现出爆发式增长的趋势，这为移动互联网的发展奠定了基础。据 IDG 发布的数据显示，2013 年中国智能终端市场（注：目前 IDG 研究所指的智能终端市场包括 PC、平板设备、智能手机三大类产品）出货量将接近 3.9 亿台，市场增长率高达 33.1%。其中智能手机市场的出货量将接近 3 亿台，年增长率将达 44%。此外，平板电脑在 Windows RT 以及价格竞争等刺激因素影响下，出货量也有 25.1%的增长（如图 1-2 所示）。

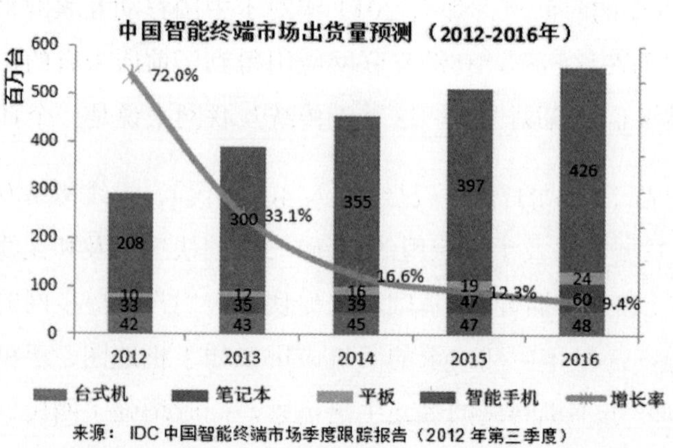

图 1-2 中国智能终端市场出货量

根据有关数据统计显示：2012 年中国智能手机保有量达到 3.6 亿部，增速为 80%，并预测到 2016 年，中国智能手机保有量将超过 7 亿部。这其中千元级的智能手机的增长速度尤为迅速，而智能手机是移动互联网发展的重要载体。智能终端的爆发式增长，为移动互联网的快速发展提供了坚实的基础。

1.1.4　移动应用规模和应用深度空前

移动互联网市场规模的高速增长，推动了移动商务的快速发展。2013 年智能手机和移动互联网用户的快速增长，为移动互联网市场发展提供了用户基础，这促使了移动商务各个细分领域都获得较快的发展。

相对于 Web，应用程序（APP）是目前智能终端移动上网的主要方式和主导平台。据工业与信息部发布的《移动互联网白皮书（2013 年）》显示，2012 年，我国应用程序下载量仅次于美国，位居全球第二，APP 的总使用率比 2011 年增长了 16 倍，总使用时长增长 12 倍，全国 iOS 活跃用户已达 8500 万，Android 活跃用户达 1.6 亿，苹果和安卓设备组成的高端智能机用户成为中国价值最高的用户群体。

相比于 2012 年，手机互联网的各类应用的使用率也有所上升，微信、移动搜索、手机网络视频、手机网络游戏、手机网络文学、手机网络音乐等手机 APP 应用增幅都很大。

1.1.5　移动互联网市场规模稳步增长

在今天，移动互联网已经成为网民购物、社交、娱乐、阅读的综合应用平台。中国互联网协会发布的报告显示，去年我国移动互联网网民规模达 6.52 亿，移动互联网市场规模突破 300 亿元人民币。受智能手机和移动网民规模的快速增长的影响，移动互联网市场规模呈现高速增长的态势。其中，移动购物、移动支付、以及移动游戏等是移动互联网增速较快的行业领域。从 2014 年开始，随着 4G 牌照的发放和进一步广泛应用，这些数字还会被刷新。该报告预计，在 2014 年，我国智能手机出货量将超过 4.5 亿部，其中支持 4G 功能的手机超过 1.2 亿部。

和移动电商、移动支付、移动互联网金融以及移动网络游戏市场规模的快速增长相比，其他移动应用，如移动阅读、移动音乐、移动云端等市场依然很难突破用户付费难的瓶颈，而移动广告市场也还在苦苦摸索经营之道。但不管怎么样，受国内整体经济环境、融资市场影响，整个移动互联网市场依然会保持稳步增长的态势。

1.2 中国移动互联网市场发展特征

2013 年，中国移动互联网已经成为互联网中最热门的一个话题，其触角已伸向社会各行业领域的上层和底层应用，并且纵向深入，形成了一系列垂直业务。在移动互联网跟传统企业、互联网的融合创新过程中，移动互联网不断地推出新技术应用，持续不断地推动传统行业与业务模式的变革。移动互联网用户的参与程度前所未有，企业的竞争也是日趋激烈。

1.2.1 互联网业务移动化迁移全面展开

如果说 2012 年是移动互联网呈现爆发趋势的一年的话，那么 2013 年则是移动互联网纵向深入挺进的一年。在这一年里，我们的 PC 互联网业务开始全面移动互联网化，各大网站纷纷把原有的的 PC 端业务向移动端延伸。这其中除了将 PC 互联网内容进一步向微博、微信平移，还在两个方面进行布局：一方面开发

APP，除网站主打的 APP 之外，各频道、各主要业务都推出 APP，有的网站甚至推出几十个 APP；另一方面是文本层网页采用 HTML5 技术，加写页面代码，使得网站能适应不同的移动终端。

当然，互联网的全面发展远远不止上述这些，在过去的一年里，我们除了能在移动终端顺畅使用 PC 互联网业务之外，还可以通过手机玩游戏、购物、支付、发视频、看电视电影以及开始网店销售产品等。几乎可以说，原来在 PC 端能做的事情，现在在智能手机、平板电脑等移动终端也都能做到，甚至能做更多。

1.2.2　应用软件（商店）无所不包，更加贴近社会生活实践

截止 2012 年 12 月底，在全球范围内，APP Store 的应用数量已经超过 100 万，Google Play 和 Windows Phone 商店的应用数量分别为 78.5 万和 13.6 万。而在中国，中国手机应用商店已经超过 100 家，中国市场上有超过 100 万的应用开发者，创造了超过 10 万 APP，应用程序和下载量仅次于美国，位居世界第二。

这些移动应用已经覆盖了人们日常工作、生活的方方面面（见图 1-3），衣食住行、休闲娱乐、商务办公、医疗教育等方面的移动化需求，促进了移动开发重新，又反过来激发新的需求，阅读、搜索、地图/导航、语音、图片、相机、记事、移动支付、即时信息、通信录、游戏中心等人们最常用的产品几乎都成为移动终端手机的必备应用。

1.2.3　移动与社交深度融合，推动关系型社会深刻变革

2013 年，对于移动互联网来说，最热门的话题恐怕莫过于以微信、微博等为代表的社交应用的使用。这些移动社交应用整合了地理位置信息、通信录（包括电话通信录和 QQ 通信录）等功能，成为关系型社会中网络关系、人际关系变革

的中坚力量。关系型社会中人际关系的拓展手段变得及其便捷，社会关系的变革也变得及其深远。截至 2013 年年底，微博用户早已超过 5 亿用户，其中有超过 60%的人使用移动终端访问微博；而微信用户也已经顺利突破 6 亿大关，超过了 PC 端用户的规模。这种情况不仅仅是在国内，国外也是如此。LINE、KAKAO Talk、Facebook、Chat 等移动社交类应用分别在各自的领域上大行其道。

图 1-3　APP Store 应用

1.2.4　移动互联网与传统行业融合，催生新的应用模式

传统行业与互联网融合早已不是什么新鲜事，而在移动互联网、云计算、物联网等新技术的推动下，传统行业与互联网的融合正在呈现出新的特点，移动互联网承载了互联网本身所具有的两个平台特点：推广和渠道。一方面移动互联网作为业务推广的一种手段，如食品、娱乐、航空、汽车、金融、家电等传统行业的 APP 和企业推广平台；另一方面是重构移动端的业务模式，如医疗、教育、旅游、购物、交通、传媒等领域的业务改造。

近两年来，移动互联网作为互联网的一个新阶段，在重构移动互联网的业务模式下，传统行业甚至互联网传统业务在多终端、移动接入时代呈现出巨大的发展潜力。越来越多的传统行业和企业应用管理都结合了移动互联网，如利用智能手机终端、高效准确的 GPS 系统及 LBS 定位来预约出租车；以移动为核心的 SOLOMOBO（即社交-本地化-移动-预订）模式改造旅游业；金融业办理不仅仅可以延伸至手机上实现，手机支付还将扩大金融领域的交易能力；以手机等移动设备为中心，以各类传感器设备为信息采集终端，进行远程医疗服务等。

除此之外，互联网的发展趋势也进一步显现。除了早期的有线互联网，移动互联网将成为互联网的未来，PC 也只是互联网的终端之一，甚至智能手机、平板电脑、电子阅读器也只是互联网的重要终端，但并不是全部。电视机、车载设备等正在慢慢成为终端，冰箱、微波炉、照相机，甚至眼镜、手表等都有可能成为智能泛终端。

总之，对于移动互联网应用模式的创新，目前来看来这片领域绝对还是一片蓝海，在未来将会出现各种各样的新的应用模式。

1.2.5　移动互联网商业模式多样化，细分市场将持续发力

就目前来说，国内移动互联网经过这几年的摸索与发展，在商业模式上已经小有成就。但是从互联网的发展历程来看，要找到清晰的可持续的商业模式需要经过很长一段时间，移动互联网也是一样。尽管移动互联网发展已经进入快车道，移动网络技术、终端、用户等方面都已经打好了坚实的基础，但对于移动运营商来说，要将移动互联网融入主流生活和商业社会，为新型企业甚至传统企业所用并获得盈利，这一点至少在目前来说还没有实现。

就目前移动互联网的发展态势和细分市场来看，移动游戏越来越吸引用户的

注意力，用户付费的意愿加强，移动游戏将进入回报期，而其他的移动应用都还处于不盈利阶段，甚至处于探索阶段。但我们相信在未来，这一切都会很好地解决，例如：移动电商如果解决好诚信问题（支付问题已经解决），未来发展潜力将会非常大；在未来，移动广告随着移动终端的屏幕越来越大、网络的提速和资费的降低，也会逐渐崭露头角；移动视频随着4G时代的带来，将会很好的借助PC端视频广告的模式，使其变得具有很强的生命力。

1.3 移动互联网所带来的新商机

我曾经说过，哪里有人，哪里就有市场。在前面我们已经介绍了移动互联网的用户人群的巨大，自然会带来巨大的商业价值，而且目前关于移动互联网带来的商业价值还为不断的深挖和完善。

1.3.1 移动互联网的商业模式类型

创新是科技行业的变量基因，坚守则是商业模式塑造过程中的质变保证。目前移动互联网有APP增值、行业定制、电商、广告和个性化定制五种主要的商业模式，随着移动互联网产业链的逐步完善，新的商业模式会被不断地创造出来。在本节中，我们先对以上五种商业模式进行研究和分享。

1. APP增值模式

APP是指应用软件，目前手机的应用软件大致分为个人用户应用和企业级应用。个人用户应用是面向个人消费者的，企业级应用是面向企业用户开发的。当互联网进入移动互联网时代，个人用户应用和企业级应用已经成为人们的一种需求，这对移动互联网创业型公司来说是一个很好的机遇。目前APP增值服务有两种类型：其一是直接付费 APP 软件，如手机游戏、移动阅读这种类型的 APP 软件，就有相当一部分是付费 APP，通过用户付费成为会员的方式使 APP 实现增值；其二是“基础免费+增值服务”，就是客户在下载或使用 APP 软件的时候是免费的，但如果想获得更多的优势的话，就必须付费。这种模式对移动互联网创业型公司非常重要（见图 1-4）。

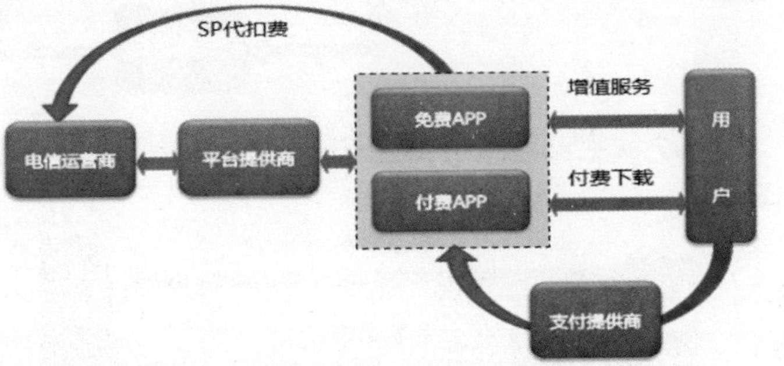

图 1-4　移动互联网 APP 商业模式

2．行业定制模式

行业定制模式是企业针对自己的需求，授权操作系统、企业级应用、本地版手机导航、移动办公应用等的 B2B 交易商业模式（见图 1-5）。这种模式门槛比较高，着眼于产业链的上游需求，以 B2B 的项目合同制授权厂商按照数量或者开放功能等对被授权方收取费用，提供前置化的产品和服务。

3．电商模式

移动电子商务模式对于企业来说，是最被看重的商机模式。移动电商的最大优势就是实现了消费者随时随地按需求定制服务、利用碎片化时间，通过智能终端便捷查找、选择、比价并最终购买商品和服务。这种模式也是目前手机增值模式中应用最广的一种模式，从移动电商零售、手机团购到手机生活类服务等移动 B2C 交易，都属于移动电商模式（见图 1-6）。

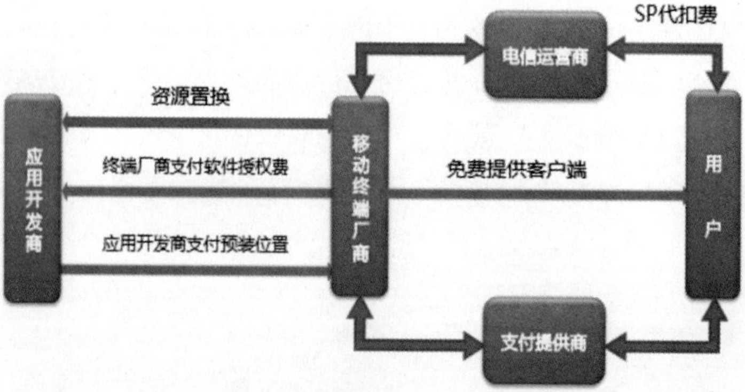

图 1-5 移动互联网行业定制商业模式

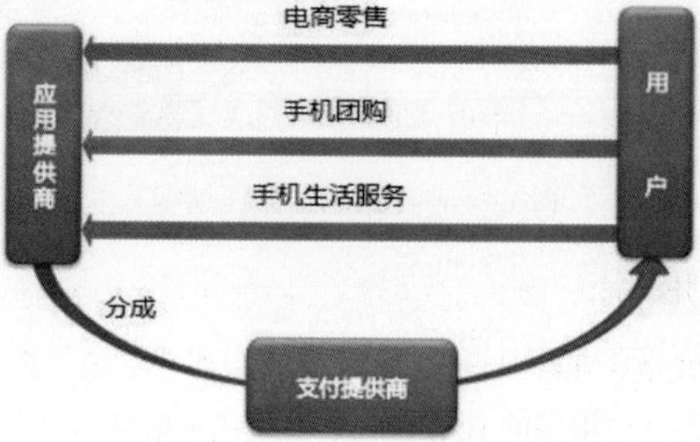

图 1-6 移动电商商业模式图

4. 广告模式

广告模式是移动互联网变现的另外一个主要方向。尽管目前移动应用广告还未成熟，但已经有很多自媒体平台通过广告实现了移动互联网的增值服务。目前移动广告的变现主要包括按流量、按点击率、按交易等来进行付费。但随着移动互联网的不断成熟，在未来，付费的内置搜索结果、付费的信息服务清单、对特定人群的第三方付费等模式也将是移动广告未来的发展热点（见图 1-7）。

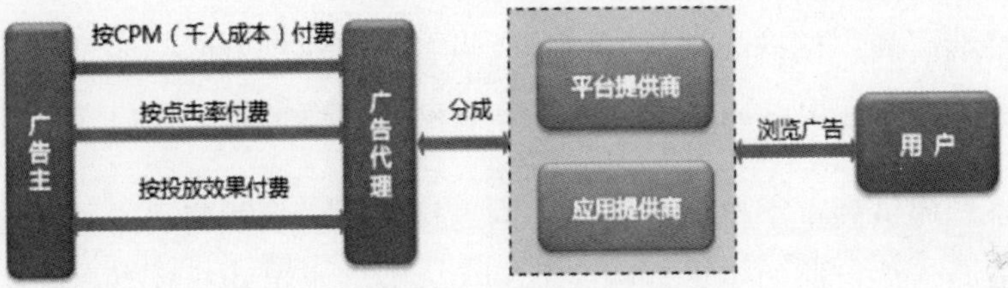

图 1-7　移动广告商业模式

5. 个性化模式

个性化需求已经成为当代人的一种追求。而随着移动互联网的发展，在将来，会有更多的应用模式会围绕用户的个性化需求而构建，将会出现一系列以服务生态为基础、用户个性化需求为核心、内容服务为先导的新型商业模式。

1.3.2　移动互联网商业产业链

如图 1-8 所示，移动应用市场产业链目前包括以下几个环节：移动终端厂商、操作系统提供商、电信运营商、平台提供商、应用开发商、内容提供商（CP，content provider）、广告主/广告代理商、支付提供商、用户等。

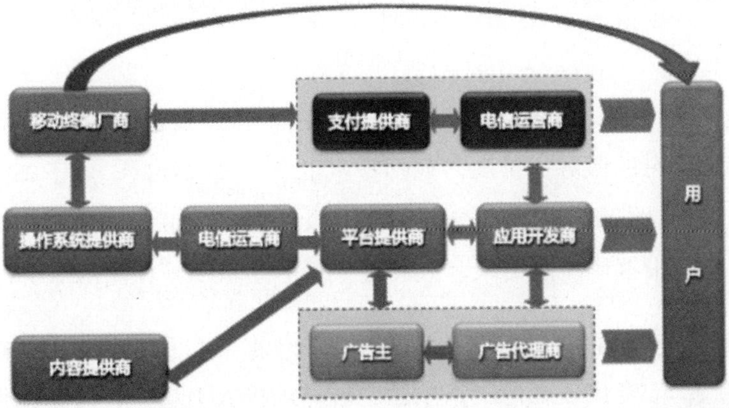

图 1-8　移动互联网创业链构成

移动终端厂商：便携的移动硬件接入设备，是移动互联网的基础平台，以智能手机为代表的终端更是用户接入移动互联网的重要工具和入口。

操作系统提供商：手机操作系统作为连接硬件、承载应用的关键平台，是智能手机的核心。从目前的生态系统来看，Google、苹果和微软是目前全球操作系统的三大主要阵容。

电信运营商：中国移动互联网正从运营商主导的时代向内容与应用为王的时代过渡。目前中国三大电信运营商（移动、联通、电信）建立了各自的移动业务基地，也有各自的移动应用商店，同时也与各终端商厂家合作推出了各自的定制机，但曾经高度集权的电信运营商的经营模式正在弱化。

平台提供商：位于产业链的最核心位置，成为连接产业上下游的中间环节，是移动应用产业链的驱动力量。平台提供商主要为用户提供产品和服务，为广告主提供相应的营销推广服务，并成为各个环节产品的呈现平台。

应用开发商：主要为平台运营商提供应用的供应企业或个人。随着开发平台的不断发展，越来越多的开发者加入到开放平台的产业链，不断丰富开放平台的应用内容。如移动游戏开发者，就在开放平台的发展过程中扮演了非常重要的角色。

内容提供商（CP，content provider）：指向互联网或移动互联网提供大量、丰富又实用的信息的服务提供商，包括搜索引擎、虚拟社区、电子邮件、新闻娱乐等。其中服务提供商（SP，service provider）为移动互联网服务中内容应用服务的提供者，负责根据用户的需求开发和提供适合手机用户使用的服务。

广告主/广告代理商：广告主通过移动广告平台对自身产品、服务以及品牌进行宣传和推广。广告代理商为广告主的广告寻求投放渠道，并为其策划、准备、实施和评估广告宣传项目。

支付提供商：支付提供商是独立于银行和电信运营商的第三方经济实体，同时也是连接电信运营商、银行和商家的桥梁和纽带。通过交易平台运营商，用户可以实现跨银行的移动支付服务，支付提供商是移动电商模式的核心。

用户：用户数量的大小是衡量开放平台价值的重要指标之一。用户基数决定了用户能够为平台带来的价值是多少，另外一方面，用户基数也决定了品牌对于广告主的吸引力。

1.3.3　移动互联网常见的收费模式

目前移动互联网的变现形式主要有以下几种。

1. 前向收费：即主要对用户或浏览者收费，包括用户包月费、点播费等。这种方式主要用于游戏类、视频类等重要内容资源性网站，而且这种类型网站要具有极强的吸引力，并且相对封闭不可替代，只有这样才能促使客户支付费用。

2. 后向收费：即主要对企业单位或信息提供者收取费用，包括广告发布费、竞价排名费、冠名赞助费、会员费等费用。该收费模式是互联网网站采用最多的盈利方式之一。

3. 前向+后向混合型收费：这种模式可以分为两种：一种是提供互联网平台，实现纯粹的前向、后向同时收费；另一种是相对多元化的网站，既有面向前端客户收费的模式，也有面向后端客户的收费模式。举例来说，腾讯就属于这种类型，即有前向收费，如付费表情软件，也有后向收费模式，如广告。

第 2 章

微信

自2011年1月21日腾讯推出微信1.0测试版以来，微信用户规模的发展可以说是势如破竹。用户从0到1亿，用时14个月；从1亿到2亿，用时6个月；从2亿到3亿，用时4个月……随后，微信用户数量稳定地以每4个月增长1亿用户的速度前进。截至2013年年底，微信用户已经顺利突破6亿大关，远超过PC端用户规模。如今微信已经普及到15种语言，用户覆盖全球140多个国家和地区，成为全球使用人数最多的移动应用产品。

2.1 微信的相关概念

经过2013年，微信来势汹汹的炒作与广泛应用，我相信大家对微信应该不再陌生。在最开始的时候，微信是腾讯公司推出的一款快速发送文字和照片、支持多人语音对讲的手机聊天软件，用户可以通过手机、平板、网页快速发送语音、视频、图片和文字。后来尽管微信研发方曾经一再强调“微信是社交平台，并不是营销工具”，但随着微信应用功能软件的不断增加，尤其是支付功能和微信商城的启用，微信现在显然已经不再仅仅是一个即时聊天、具有零资费、跨平台沟通、显示实时输入状态等功能的即时通信工具，它更多地演变成一个集聚社交信息和商业交易的移动终端平台（如图2-1所示）。

图2-1 微信

2.2 微信的功能介绍

如今微信已经成为一个集聚即时沟通、社交信息以及商业交易的应用平台，微信营销也成为当今移动互联网最热门的一个话题。要想了解微信营销的相关知识，就必须先了解微信最基本的功能。

2.2.1 基本功能

1．聊天

尽管微信开发之前小米就有米聊，微信开发之后阿里巴巴有来往，但至少在目前来说，微信可以说一举把他们甩开了九条街都不止。截止到目前，微信已经成为移动互联网时代最大的入口。而微信最大的、最原始的应用当属即时聊天。

在微信出现之前，人们的主要沟通工具主要依靠通信系统，通过电话、短信、SNS、在线聊天工具、微博、邮件等方式进行，但这些沟通方式要么需要承担比较高的费用，要么是对电脑有一定的依赖性。而微信的诞生，则很好地解决了这两个方面的问题。如今微信除了支持发送语音短信、视频、图片（包括表情）和文字，还可以跟对方进行视频聊天，甚至还具备将语音转化为文字的功能，并且还支持多人群聊（目前最高可达 40 人、100 人和 200 人的群聊正在内测）。如图 2-2~图 2-4 所示。

图 2-2　微信即时聊天

图 2-3　发送图片、语音、视频、表情等

- “表情”按钮：表示将可以选择发送一些很有趣的表情给对方。

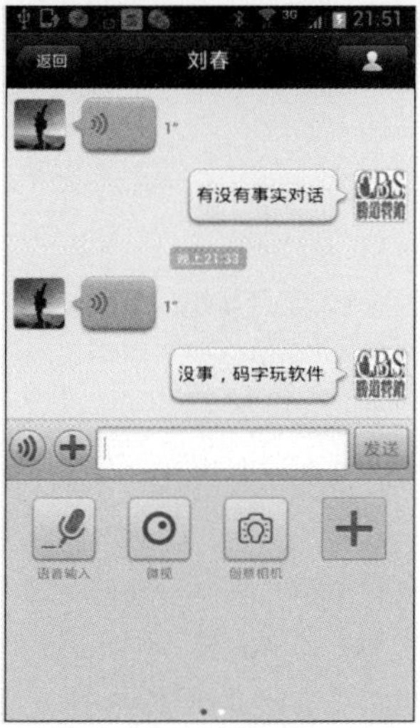

图 2-4　发送微视频、语音输入、创意相机等

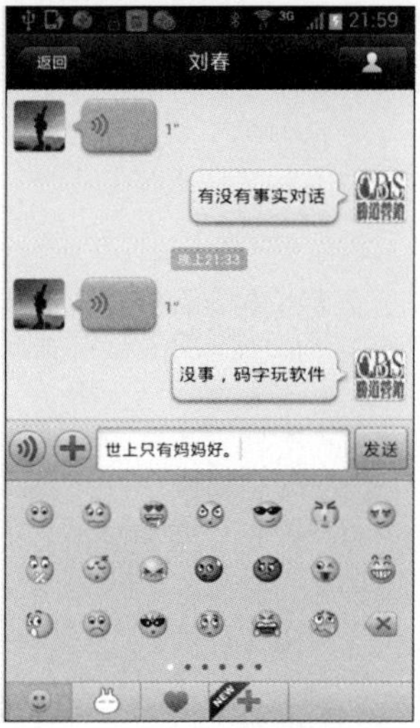

图 2-5　发送表情

- “图片”按钮：表示将可以选择发送一些图片给对方，有两种方式，可以选择即时拍摄的照片，也可以将手机中已经保存的照片发给对方。

- “视频”按钮：表示将可以选择发送一些视频给对方，有两种方式，可以选择即时拍摄的视频，也可以将手机中已经保存的视频发给对方。

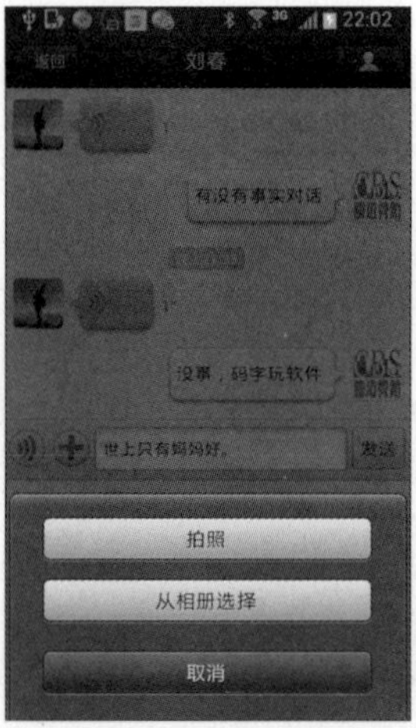

图 2-6　发送图片

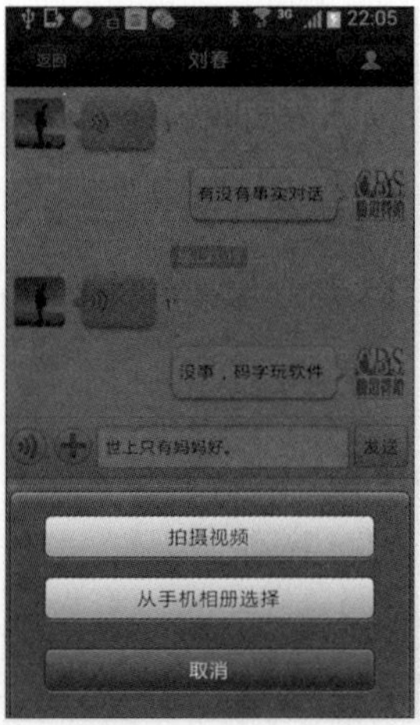

图 2-7　发送视频

- “位置”按钮：表示将你所目前所处的位置发送给对方。
- “名片”按钮：表示你可以将你微信通信录里面的朋友，推荐给其他人。

图 2-8　发送位置信息

图 2-9　发送名片

- “我的收藏”按钮：表示可以将你收藏的相关资料、照片或其他文件发送给你的朋友。
- “实时对讲机”按钮：表示跟对方可以进行实时的聊天，跟使用对讲机一样，具体细节在后面有详细介绍。
- “视频聊天”按钮：表示跟对方进行视频在线聊天，跟 QQ 视频聊天差不多。
- “语音输入”按钮：是指不需要进行文字输入，只需要通过说话，系统自动将你所说的话翻译成文字的一种输入方式。

图 2-10 发送文件

图 2-11 实时对讲

- “微视”：跟视频一样，可以将你拍摄的一些微视频给对方，有两种方式，可以选择即时拍摄的视频，也可以将手机中已经保存的视频发给对方。
- “创意照片”是指通过微信应用系统设置的一些情节软件，拍摄一些非常有趣的图片，发送给对方。

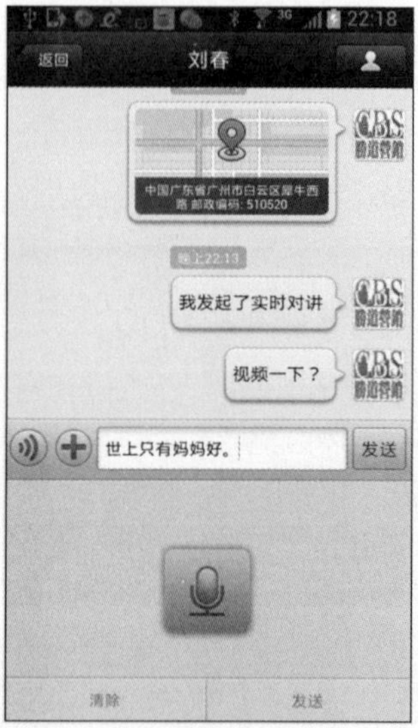

图 2-12　语音输入

图 2-13　创意照片

2. 添加好友

相比于其他移动社交平台，微信之所以能在短短不到三年的时间，用户突破 6 亿，成为移动互联网第一大接入口端，最大的原因就是因为它具备多种添加好友的功能，这样就方便用户将自己身边的朋友添加进来，建立一个又一个属于自己的社交圈子（如朋友圈和微信群）。到目前为止，微信添加好友的方式有以下 8 种。

（1）方法 1：按号码查找

即通过输入好友的微信号、QQ 号、手机号查找添加好友。这种方法主要是针对你已经知道对方微信账号的相关信息（如微信号，已经绑定微信的 QQ 号或手机号）来添加好友。具体操作办法如下。

第一步：登录微信，打开通信录，点击右上角的“添加”（如图 2-14 所示），进入“添加朋友”页面（如图 2-15 所示）。

图 2-14　添加好友

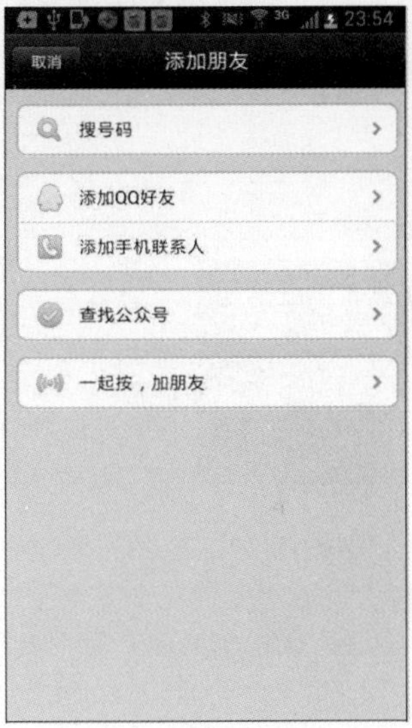

图 2-15　添加好友页面

第二步：点击“添加朋友”页面中的“搜号码”按钮，进入“搜号码”页面（如图 2-16 所示）。将已知的你朋友的 QQ 号（或微信号，或手机号）输入进去，点击“查找”按钮即可以找到你所要寻找的朋友的微信账号及相关信息（如图 2-17 所示）。点击“添加到通信录”按钮，将弹出一个“验证申请”窗口（如图 2-18 所示），这是你申请双方相互之间成为微信好友的一个信息。在验证申请中输入相关信息，点击“确定”按钮，该申请信息就自动发送给对方，如果对方也同意你的申请，他点击“确定”按钮之后就完成了整个微信好友的添加过程。

图 2-16 搜号码

图 2-17 好友基本信息

图 2-18 申请双方为微信好友

（2）方法 2：查看 QQ 好友

这种方法针对 QQ 号注册或绑定了 QQ 号的微信账号，可以查看 QQ 上有哪些好友添加了微信，这样你就可以直接添加对方为你的微信好友。具体操作办法如下。

第一步：跟方法 1 一样，先进入“添加朋友”页面。点击“添加 QQ 好友”按钮（如图 2-19 所示）。进入“查看 QQ 好友”页面（如图 2-20 所示），其中 QQ 好友后面显示“添加”按钮的是表示这些人已经将 QQ 与微信进行绑定；而 QQ 好友后面显示“邀请”按钮的则表示其 QQ 与微信账号没有绑定，或者该 QQ 好友没有申请微信号。

图 2-19 添加 QQ 好友为微信朋友

图 2-20 添加 QQ 好友

第二步：点击已经将 QQ 与微信账号绑定的好友后面的“添加”按钮，将会进入该好友的微信信息页面（如图 2-21 所示），接下来的添加流程跟第一种方法一模一样，我就不复述了。

（3）方法 3：查看手机通信录

这种方法是针对将手机号与微信账号进行绑定的好友，可以查看手机上有哪些好友添加了微信（如图 2-22 所示）。对开通了微信并将手机号与微信号绑定的好友，可以直接添加。操作方法跟用 QQ 好友添加完全相同，在这里不做过多描述。

（4）方法 4：按住加朋友

如果很多人聚在一起，我们并没有保留每个人的 QQ 号和手机号，或一一查找比较麻烦，那也没关系，“按住加朋友”就能帮你解决这一问题。你可以叫聚会的朋友们一起按住，添加好友，如图 2-23 和图 2-24 所示。当然这种办法也可以添加附近的一些同时在按键的人为好友。

图 2-21 QQ 好友的微信信息　　图 2-22 添加手机通信录为微信好友

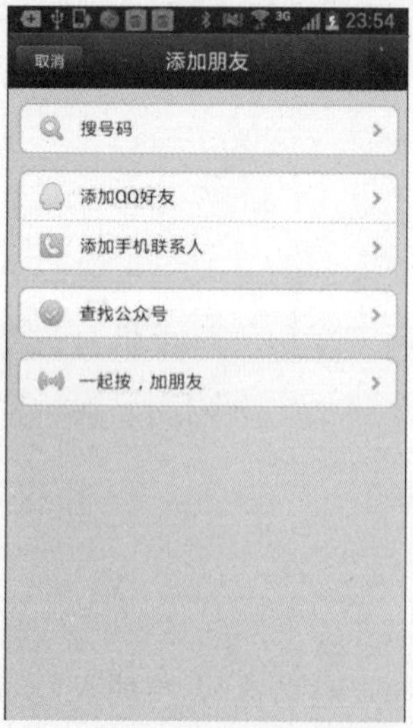

图 2-23 “一起按，加朋友”第一步　　图 2-24 “一起按，加朋友”第二步

（5）方法5：二维码扫描

二维码扫描是添加好友最常用的另外一种方法。每一个微信都可以自动生成一个属于自己的二维码（如图2-25所示）。你只需要将自己的二维码设置在空间、微博以及其他印刷媒体（如名片、户外广告）或电子媒体（如电视、网络视频等）上，你的朋友（或网友）就可以登录微信，选择二维码扫描，将摄像头对准二维码图片两三秒钟，即可识别并加载对方微信基本信息，你就可以向对方打招呼或添加好友了（如图2-26~图2-28所示）。

图2-25　本人的微信二维码

图2-26　“二维码添加好友”第一步　图2-27　“二维码添加好友”第二步

（6）方法 6：查找附近的人

这是移动电商在 LBS 上的一个简单应用。微信通过 GPS 定位系统，可以添加你所在位置比较近的一些朋友为微信好友，操作方法跟其他的添加方法相似（如图 2-29~图 2-31 所示），我在这里就不做详细阐述了。

图 2-28　“二维码添加好友”第三步

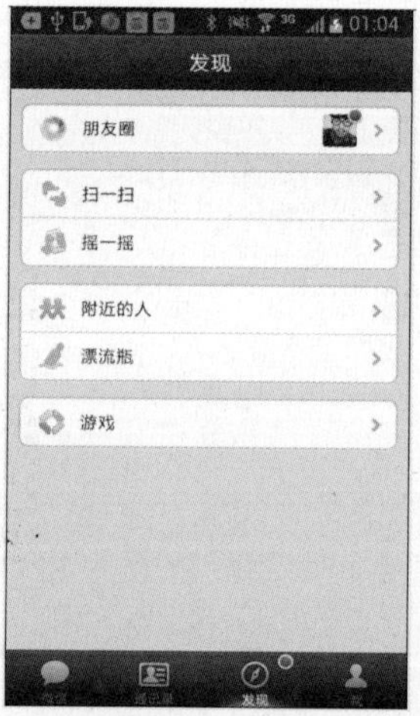

图 2-29　“添加附近的人”第一步

图 2-30　“添加附近的人”第二步

图 2-31　“添加附近的人”第三步

（7）方法 7：摇一摇添加好友

使用摇一摇，查看跟你同时使用该功能的网友，并添加对方为微信好友。具体操作方法跟上面的方法大同小异，如图 2-32~图 2-36 所示，在这里，就不一一阐述了。

图 2-32　“摇一摇”加好友第一步

图 2-33　“摇一摇”加好友第二步

图 2-34　“摇一摇”加好友第三步

图 2-35　“摇一摇”加好友第四步

（8）方法 8：漂流瓶接受好友

这种方法添加好友更讲究“随缘性”，主要是通过收/发漂流瓶，与捡到你漂流瓶或你捡到的漂流瓶的主人进行交流，进而添加好友的一种方式（如图 2-37 所示）。漂流瓶包括两个部分，扔漂流瓶和捡漂流瓶。

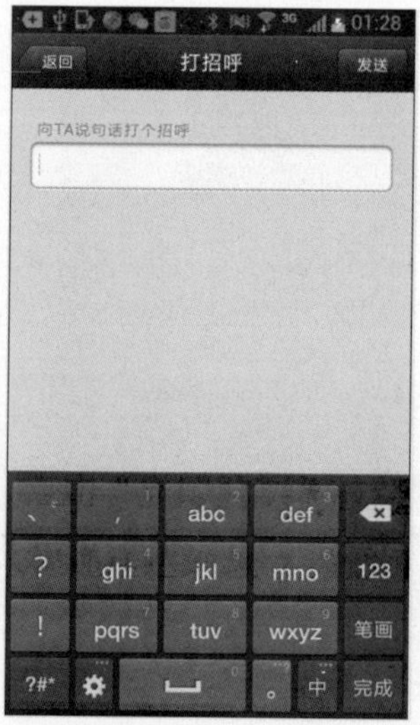

图 2-36 “摇一摇”加好友第五步

图 2-37 漂流瓶

扔漂流瓶，是指自己写漂流瓶，让“有缘的人”捡到你的漂流瓶，进而对你采取行动。具体操作方式：点击漂流瓶的“扔一个”按钮，进入书写漂流瓶信息的页面，可以有两种方式，书写文字或说一段语音。书写完点击“扔出去”就可以了（如图 2-38 所示）。

捡漂流瓶是指你从“海洋中”随机捞取漂流瓶，打开漂流瓶收看别人的信息，并对对方的信息做出回应，进而产生交流的一种行为。具体操作方法：点击漂流瓶页面的“捡一个”按钮，微信就会随机从海洋中捞取一个漂流瓶，打开瓶子（如图 2-39 所示），就会看到瓶子里别人写的信息（如图 2-40 所示），然后对信息做出反应（包括扔回海里，或做出回应）。

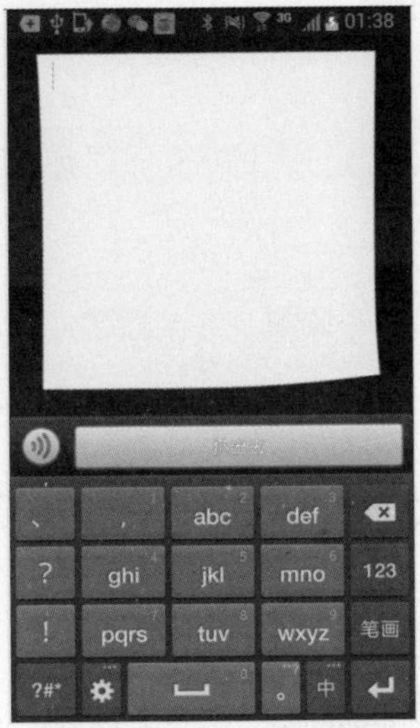

图 2-38 扔漂流瓶

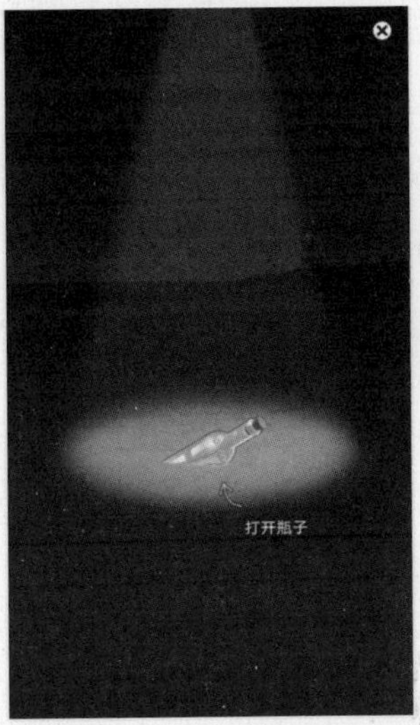

图 2-39 捡漂流瓶

图 2-40 看漂流瓶子里的信息

3. 实时对讲功能

微信实时对讲功能是微信最新版本推出来的语音功能，用户可以通过这个功能与语音聊天室的人一起进行语音聊天。但与在群里发语音不同的是，这个实时对讲聊天室的消息几乎是实时的，和打电话一样，不会留下任何记录，而且在手机屏幕关闭的情况下也依然可以进行实时聊天。具体操作如下：

第一步：点击要进行实时对讲的人，进入聊天界面，点击聊天页面下边的“+”号键（如图 2-41 所示）。

第二步：在弹出的的页面中，选择“实时对讲”按钮（如图 2-42 所示），进入实时对讲界面。在这里需要等待一下，和打电话一样，需要等待对方接受。在等待的过程中，界面上会显示自己的一个头像（如图 2-43 所示），如果这个头像变成两个，则表示对方已经接受你的实时对讲的邀请，类似于对方已经接听你的电话。

图 2-41　微信聊天界面

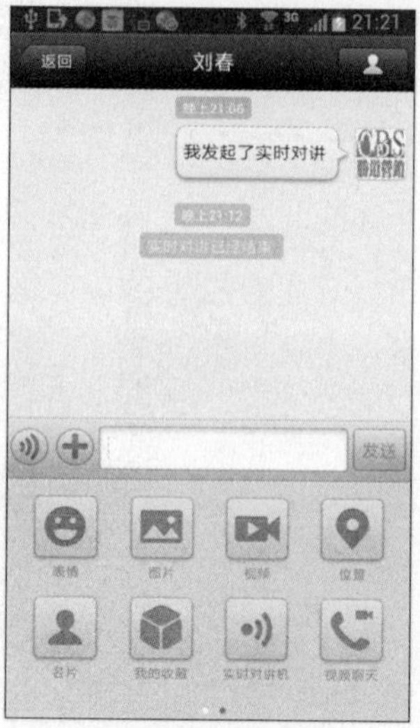

图 2-42　选择实时对讲

在图2-43的实时对讲界面，有三个按钮，它们分别有不同功能。按住下面的圆形按钮可以进行对讲；按左上角的关机符号可以退出对讲；按右上角的按钮可以将对讲最小化。这样你就可以一边做其他事情一边进行对讲，两不耽误。

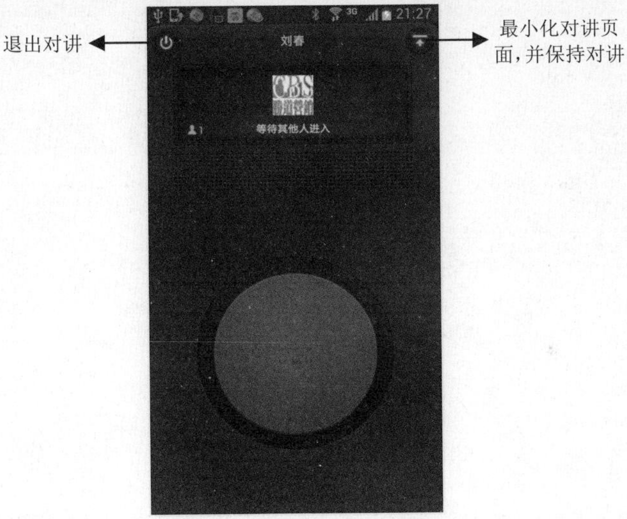

图2-43 进行实时对讲

当然这是你向别人发起对讲，如果是别人向你发起对讲，那么在和他聊天的界面上，对方名字的下方会出现一行字“XXX在实时对讲”（如图2-44）。你只需要点击这行字所在的区域，就表示你接受对方实时对讲的邀请，会自动进入实时对讲页面。

4. 微信支付

随着移动应用接入的开放，尤其是移动电商的发展，由微信平台以及腾讯公司第三方平台财付通联合推出了移动支付这一创新产品，旨在为广大的微信用户及商户提供更优质的支付服务。微信的支付和安全系统由腾讯财付通提供支持，而财付通是持有互联网支付牌照并且具备完善的安全体系的第三方支付平台。

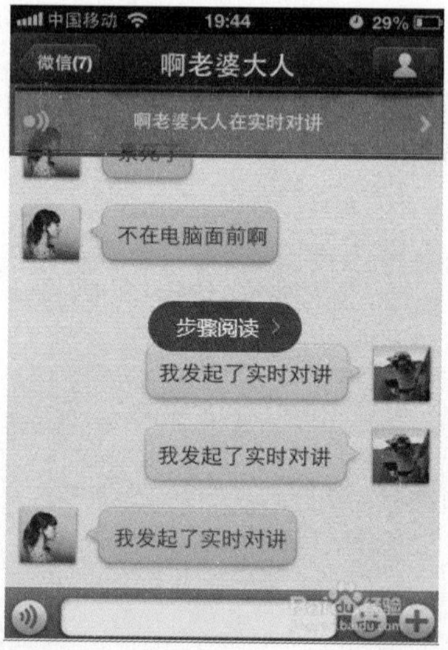

图 2-44 对方发起实时对讲

通过微信支付这一软件，用户只需要在微信中关联一张银行卡（可以是信用卡），并完成身份认证，即可将装有微信 APP 的智能手机变成一个全能钱包，之后即可购买合作商户的商品及服务（如图 2-45 所示）。用户在支付时只需要在自己的智能手机上输入密码，无需任何刷卡步骤即完成支付。整个过程跟用 PC 电脑购买产品进行支付的原理一样，但相比之下，微信支付要更流畅一些。

具体操作流程如下。

第一步：用微信“扫一扫”扫描商品二维码或直接点击微信官方认证公众号的购买链接，当然也可以在“我的银行卡”栏目里直接点击微信所具备的商品（如充话费、电影票、彩票、微信推荐的精选商品等）。为了方便，我们以精选商品为例。点击“我的银行卡”里面的“精选商品”选项，打开其页面（见图 2-46）。

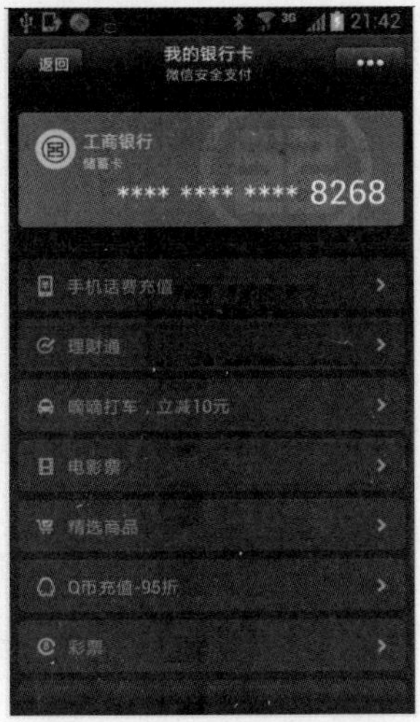

图 2-45 微信支付关联银行卡

图 2-46 “精选商品”页面

第二步：选择自己所看中的商品，点击“立即购买”按钮，进入“确定订单”页面。选择需要购买的数量，然后输入快递送达地址（当然可以提前绑定地址），点击“微信支付”按钮（见图 2-47）。

图 2-47 确认并支付

第三步：如果你的微信已经绑定银行卡，那就直接输入支付密码，点击“支付”即完成整个工作；如果你的微信没有绑定银行卡，那么你就需要添加你的银行卡，并且设置“验证支付密码”。具体操作方法是（如图 2-48 和图 2-49 所示）：进入“我的银行卡”页面点击右上角的“…”按钮，从弹出的框选项中选择“添加银行卡”选项，进入“验证支付密码”（验证支付密码作用就是在你每次支付的时候进行验证核对）页面，设置验证支付密码。

图 2-48　添加绑定银行卡

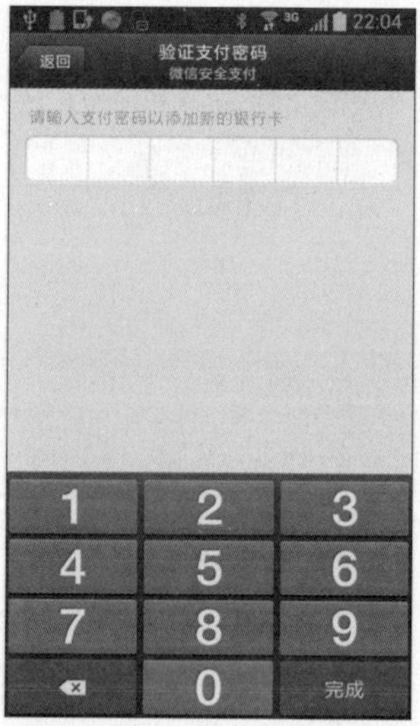

图 2-49　验证支付密码

在输入“验证支付密码”之后，将进入“添加银行卡”页面。输入持卡人和卡号等信息，点击“下一步”按钮，进入“填写银行卡信息”页面（如图 2-50 所示）。在这个页面中，会根据你上一步的银行卡号，在卡类型上显示所属银行卡的类型，输入你的手机号（手机号必须是该银行卡在申请的时候的预留号码），进入下一步“验证手机号”操作。

完成上述工作之后，点击“下一步”按钮进入“验证手机号”页面（如图 2-51 所示）。在一分钟之内，系统会自动将验证码以短信的形式发送到你的手机上。将系统发送的验证码填写出来，点击“下一步”按钮，就完成了微信与银行卡的绑定。

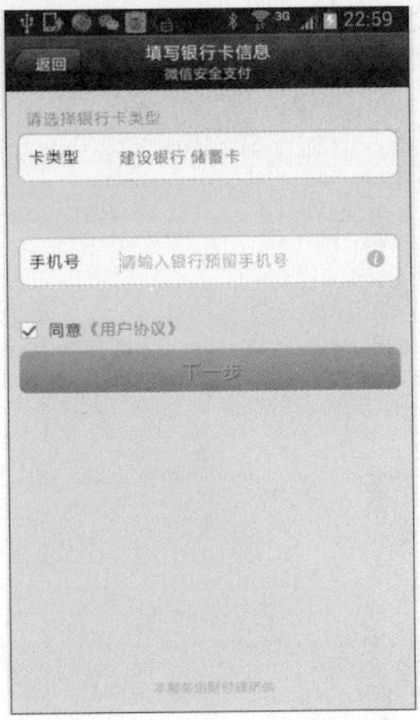

图 2-50 填写银行卡信息

图 2-51 验证手机号

2.2.2 其他功能

除了上述最基本的方便即时通信的功能之外，随着微信技术的不断完善，微信的功能也逐渐变得越来越广泛，包括以下几种功能。

1. 朋友圈

朋友圈很好地满足了这个社会变化的“圈文化”这一需要。用户可以通过微信的朋友圈发表文字和图片，同时可通过其他软件将文章或者音乐分享到朋友圈。用户可以对好友新发的照片进行“评论”或“赞”，与 QQ 空间不同的是，朋友圈的用户只能看共同好友的评论或赞（如图 2-52 所示）。

2. QQ 邮箱提醒

开启 QQ 邮箱提醒之后，你就可以接到来自 QQ 邮箱的邮件，接到邮件后可以直接回复或转发（见图 2-53）。

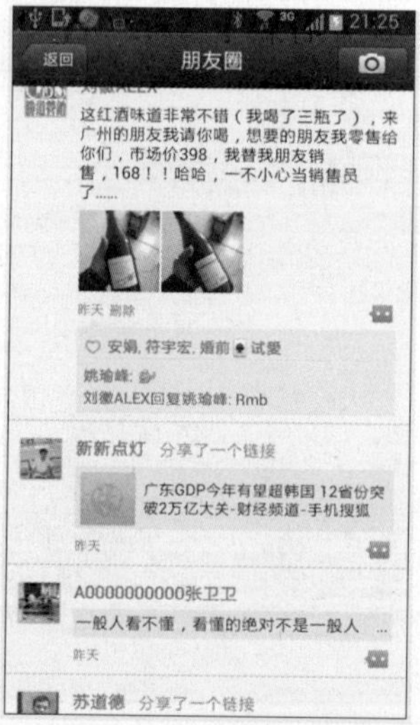

图 2-52 朋友圈

图 2-53 QQ 邮箱提醒

3. 游戏

作为一个完善的平台，微信自然少不了娱乐版块，自然也就少不了游戏（见图 2-54）。如“飞机大战”游戏，我们不但可以进行游戏，还可以和好友比高分。

4. 其他

除此之外，微信还具有很多其他功能，具体如下。

- 流量查询：微信自身带有流量统计的功能，可以在设置里随时查看微信的流量动态（见图 2-55）。

图 2-54 微信游戏

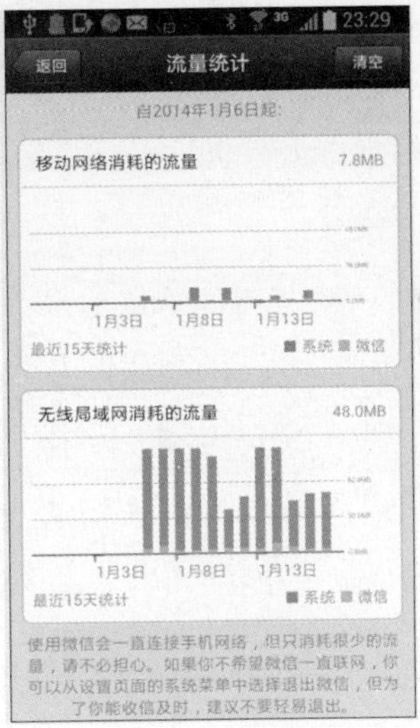

图 2-55 流量统计

- 微博阅读：可以通过微信来浏览腾讯微博内容。
- 语音记事本：可以进行语音速记，还支持视频、图片、文字记事。
- 私信助手：开启后可接受来自 QQ 微博的私信，收到私信后可直接回复。
- 通信录安全助手：开启后可上传手机通信录到服务器，也可以将之前上传的通信录下载到手机。
- 群发助手：通过群发助手可以把信息发给多个人。

在这里我们就不一一重点阐述了，就让读者们慢慢摸索吧。

2.3 微信公众平台

自 2011 年 1 月 21 日，腾讯网推出微信之后，微信很快就成为一个国际化的手机应用软件。而 2012 年 8 月 20 日对微信来说又是一个值得纪念的日子：腾讯公司这一天在微信中添加了微信公众平台功能。于是一大批明星和媒体开始入驻微信公众平台，开设自己的微信公众账号，吸引大量粉丝关注。而随着微信公众平台的推出，出现了一种新的二维码，这种新的二维码的中心镶嵌一张图片，这成为微信公众平台的照片。

2012 年 11 月下旬，微信公众平台开放第三方接口，就是这一举动，不经意打开了轻量应用的大门，互联网从 Web APP 和 Native APP 竞争时代跨入了 Light APP 时代。而到了 2013 年 3 月，微信公众平台又向企业用户推出自定义菜单内测申请，一时间内测号成为稀缺物，没有内测号的网友只有羡慕嫉妒恨。程序员马上发现这是一个互联网的宝藏，针对微信公众平台的第三方管理软件多如牛毛。而此时，在不到一年的时间里，微信公众平台发展神速，微信公众账号达到 500 万个，认证账号达到 3 万个。

2.3.1 微信公众平台的概念

1．定义

微信公众平台是腾讯公司在微信的基础上新增的功能模块。通过这个平台，个人和企业都可以打造一个微信的公众号，可以群发文字、图片、语音三个类别的内容。目前微信公众平台支持 PC、移动互联网网页登录，并可以绑定私人账号进行群发信息。

2．与微信的区别

简单来说，微信公众账号的服务对象就是微信，以微信为载体。详细地说，微信公众账号基于一对多的关系，而微信基于点对点的关系；微信公众账号利用微信公众平台来开发，可能需要服务器（开发模式），而微信只需要下载 APP；微信公众账号操作大部分需要电脑端操作或自动应答，微信大多数时间用手机来操作，需要手工回复；微信公众账号没有地理位置信息（微生活除外），微信有地理位置信息。

3. 公众平台的类型

2013 年 8 月 5 日，微信公众平台进行升级，将微信公众平台分成订阅号和服务号两种类型。如果运营主体是组织（包括企业、政府、媒体、公益组织等）的话，可以申请服务号，当然也可以申请订阅号；如果运营主体是个人的话，只能申请订阅号，而不能申请服务号。对于订阅号和服务号之间的区别，说明如下。

（1）服务号

公众平台服务号是工作平台的一种账号类型（见图 2-56），旨在为用户提供服务，只能是组织申请，如招商银行、中国南方航空。这类服务号具有以下功能：

图 2-56　微信平台服务号

- 1 个月（30 天）内仅可以发送 1 条群发消息；
- 发给订阅用户（粉丝）的消息，会显示在对方的聊天列表中，相对应微信的首页；

- 服务号会保存在订阅用户（粉丝）的通信录中，通信录中有一个服务号的文件夹，点开可以查看所有服务号；
- 服务号可以申请自定义菜单。

（2）订阅号

微信公众平台订阅号，是公众平台的一种账号类型（见图 2-57），为用户提供信息和资讯，属于自媒体的一种形式，这种平台除了组织可以申请，个人也可以申请。如电商报、互联网研究室等。这类订阅号的主要功能包括：

- 每天（24 小时）可以发送 1 条群发信息；
- 发送给订阅用户（粉丝）的消息，将会显示在对方的“订阅号”文件夹中。点击两次才可以打开；
- 在订阅用户（粉丝）的通信录中，订阅号将被放入订阅号文件夹中。

图 2-57 微信平台订阅号

除此之外，新版本微信还更新了：

- 服务号可以申请自定义菜单；
- 使用QQ登录的公众号，可以升级为邮箱登录，一个月可更换；
- 使用邮箱登录的公众号，可以修改登录邮箱；
- 编辑图文消息可选填作者；
- 群发消息可以同步到腾讯微博 。

运营主体为组织，可在新注册的时候选择成为服务号或者订阅号。之前注册的公众号，默认为订阅号，可升级为服务号。

2.3.2 微信公众平台注册

注册微信公众号是运用微信公众平台的基础，具体操作办法如下。

1. 做好注册之前的相关准备

在注册微信公众号之前，最好提前做好一些最基本的准备，主要包括：

（1）一个没有注册过公众账号的邮箱。

（2）手持身份证的照片（身份证放在下巴下）。身份证上所有的信息必须清晰可见，必须看清楚证件号。照片需免冠，个人建议最好不要化妆，手持证件人的五官清晰可见，照片内容真实有效，不得做任何修改。支持.jpg、.jpeg、.bmp、.gif等格式照片，照片大小不要超过 5M（备注：每张身份证可以注册两个公众平台账号）。

（3）手机。用来验收公众平台验证码，每个手机可以获得 2 个公众平台验证码。

（4）公众账号名称。这一点非常重要，因为一旦申请成功名称就不能修改，所以我们必须在设置公众平台之前就将公众平台的名称、定位以及其他信息都想好（尤其是公众账号名称）。对于公众账号名称的确定，我认为有两个条件：其一、符合你的营销目标策略，如你是做微信营销的，那么可以选择“微营销”这样的词作为你的公众账号；其二、公众账号最好与已获得认证的腾讯微博或新浪微博名称相同，这样做的主要原因是，等公众账号有 500 粉丝后可以自助认证。

2. 公众账号的注册

准备工作做好之后就可以开始注册了，具体操作步骤如下。

步骤一：在浏览器地址栏输入 https://mp.weixin.qq.com/，进入微信公众平台页面（如图 2-58 所示）。在右上角点击“立即注册”链接，进入公众平台注册页面（如图 2-59 所示）。

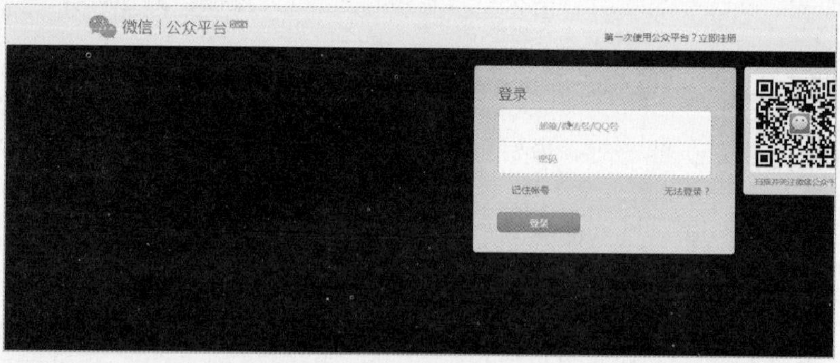

图 2-58　微信公众平台界面

步骤二：在微信公众平台注册页面，输入邮箱、密码及验证码，勾选“我同意并遵守《微信公众平台服务协议》”进行注册。

步骤三：登录邮箱查找微信确认的邮件，单击链接激活账号（如图 2-60 所示）。

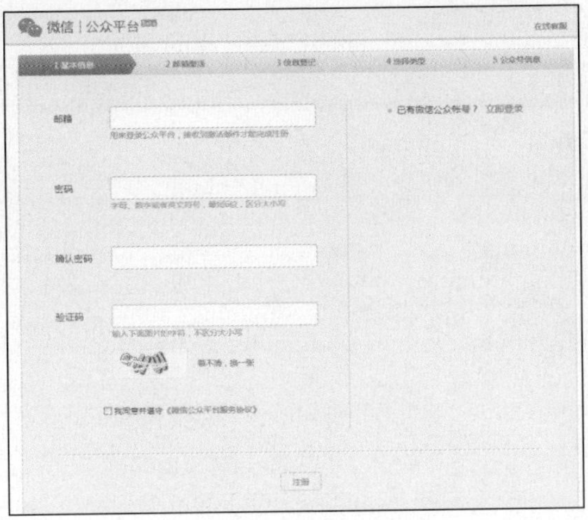

图 2-59 微信公众平台注册页面

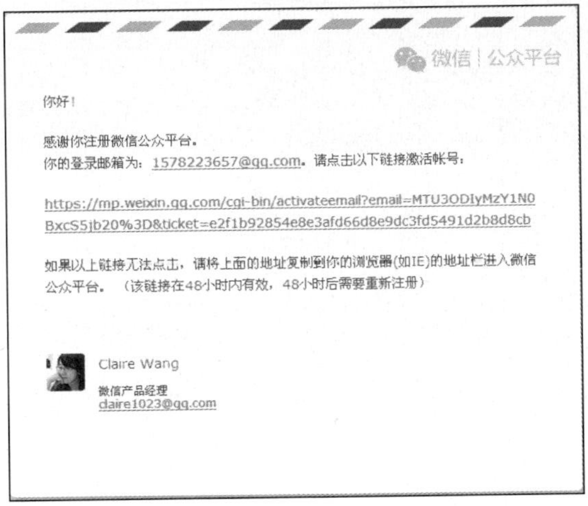

图 2-60 微信确认邮件，用于激活账号

步骤四：根据注册账号的不同类型进行选择，如个人用户选择个人，并准备一张手持身份证的照片（如图 2-61 和图 2-62 所示）。企业用户选择“企业”类型，准备好营业执照副本扫描件（如图 2-63 和图 2-64 所示），对于企业账号，最好将所有的信息都填写完整，这样方便后期公司申请一些接口，比如自定义菜单接口。

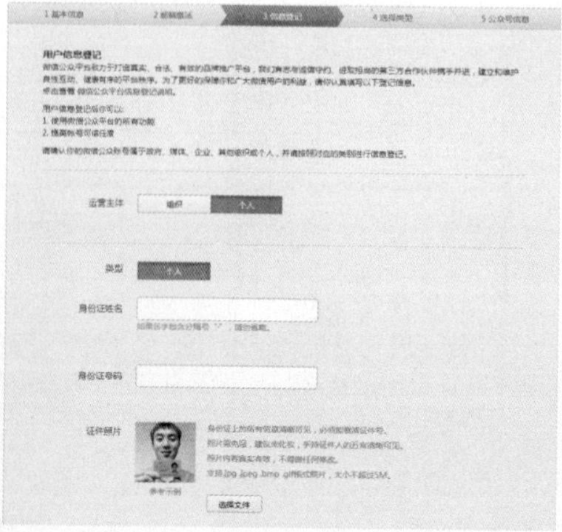

图 2-61　微信公众账号注册个人信息登记 1

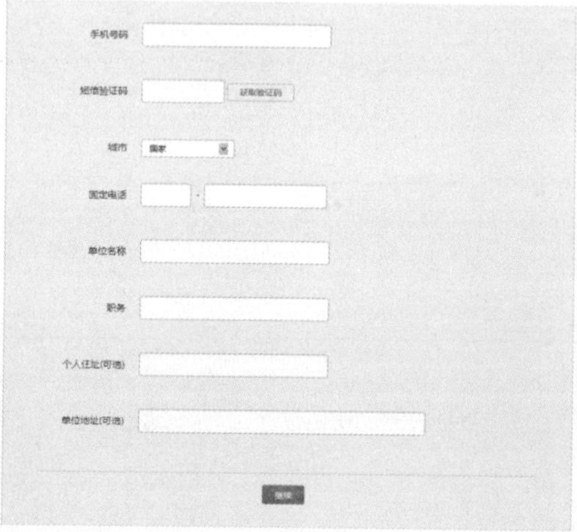

图 2-62　微信公众账号注册个人信息登记 2

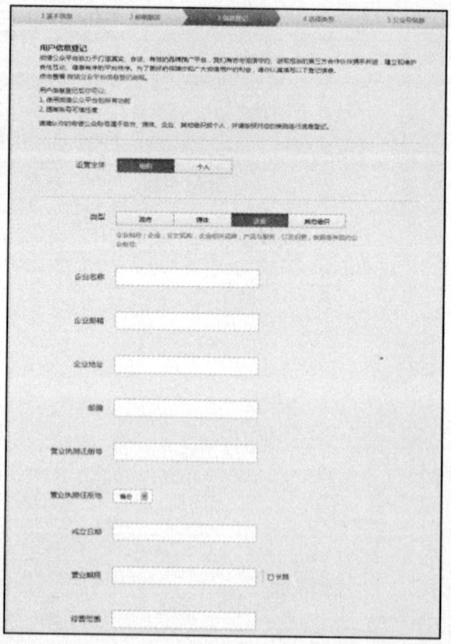

图 2-63　微信公众账号注册企业信息登记 1

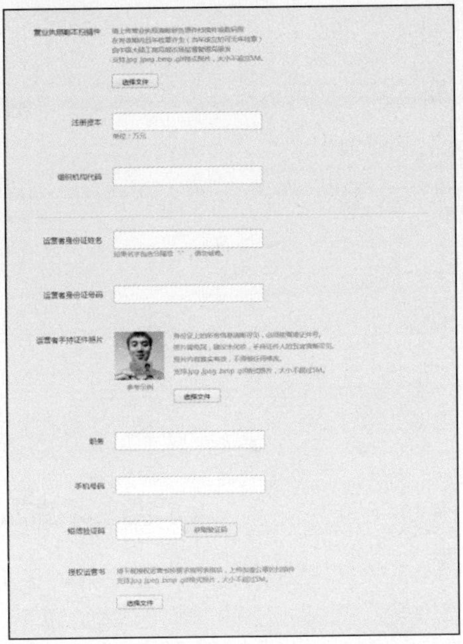

图 2-64 微信公众账号注册企业信息登记 2

值得注意的是：目前微信公众账号没有认证门槛，只需要一个邮箱和手持身份证照片就可以进行注册，而且一个身份证只可注册两个公众平台账号。

这里需要注意的有 3 点：

（1）账号名称一旦设定是不能再更改的；

（2）公众账号的自助认证必须要用和该账号名称相同的已认证微博来辅助认证。如果两个名称不同的话需要通过邮件方式人工认证，需要提供的资料会比较多；

（3）在微信客户端用户搜索公众账号有两个途径：一是通过微信号直接搜索，一个是通过账号名称搜索。由于微信号通常是英文字符加数字组合而成的，对国人来说不便记忆，因此通过中文搜索公众账号是一个重要途径。企业的公众账号中文名称要取得辨识度高，可搜索性强。比如银泰杭州西湖店这个百货商店，正常会取名为“银泰杭州西湖店”，但实际上本地用户习惯称为“西湖银泰”，那么公众账号名称就建议取“西湖银泰店”，把杭州两个字去掉。商家在宣传时可以直接用中文，用户搜索时无论是搜“西湖银泰”，“西湖”还是“银泰”都有机会搜到。

步骤五：提交相关信息之后及进入微信公众账号信息注册界面，填写微信公众账号名称（如图 2-65 所示）。

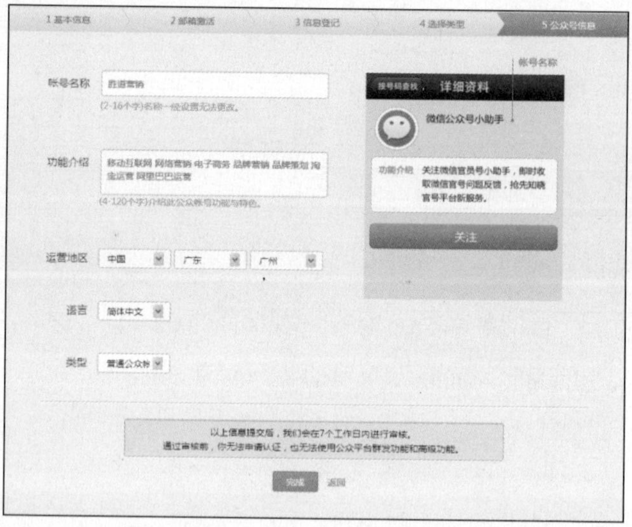

图 2-65　填写公众号信息

在这一步骤中值得注意的是：微信公众账号的名称的中文名一经注册，不得修改，因此需要深思熟虑，选择既能体现账号特色又容易记忆的名称。功能介绍可以每月修改一次，然后选择运营地区、语言、类型（一般选择普通公众账号类型）等信息。提交后，腾讯公司会在 7 个工作日内审核（见图 2-66）。对于内容与账号信息不符的，会要求重新认证。而注册一些特殊名词账号（如法官、警官等），需要先进行腾讯微博的认证。

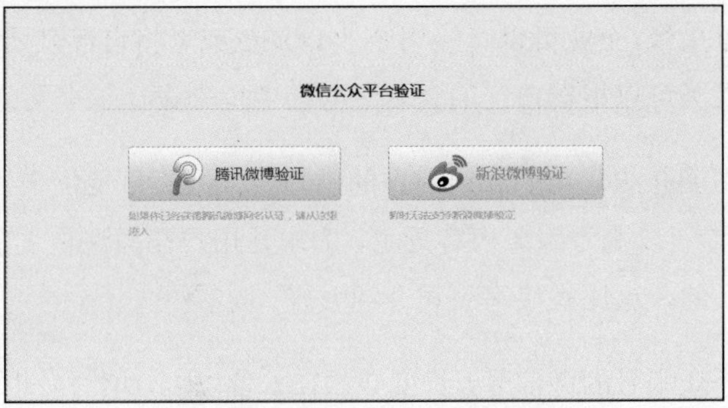

图 2-66 微信公众平台验证

步骤六：接下来的几天你可以登录账号，但是还不能使用群发功能和高级功能。如果在通知中心收到“你的信息登记已经通过审核”的通知（如图 2-67 所示），则表明你的账号已经申请成功，如果审核不超过，则需要你查找原因重新提交。当然如果你有疑问，你也可以向微信公众小助手发问，或拨打腾讯客户电话 0755-61369988 进行咨询。

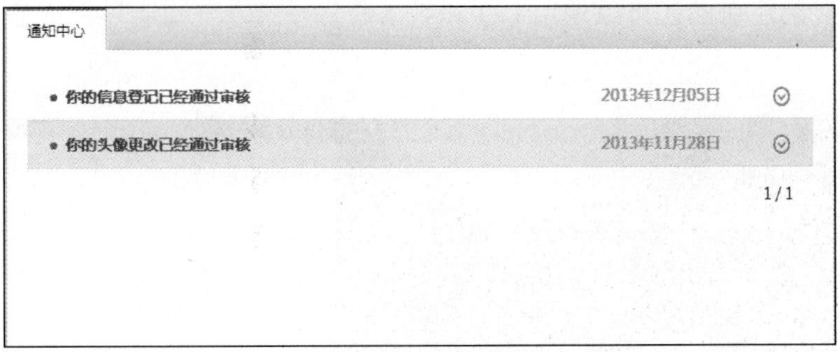

图 2-67 信息审核通过

3．公众账号设置

信息审核通过之后就说明公众账号注册成功了，接下来就可以直接进入公众账号后台的设置页面了。

首先是设置头像，企业可以直接用企业LOGO或者将自己微博上的头像上传，应用类或者个人类可以根据自己的公众账号的定位来设计一个头像。

其次撰写功能介绍，功能介绍内容的撰写要根据账号定位来设置，建议文字不要超过40个字，以账号服务内容为主，力求让用户在关注你之前，就了解到你的账号是干什么的，这比直接写公司介绍要好。

然后设置公众账号的微信号，长度必须在6位以上，填写后也是不能修改的，大小写没有关系，用户搜索时都是按照小写字母来搜索的，要注意的是尽量少用下划线、减号和数字，减少用户切换键盘的动作，毕竟用户容易输错下划线和减号。

4. 公众账号登录

公众账号的登录还是从https://mp.weixin.qq.com/进入的（见图2-68），在登录框里填写登录邮箱和密码，再单击“登录”按钮即可。目前新注册的只能用邮箱登录了，以前注册的还可以使用QQ和微信账号登录，不知道将来是否有改变。

图2-68 公众账号登录

登录成功之后，就进入微信公众平台后台首页了，审核通过之前，暂不能使用群发和高级功能。

2.3.3　微信公众平台注册运营

当你的微信公众账号审核通过之后，就可以开始进行微信公众账号的运营了。但要想规范微信公众平台的运营，就必须先了解微信公众平台的相关知识。

1．发布方式

对于微信公众平台，最重要的就是发布方式和订阅方式，我们看到很多微信公众平台在发布的时候，都在内容的下面设置一个如图 2-69 所示格式的二维码，将品牌 ID 放到二维码的中部。

图 2-69　公众平台发布

（1）订阅

关于订阅，你可以有很多方式来订阅微信公众账号，最直接的办法就是通过扫二维码进行订阅。除此之外，你还可以通过微信号进行订阅，在微信上直接点击 “添加朋友”选项（如图 2-70 所示），进入“添加朋友”页面。选择“查找公众号”选项（如图 2-71 所示），进入“公众号查找”页面。在这个页面，如果你知道对方公众号的账号就直接输入帐号（字母，数字，下划数组合且必须以字母开头）；如果你不知道对方公众号账号，或者你没有确定的目标，只是需要找某一类型的公众平台，那么你就可以直接输入你想要了解内容的“关键词”，点击“搜索”就会出现一系列与你“核心关键词”密切相关的公众账号（如图 2-72 和图 2-73 所示）。选择你所感兴趣的微信公众账号，点击“关注”，即表示已经订阅该微信公众账号（如图 2-74 所示）。这样你就完成了对该微信公众账号的订阅（见图 2-75）。

图 2-70　添加朋友

图 2-71　查找公众号

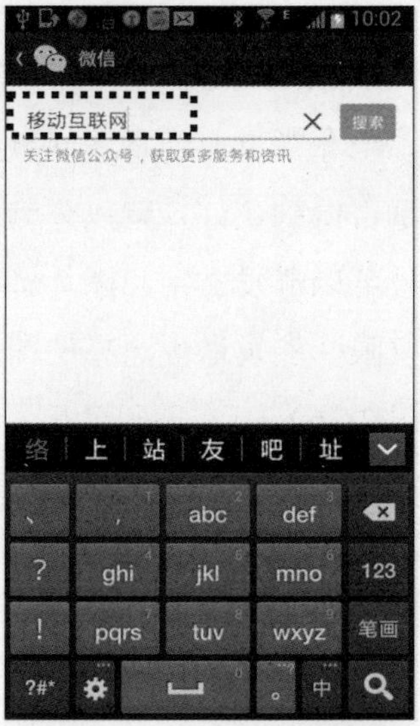

图 2-72　输入搜索关键词

图 2-73　搜索结果

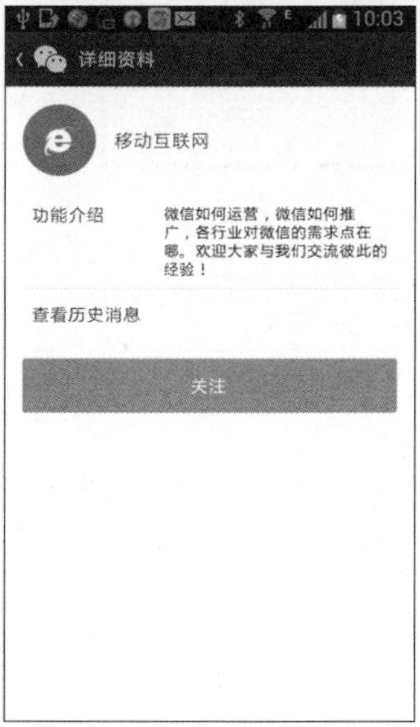

图 2-74　选择感兴趣的微信公众账号

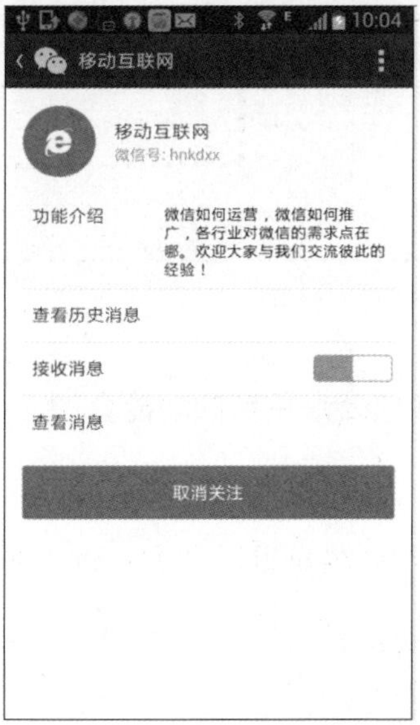

图 2-75　微信公众账号订阅成功

（2）信息发布

除了订阅微信之外，微信公众平台还有一个非常重要的功能，就是信息的发送。我们在前面有介绍，微信公众平台根据是否得到认证，可以分为普通的公众账号和认证的公众账号。其中普通的公众账号可以群发文字、图片、语音、视频等类别的内容。而认证的账号，则有更好的权限，能发送更漂亮的图文信息，这类图文信息也许是单条的，也许是专题（见图 2-76）。

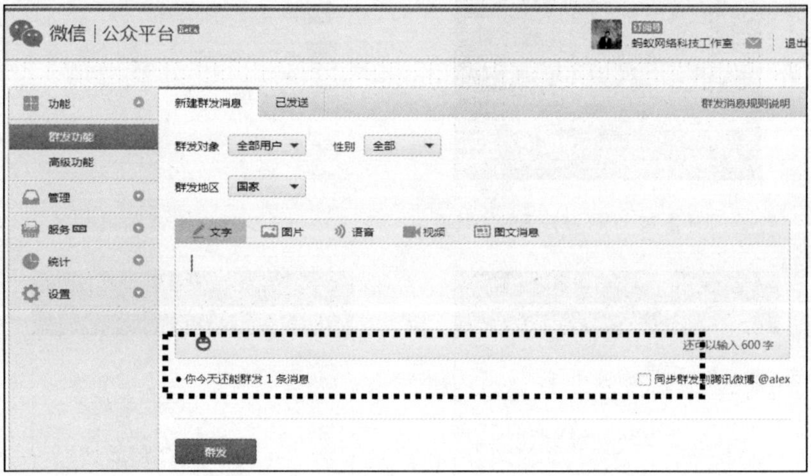

图 2-76　微信公众平台信息发送

2. 微信公众平台的功能介绍

微信公众平台内容主要包括首页、实时信息、用户管理、群发信息、素材管理、设置、高级设置等功能，接下来我将对这几个板块一一介绍。

（1）首页

通过 https://mp.weixin.qq.com/网址页面，输入账号和密码点击“确定”按钮，首先进入的就是欢迎页面（见图 2-77），在这里会提供一些公众账号的运营数据。

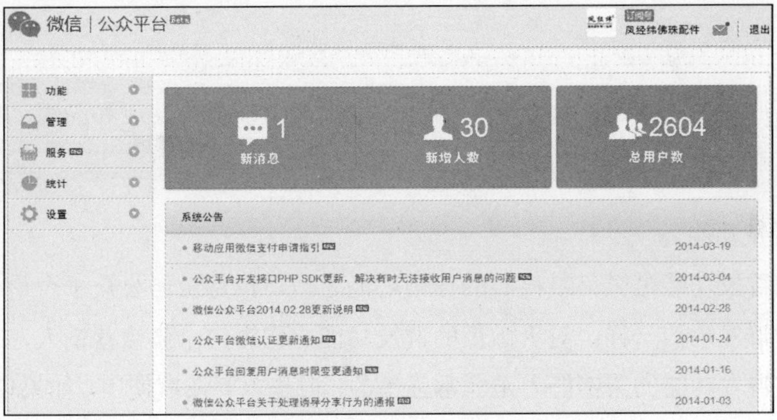

图 2-77 微信公众平台首页

进入首页可以直接在蓝色方块“新信息”和“新增人数”里，看到新增加的信息数和新增人数。单击相应的方块会分别跳转到“实时信息”页面和“用户管理”页面，然后这些数据就分别清零，直到再有新的信息数目和新增人数出现。

同时，你还能直接看到绿色方块体现的“总用户数”，这数字就是从开通微信公众账号开始截止到目前的总关注你微信公众平台的人数。

在方块下面有“系统公告”的内容栏目，这是官方关于微信公众平台功能调整的通知，个人建议从事微信公众平台的人员一定要每天查看，以免漏掉一些重要的通知。

在公众平台首页左侧有一个导航栏，一共有 5 个子栏目：功能、管理、服务、统计、设置。其中：“功能”子栏目包括群发功能、高级功能；“管理”子栏目包括信息管理、用户管理、素材管理；“服务”子栏目包括服务中心、我的服务；“统计”子栏目包括用户分析、图文分析、信息分析、接口分析；“设置”子栏目包括账号信息、公众号助手、安全中心。

（2）功能

上面已经说了，微信公众平台的功能包括两个：群发功能和高级功能。接下来我们重点来介绍这两种功能。

- 群发功能

微信群发功能是微信最核心的营销功能之一，也是微信公众平台最吸引人的地方，和群发短信一样。对于微信的群发功能，作为一个微信营销人，首先我要承认微信群发功能的营销能力是非常强大的，但是也要谨慎使用，如果使用不当，会大大影响用户的体验，甚至导致大量的粉丝流失。至于该群发什么样的内容，我们将在后面再具体介绍。在这里值得注意的是，现在的微信群发信息有一个比较人性化的功能，就是可以按分组、性别、地区来进行群发，方便大家做精准营销（见图 2-78）。

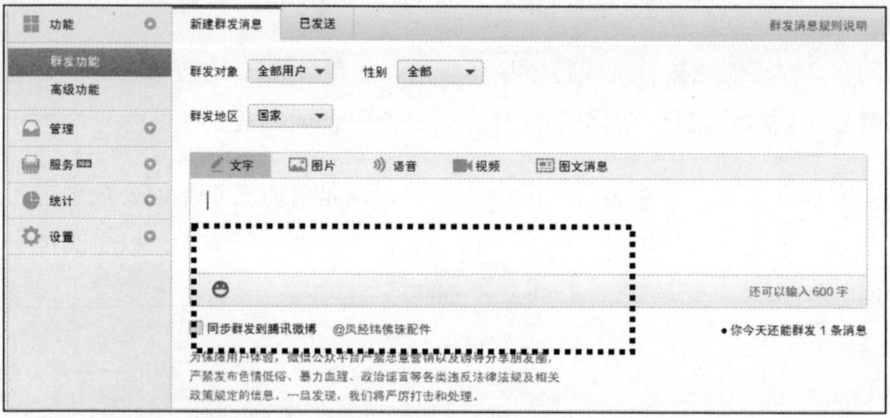

图 2-78　群发功能页面

一般而言，微信公众平台的群发功能每天只能群发一条信息，但是对于一些比较优秀的微信公众平台，他们可能每天能发送 3 条信息（如爱范儿），这显然是微信给他们的“福利”。普通微信平台每天只能群发一条，所以大家一定要好好的规划好、利用好这个机会。当然如果你的微信公众平台绑定了微博的话，你群发的信息也会同时在微博上出现。

- 高级功能

除了群发功能之外，还有高级功能，高级功能包括“编辑模式”和“开发模式”，两种模式皆可使你所运营的公众账号个性化。但需要注意的是，“编辑模式”和“开发模式”不能同时开启。图 2-79 显示的就是“开发模式”开启，而“编辑模式”已经关闭。

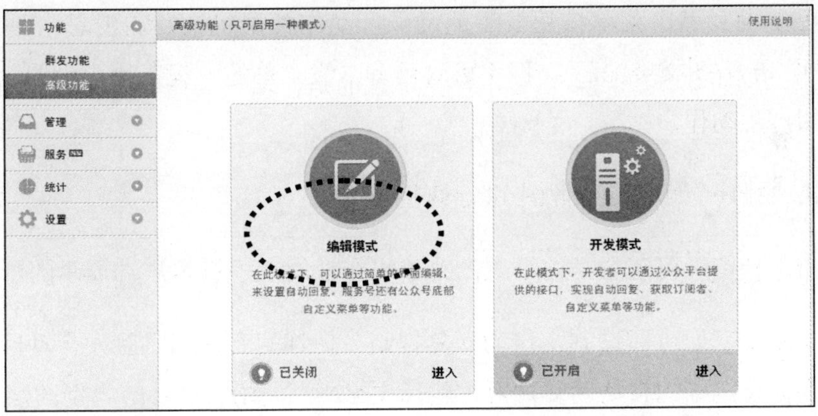

图 2-79 “开发模式”开启，“编辑模式”关闭

- 编辑模式

“编辑模式”包括“自定义菜单”和“自动回复”设置功能。开启后即可使用“编辑模式”，关闭则停用。

自定义菜单：你可通过简单编辑公众号的自定义菜单内容，使订阅者通过点击菜单按钮收到你设定的消息。

点击“添加”按钮（见图 2-80），添加 1 个一级自定义菜单，并为其设置菜单名称。一级菜单至多添加 3 个，二级菜单至多添加 5 个。

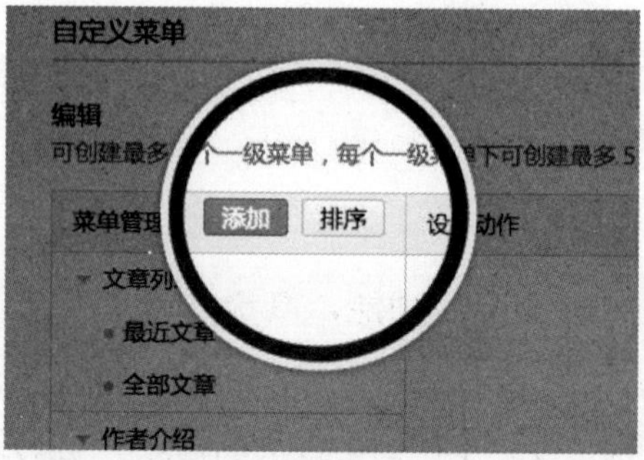

图 2-80 添加菜单

还可以设置点击菜单按钮发生的动作，动作类型包括发送消息（包括图片/文字/视频/语音/图文类消息）。但不可对已有二级菜单的一级菜单再设置点击一级菜单按钮产生动作。

点击“排序”可对菜单顺序进行调整。

点击“预览”可查看当前设置的菜单将在订阅者手机客户端展示的情况。

自动回复：你可通过制定自动回复规则，使订阅者在满足触发自动回复规则时，收到你设定好的自动回复内容，包括文字/语言/图片/录音等类别的消息。

① 设置“被添加自动回复”，当你的公众号被订阅后，自动发送给订阅者。

② 设置“消息自动回复”，可在订阅者给你发消息的时候进行自动回复。

③ 设置“关键词自动回复”，可在订阅者行为触发你所设置的关键词时，进行对应的关键词匹配消息回复。

- 开发模式

“开发模式”针对具有开发能力的公众平台运营者，开启后即可使用公众平台提供的接口，自定义你公众号的“自定义菜单”、“消息按钮”、“收发用户消息”等功能。

① 查看文档

查看文档，了解公众平台所提供的接口。

② 成为开发者

完成指定操作，成为公众平台的开发者，并可以开始自定义你的公众账号功能。

3．管理

微信公众平台“管理”频道包括三个部分：消息管理、用户管理、素材管理。

（1）消息管理

单击公众平台后台“管理”频道下“消息管理”选项卡，或者在首页欢迎页面单击新信息框，就可以进入“消息管理”页面。该页面用于展现用户通过手机向公众平台发送的即时信息（如图 2-81 所示），当你将鼠标移动至你所选中的用户信息上方时，在这条信息后面将会出现“回复按钮”和“收藏按钮”，你可以选择对信息进行“回复”（如图 2-82 所示）或“收藏”。

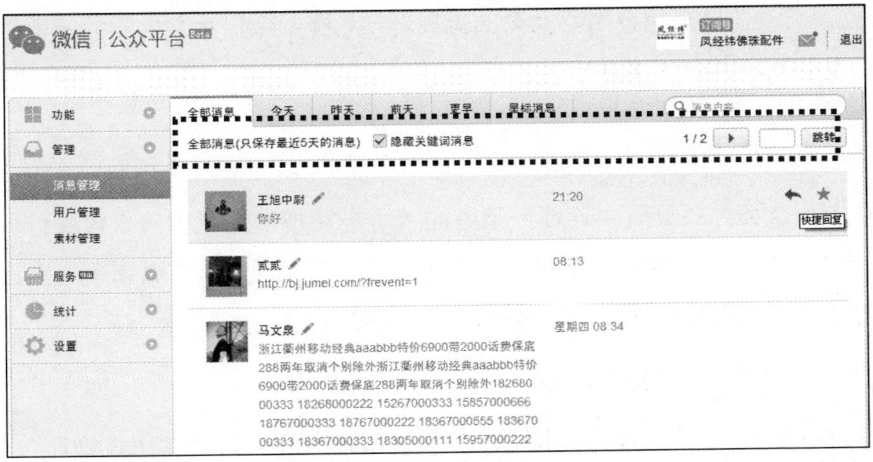

图 2-81　向公众平台发送即时信息

图 2-82　对信息进行“回复”

从图 2-81“消息管理”页面菜单栏中，我们可以看到公众平台只能保存最近 5 天的信息。其中“全部消息”指的是 5 天内用户发送给公众平台的消息数据；“今天”、“昨天”、“前天”分别是对应前 3 天的用户当天的消息，而“更早”是指比 3 天前更早的大前天和大大前天的消息；“星标信息”是指查看被标注为“星标”的重要信息。除此之外，在“消息管理”页面上，还有“信息搜索”的功能。

“消息管理”是与用户用心互动的重要阵地，许多微信运营者就经常在这个页面和朋友们互动，做人工客服。

（2）用户管理

单击公众平台后导航“管理”频道的“用户管理”选项卡，或者在首页单击“总用户人数”框，你就可以直接进入“用户管理”页面。该页面用于对关注了你公众账号的用户进行管理。主要包括以下几个步骤。

- 第一步：设置“用户管理”菜单

“用户管理”菜单跟我们设置 QQ 分组的原理一样，通过“用户管理”页面，我们可以看到，默认菜单有“未分组”、“黑名单”、“星标组”三个分组。公众平台将不接受被拉入黑名单的用户信息，但是被拉入黑名单的用户可以接受到群发内容。除此之外，我们还可以通过“新建分组”选项新建自定义分组。

- 第二步：用户分组

单击分组下拉列表框选择组别，选择所归类的组，点击“确定”按钮就可以了，被分组的用户将消失在当前组别列表中，而出现在另一个组别中（见图 2-83）。

图 2-83 用户分组

当然你还可以进行批量分组，具体操作办法就是：将需要分组的用户头像前面的复选框勾选，然后统一放到一个组别就可以了。

- 第三步：修改备注

跟 QQ 一样，很多朋友的微信名并不是他的真实姓名。为了方便记忆，最好的办法就是对其进行备注，具体办法是：点击用户信息的“修改备注”按钮，进入“添加备注”就可以了（见图 2-84）。

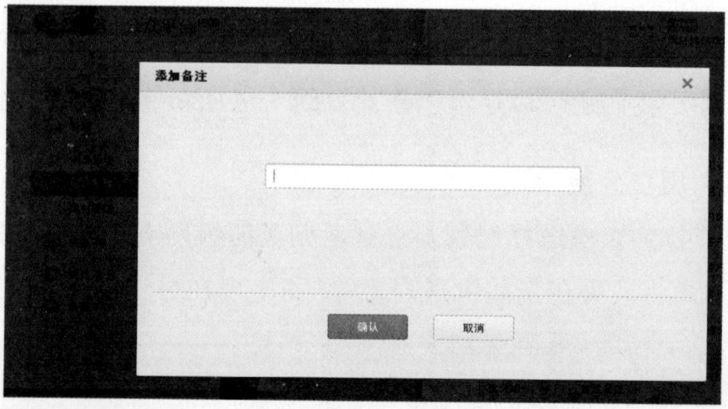

图 2-84　添加备注

需要注意的是，到目前为止，“用户管理”页面还没有“用户搜索”这个功能，因此如果你的用户很多的话，想找个人并不很方便，除了对每个人进行精准分组（尤其是重要用户）以及备注之外，还有一个非常有效的办法，那就是修改 URL 参数。将默认参数“pagesize=10”改大一些，那么所有的用户都会在一个页面中出现。

（3）素材管理

单击公众平台后导航“管理”的“素材管理”选项卡，或者在群发消息页面或用户聊天页面，选择发送多媒体内容时快捷进入。“素材管理”主要是对公众平台需要群发的信息进行管理，具体包括如下。

- 素材类型：微信公众平台可以群发的信息类型分为文字、语音、图片、视频、图文信息，除了文字可以在群发信息时直接生成，其他 4 种类型都需要先在素材管理里生成原始素材（见图 2-85）。
- 图文消息类型：图文信息类型有两种形式，一种是单图文消息，一种是多图文消息，单图文消息推送单篇文章，多图文消息推送多个文章列表。

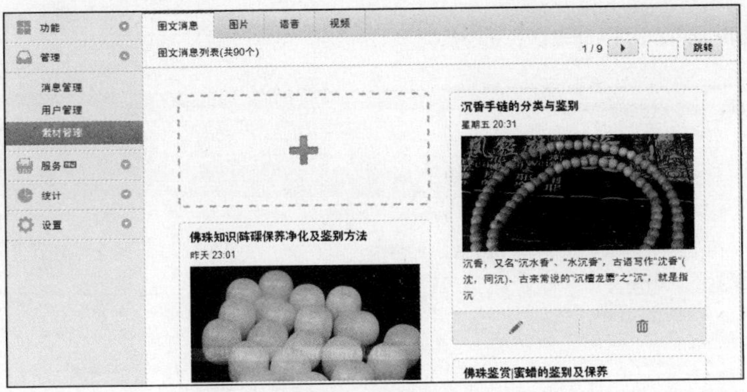

图 2-85　素材类型

其中单图文消息主要由标题、封面、摘要、时间等组成，而多图文消息，头条有大图展现，其余是标题配小图（如图 2-86 和图 2-87 所示）。

图 2-86　单页信息

图 2-87　多页信息

上面我们已经提到图文信息有两种形式，我们先说说单篇信息。单击图文信息图表进入消息编辑器（如图 2-88 所示），其操作模式跟我们平时编辑网站内容相似，该编辑器分为以下几个部分。

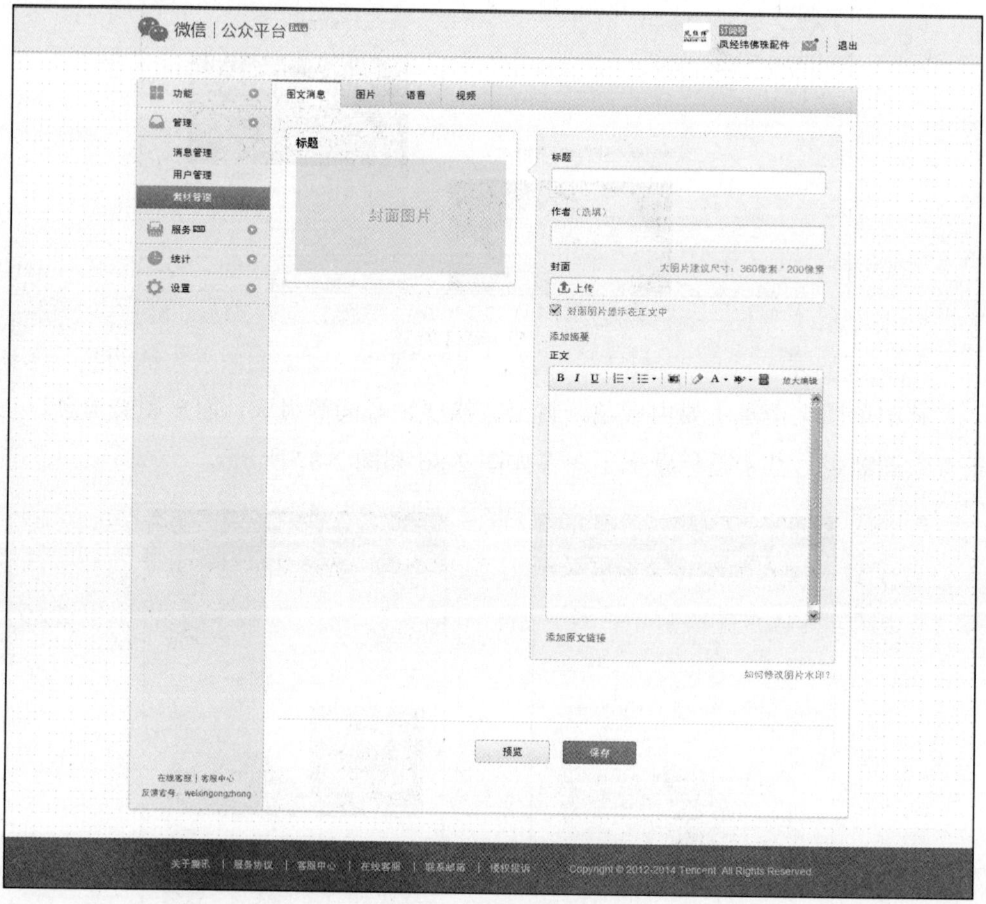

图 2-88　消息编辑器

- 图文信息预览区：可以让作者看到最终发到手机上的消息效果，但是封面图片的展示和最终效果可能会存在一些差别。
- 文章标题：既然微信公众平台内容营销属于软文营销，自然对文章标题非常重视，力求抓住眼球，因为当信息推送到用户手机上时，用户的对话栏最先显示的是文章标题。除此之外，微信公众平台的标题最好不要超过 13

个汉字，否则显示会折行，影响显示效果。

- 封面图片上传：文章的封面尽量选择与文章主题相关，同时符合公众账号定位的图片。个人建议最好少用卡通、漫画等抽象形式的图片。除此之外，图片的形式要选择横方图，即宽度大于高度的，或者用多张长图作品也可以。如果图片有人物，就更要小心长宽比例了，避免人的头部被切出。
- 内容摘要：内容摘要很显然是对文章的一些简单的说明，可以挑选文章中某段比较精辟的话来做内容摘要，长度不能超过 120 个汉字。
- 编辑器工具栏：编辑器工具栏从左到右的功能分别是加粗、斜体、下划线、编号列表、符号列表、图片上传、样式清除、文字大小、字体颜色、字体背景、视频等。其使用方式跟其他网站后台编辑器一样，我在这里就不详细介绍了。
- 内容编辑框：编辑模式跟网站内容编辑模式一样。较为不同的是，在公众平台中插入的图片会自动放缩至适合宽度，单击鼠标左键会有快捷菜单的出现，可以调整段落左右对齐、居中、右对齐，还可以插入表格（见图 2-89）。

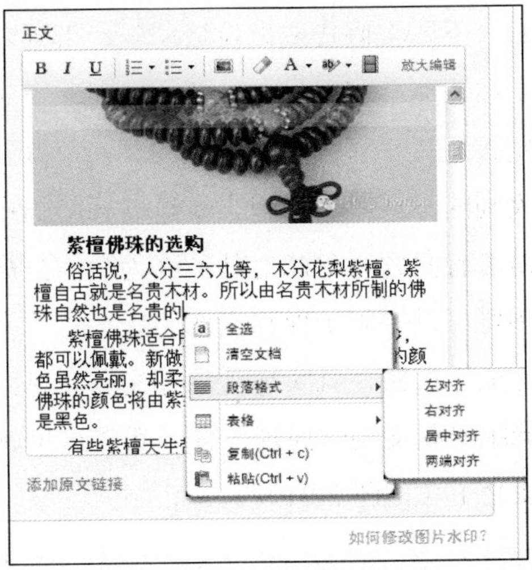

图 2-89　快捷菜单

在编辑内容的时候，主要考虑用户阅读图文信息时是在手机上，因此内容排版要考虑手机阅读习惯，主要注意以下几点：

- 样式要简单，不要有太多的颜色，否则会分散注意力；
- 文章配图不宜多，否则会受到网速影响无法打开，无特殊情况 3 张足够；
- 多分段多留白，不要出现大量的文字堆积情况；
- 文字不宜过多，以 500~1000 字为宜，因为用户的阅读习惯大部分是利用碎片时间，太长了没耐心读。如果内容太多，可以分几个篇章；
- 尽可能多用图文消息，慎用视频消息，因为用户打开带有视频的消息就会自动播放，很耗流量（用户对耗流量的使用很谨慎），目前插入的视频消息只支持来自 v.qq.com 的视频并且不支持 Android 4.0 以下手机。
- 原文链接：这是一个微信群发消息里唯一可以添加外链的地方。很多公众账号现在都在微信的模板里放部分内容，全部内容必须单击原文链接才能阅读，当然这也是一个很好的导流量的方法，甚至对于电商类账号来说，我们还可以通过原文链接卖货。这确实是一种很好的方法，但如果真这样做就务必要小心，不要卖假货或做垃圾广告，否则容易被封号。
- 发送预览：这个按钮非常有用，单击后会出现一个对话框，输入自己的微信号，单击确定按钮后手机会收到一条图文信息（见图 2-90），内容格式与群发消息时收到的一样，可以用来检查标题、图片等格式是否正确，检查内容排版上是否有问题。除此之外，因为微信公众平台后台没有自动保存功能，单击预览可以等同于保存文章了。
- 完成：点击“完成”按钮，就实现了保存文章并退出编辑模式。

多图文消息的编辑跟单图文编辑原理一样，我在这里就不做过多的阐释，读者可以去摸索一下就清楚了（见图 2-91）。

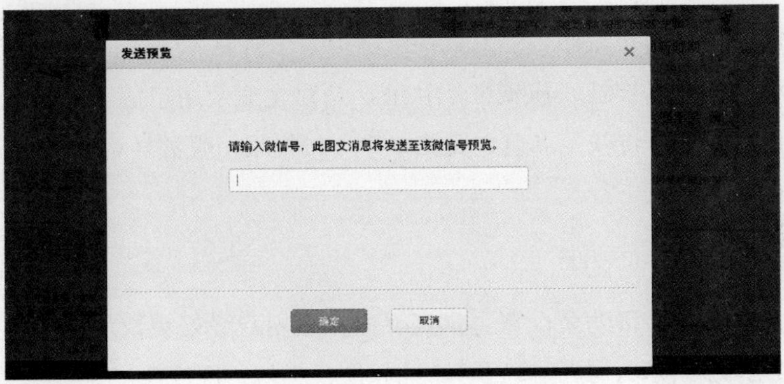

图 2-90　发送预览

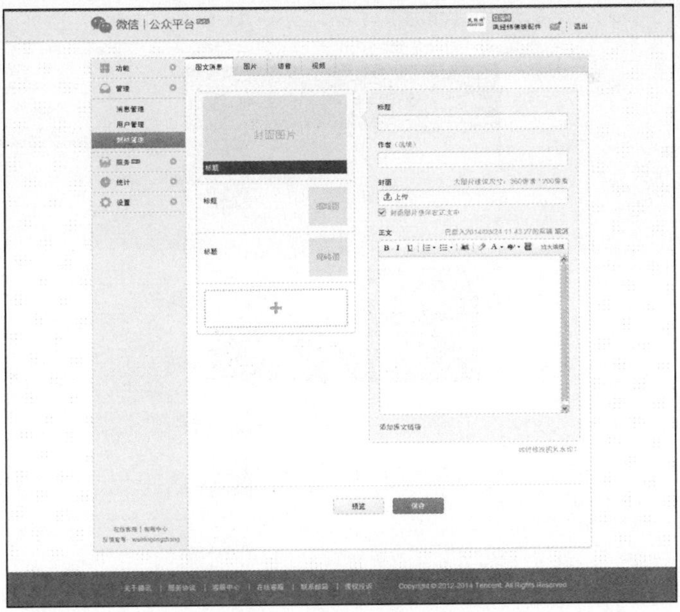

图 2-91　多图文信息编辑

4. 服务

服务频道页包括两个方面的内容：“服务中心”和“我的服务”。其中“服务中心”分为“基础接口”和“微信认证”。如果基础接口已经开通，那么公众可在自身服务器上接收用户的微信信息，并可以按需求回复；“微信认证”是对微信平台所有者进行一个真实性、权威性的认证，是对企业及用户的一种保证。微信通过认证之后，订阅号将获得“自定义菜单”接口权限，服务号将获得“高级接口”中所有接口权限。

- 自定义菜单

自定义菜单能够帮助公众账号丰富界面，让用户更好更快地理解公众账号的功能（如图 2-92 所示），其原理跟网站的导航栏类似。目前自定义菜单最多包括 3 个一级菜单，每个一级菜单最多包含 5 个二级菜单；一级菜单最多 4 个汉字，二级菜单最多 7 个汉字，多余出来的部分以“...”代替。

图 2-92　公众账号功能

- “我的服务”

主要是反应你的公众平台所包含的服务功能有哪些，即哪些服务功能在你的微信公众平台是有效的（见图 2-93）。

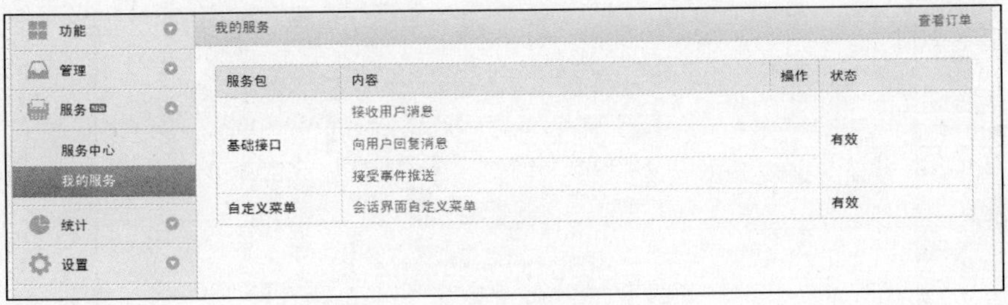

图 2-93　我的服务

5. 统计

公众平台的“统计”包括用户统计、图文统计、消息统计和接口统计等四个方面。这部分内容有点类似于网站的统计工具（具体可以阅读刘徽作品《你的网站赚钱吗——写给 4000 万中小企业的网络营销工具书》网站效果评估相关内容），其作用就是对微信的营销进行评估，并根据统计的相关数据，对下一步微信营销做出指导决策。

（1）用户统计包括“用户增长”和“用户属性”两个部分，其中“用户增长”主要是对新关注人数、取消关注人数、净关注人数、累计关注人数进行统计（如图 2-94 所示），而“用户属性”统计主要是对用户的性别、使用语言、地域等方面进行统计（如图 2-95 所示）。

（2）图文分析主要包括“图文群发”和“图文统计”两个板块。“图文群发”主要是分析每一篇图文信息群发后的相关相关数据统计，包括送达人数、图文页阅读人数、原文页阅读人数、分享转发人数等（如图 2-96 所示），而“图文统计”是以时间为轴，对图文信息进行统计，统计数据包括图文页阅读数、原文页阅读数、分享转发数等（如图 2-97 所示）。

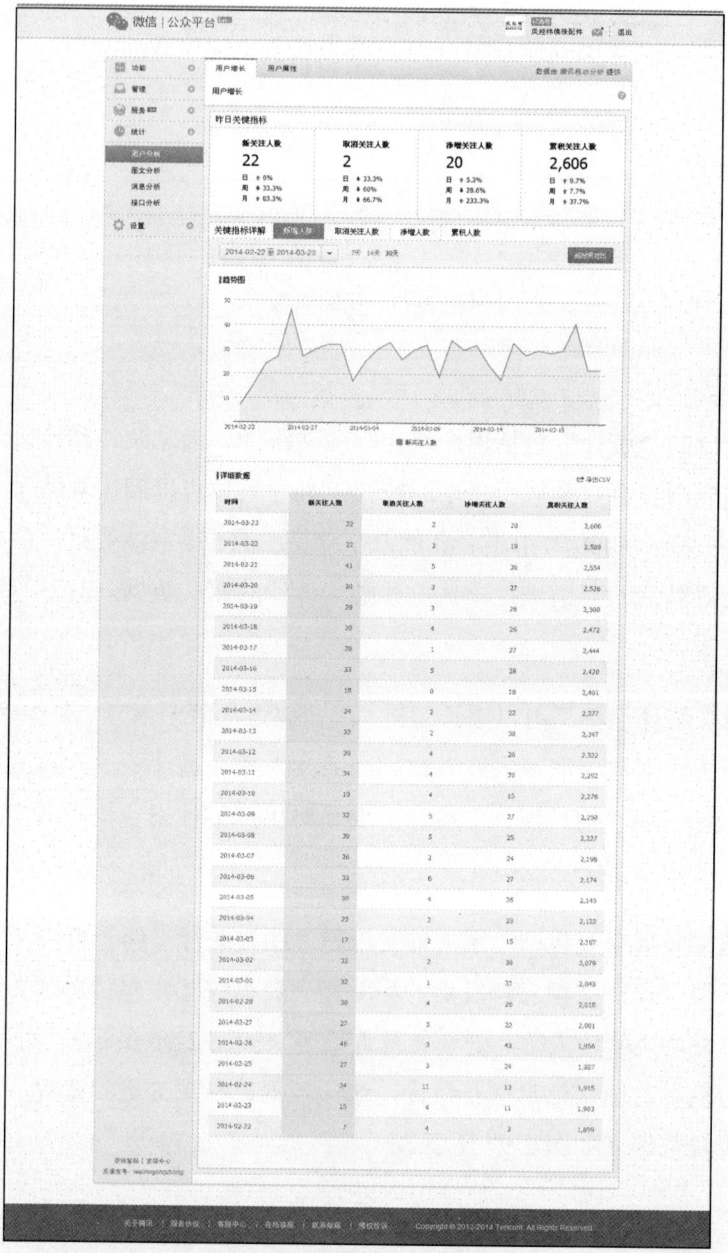
微信 | 公众平台
用户增长
用户属性
昨日关键指标
新关注人数
22
取消关注人数
2
净增关注人数
20
累积关注人数
2,606
关键指标详解
趋势图
详细数据

图 2-94　关注人数统计

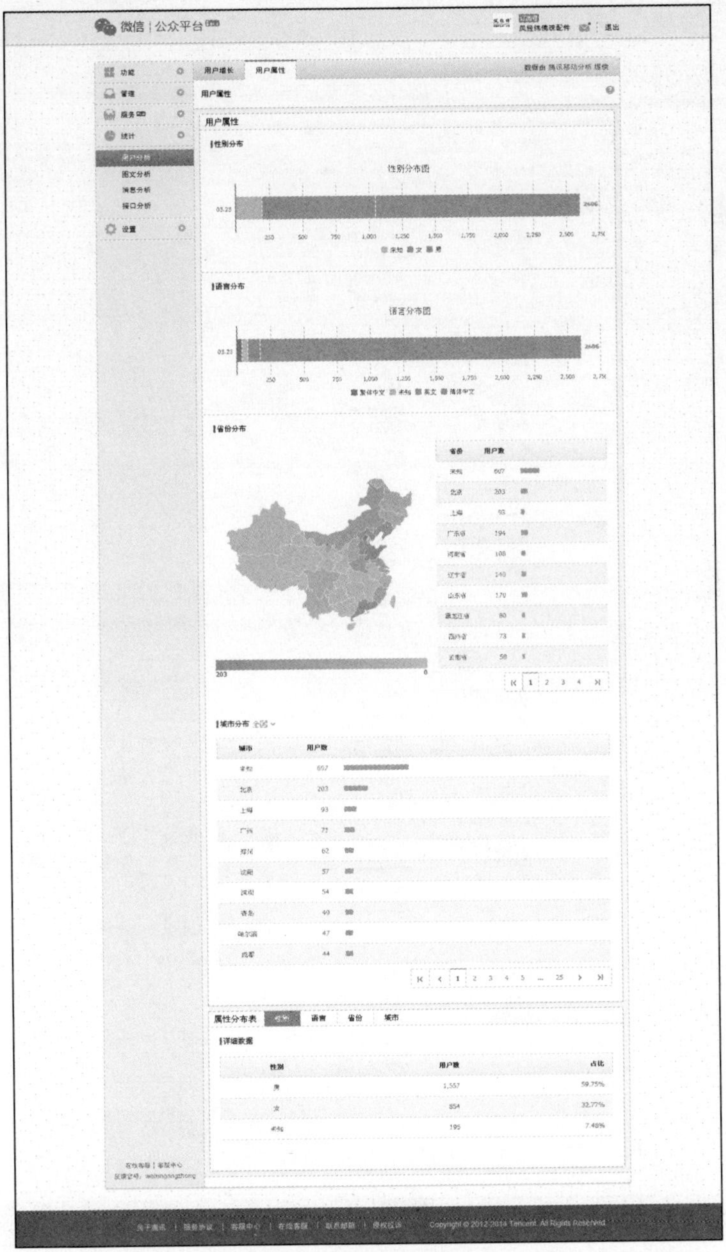
微信 | 公众平台
退出
功能
管理
统计
图文分析
消息分析
接口分析
设置
用户增长
用户属性
用户属性
用户属性
性别分布
性别分布图
2606
语言分布
语言分布图
省份分布
城市分布
属性分布表
语言
省份
城市
详细数据
性别
用户数
占比
1,557
59.75%
854
32.77%
195
7.48%

图 2-95　“用户属性”统计

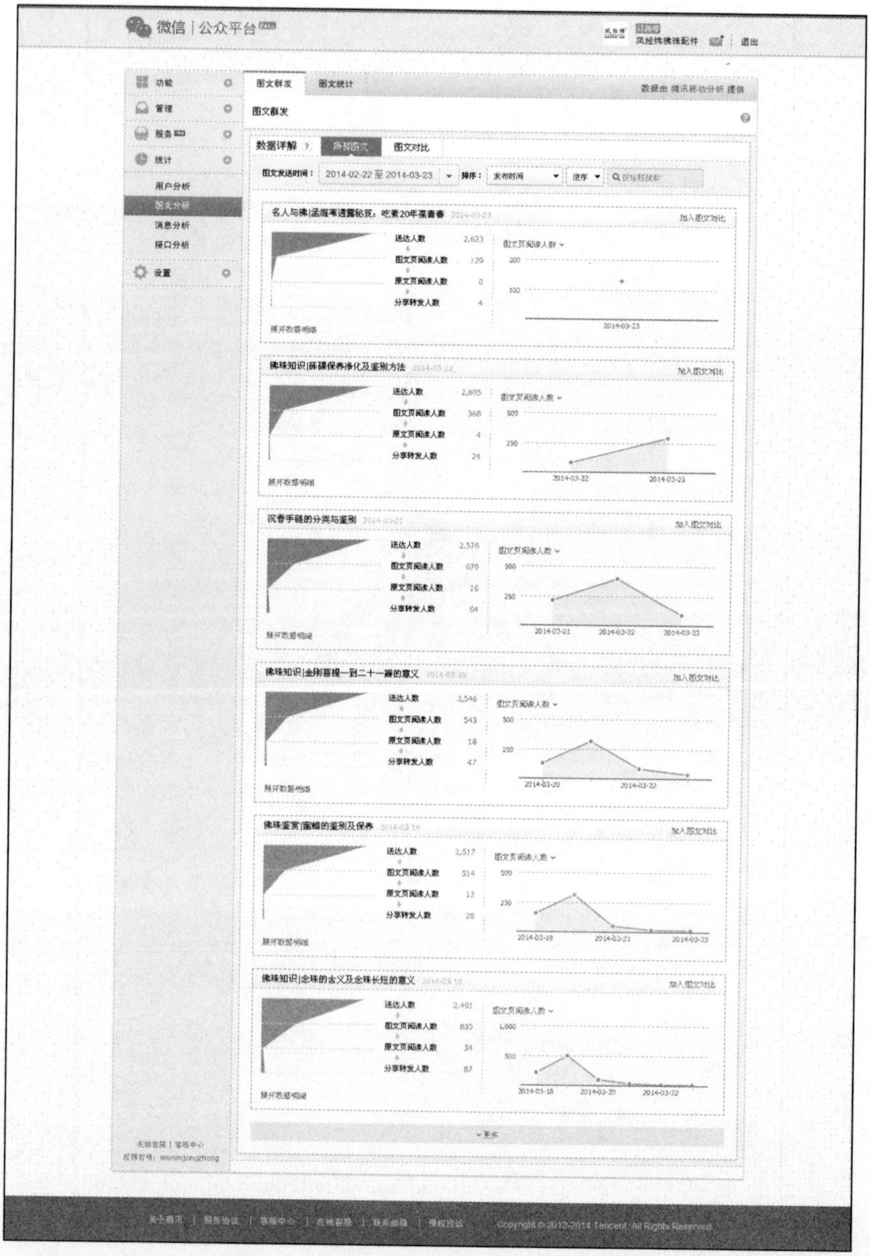
微信 | 公众平台
凤经纬佛珠配件
退出
功能
管理
服务
统计
用户分析
图文分析
消息分析
接口分析
设置
图文群发
图文统计
图文群发
数据详解
图文对比
图文发送时间：
2014-02-22 至 2014-03-23
排序：
发布时间
名人与佛|孟庭苇透露秘笈，吃素20年葆青春
加入图文对比
送达人数
图文页阅读人数
原文页阅读人数
分享转发人数
佛珠知识|砗磲保养净化及鉴别方法
沉香手链的分类与鉴别
佛珠知识|金刚菩提一到二十一瓣的意义
佛珠鉴赏|蜜蜡的鉴别及保养
佛珠知识|念珠的含义及念珠长短的意义

图 2-96　图文群发

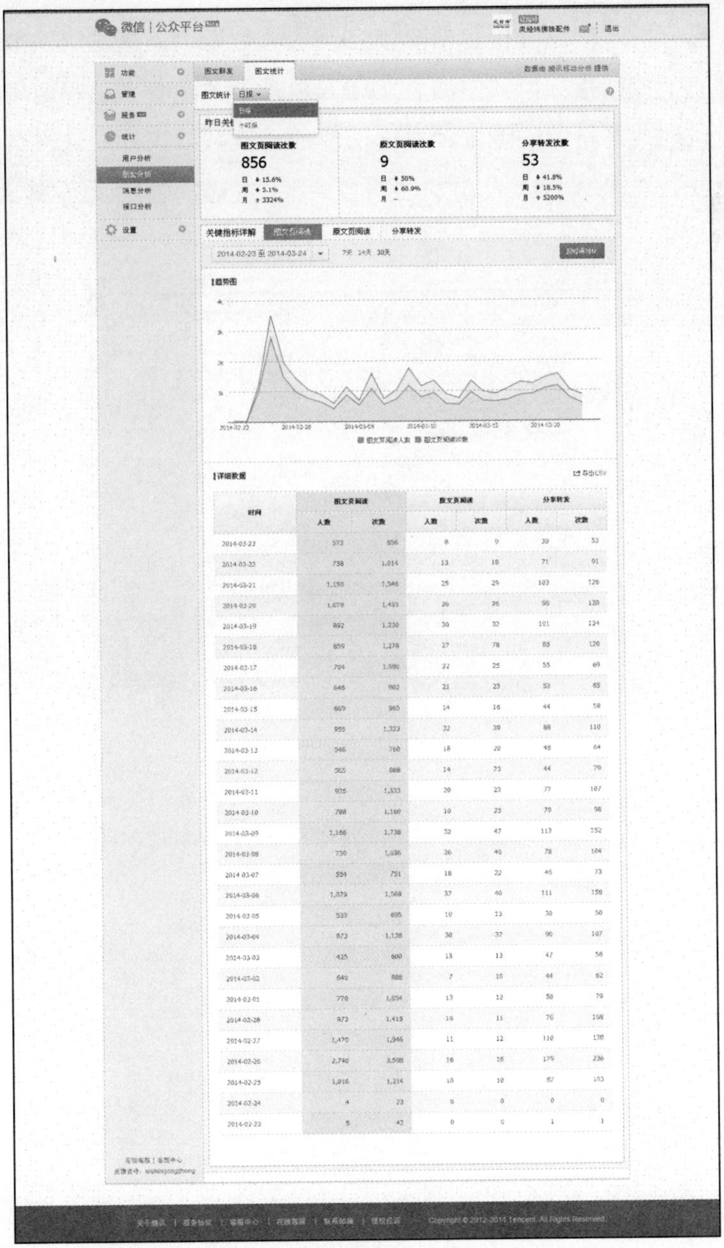
微信 | 公众平台
图文群发
图文统计
功能
管理
服务
统计
用户分析
图文分析
消息分析
接口分析
设置
图文统计 日报
昨日关键指标
图文页阅读次数
856
原文页阅读次数
9
分享转发次数
53
关键指标详解
图文页阅读
原文页阅读
分享转发
2014-02-23 至 2014-03-24
7天 14天 30天
趋势图
详细数据
导出CSV
时间
人数
次数

图 2-97 图文统计

（3）信息分析。信息分析包括“消息发送人数”、“消息发送次数”、“人均发送次数”等三个数据指标。其中信息发送人数是指关注者主动发送信息的用户人数；消息发送次数是指关注者主动发送信息的总次数；人均发送次数是指平均每人发送信息次数。公式为“人均发送次数=消息发送次数/消息发送人数”（见图2-98）。

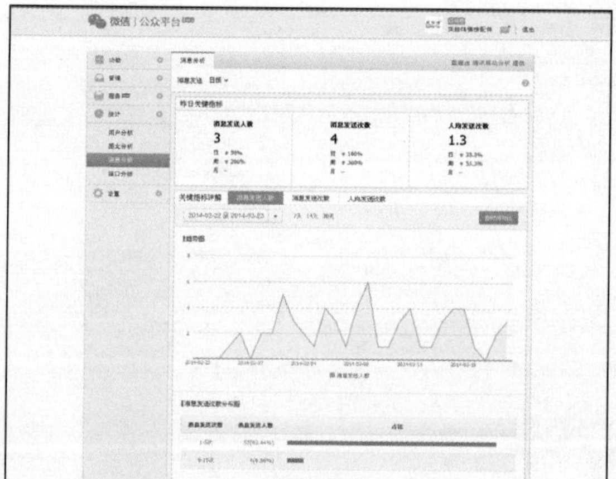

图 2-98　信息分析

（4）接口分析。微信接口主要是方便接入各种软件应用，如微网站、游戏、公交查询、智能回复等。一旦接入他们开发的应用，粉丝在微信上就可以使用这些应用，这样就实现了微信与其他软件的整合，如可以实现微网店、在线支付、优惠券、智能自动回复、会员卡、客户资源管理、游戏等功能。这功能非常强大，我们将在后面的微商城里重点介绍。微信公众平台接口分析包括调用次数、失败率、平均耗时和最大耗时四个指标（如图2-99所示）。

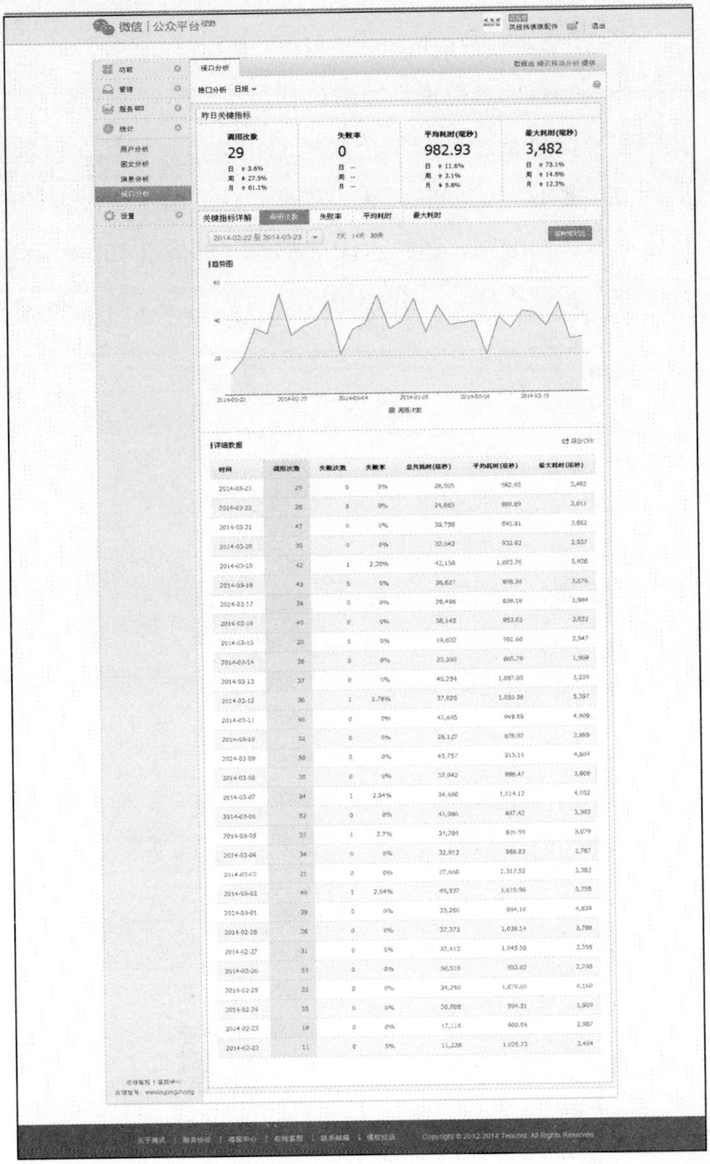

图2-99 接口分析

6. 设置

公众平台的“设置”频道包括三个部分：账号信息、公众号助手和安全中心。其中账号信息是对公众平台账号的相关信息描述，包括头像、名称、登录邮箱、原始 ID、微信号、隐私设置、类型、认证情况、微信认证资料、地区、功能介绍、绑定微博、二维码、图片水印等信息（如图 2-100 所示）。这些信息功能大家都非常熟悉，我就不再一一介绍了。

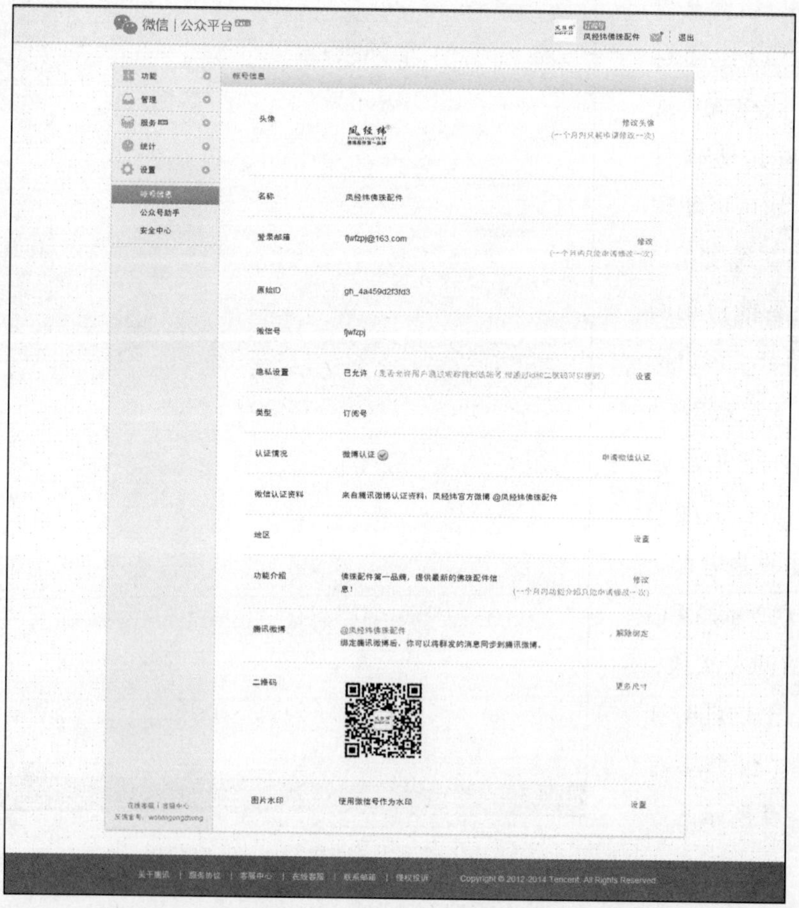

图 2-100　设置账号信息

“公众号助手”的主要作用：因为微信公众平台无法在手机上登录，微信公众号助手就是用来解决这个问题的。绑定私人账号后，我们只需要通过微信公众号助手即可通过手机向公众号群发信息（见图 2-101、图 2-102）。

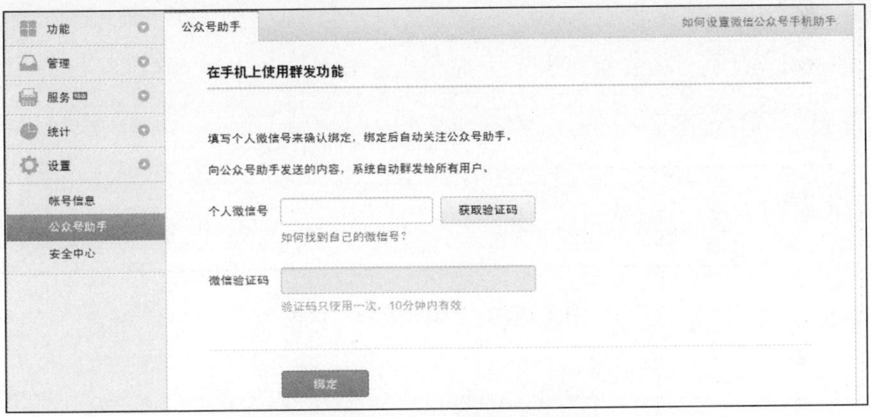

图 2-101　公众号助手群发功能

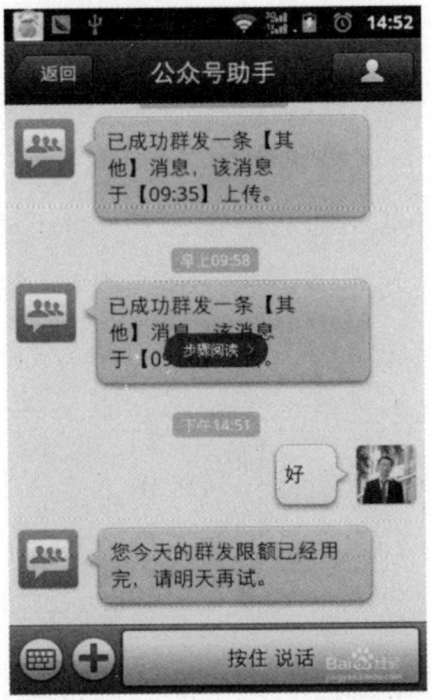

图 2-102　公众号助手群发信息

“安全中心”是对公众号安全因素的考察而进行密保形式的设置，主要是通过手机设置验证码来进行设置（见图 2-103）。

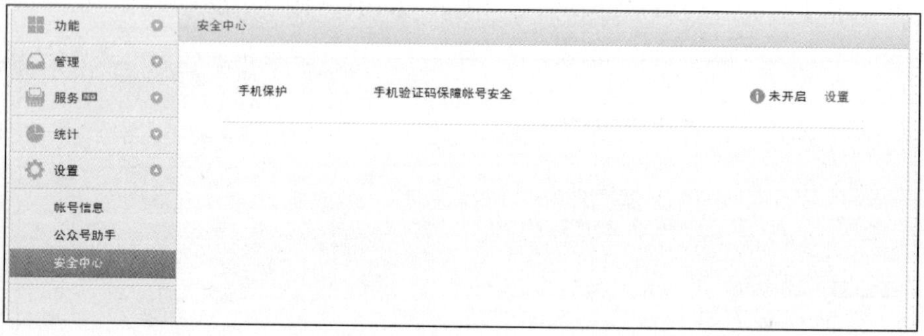

图 2-103 “安全中心”设置

2.4 微信营销，这么玩才赚钱

微信营销经过一年多的预热和熟练，凭借其自身的优势，已经成为企业做营销的一大利器，目前国内各种微信的书籍、各种与微信和 O2O 有关的培训讲座层出不穷，但这并不代表任何企业都适用于微信营销，也并不代表任何企业都能在微信上获得成功，更不能代表任何企业已经对微信了如指掌。有些企业只看到其他企业在微信营销上获得成功，因而盲目参与，最后不但没有取得理想的成绩，反而还让自己的客户越来越少。笔者在给企业服务的过程中，就发生过不少这样的例子，很多企业家一开始对微信营销兴趣很大，尤其是在听到一些成功案例的时候，满腔热情，于是立马组织人员进军微信营销，但半年、一年之后，一个个心灰意冷地向笔者诉苦。

在这里，我们必须说，以微信为代表的营销确实是一种不错的营销手段，也是未来互联网营销的方向，的确很多人通过微信营销取得了成功，但这只是少数部分人，而且也并不能代表所有的人、所有的企业都适合于微信营销。那么到底该怎么样才能用微信做好营销呢？

2.4.1 确定微信营销的目的

关于这一点，对营销知识有所理解的人一定很熟悉，通俗来说，就是我们在进行微信营销之前，首先得明确我们进行微信营销的目的是什么？微信作为一种移动媒体，企业在进行微信营销的时候，主要需弄清楚以下几个方面。

1. 作为媒体存在

微信首先是一种媒体，并且是一种移动的自媒体，我们更多的时候通过微信这个平台来获取我们想要的知识，所以我们在给自己的微信平台进行营销的时候，首先得确定你的目标人群，以确保人群属性足够精准：他们是喜欢美食还是喜欢广告设计；是喜欢旅游还是喜欢摄影；是哪个地区的用户。这些我们都必须清楚地掌握，在进行微信营销的时候，尽可能往精细化方向发展。

2. 作为电商存在

第二方面，微信肯定是一种往电商方向发展的形式存在，这也是绝大多数企业进行微信营销的关键。作为渠道平台，企业在进行微信营销的时候，必须做到销售和售后服务两个部分，首先尽可能的将所要销售的产品的相关知识、促销知识推荐给你身边的朋友；其次微信作为一种电商客服工具，及时解答用户在购买产品、使用产品或服务过程中，遇到的各种问题，如产品尺寸、规格、退换货、产品使用、快递查询等售前售后事项。

3. 作为品牌形象存在

除此之外，微信平台对企业来说还具有树立品牌形象的作用，很多时候企业的微信平台作为企业的官方平台存在，它的形象就是企业（或产品品牌）的形象。如企业通过专业的内容营销，塑造自己在某个行业的专家形象，以专业的角度及时解答客户的问题，以提升企业在用户中的形象。

2.4.2 微信平台吸引粉丝的技巧

对于很多中小企业或个人经营者来说，微信营销前期主要会遇到两个问题：吸引粉丝和进行内容营销。那么在本节中重点介绍笔者对这两部分的相关看法。

1. 吸引粉丝的技巧

为什么有些企业的微信公众平台能够在短时间内快速增加几千、几万粉丝，而有些同类型的企业公众号的粉丝却寥寥无几？对于微信公众平台来说，其影响力的大小主要取决于该平台的粉丝数，那么对于一个微信平台来说到底如何来吸引粉丝呢？

- 账号、域名好看，形象才能“高大上”起来

在微信营销中，公众账号是主要的推广工具，企业只有将自己的公众账号设立得完美无瑕，才能获得粉丝的青睐和喜爱。当你打开手机观察所关注的那些公众号时，觉得印象很好的是不是都是一些比较好记、好看而且形象好的公众账号呢？

没错，在微信营销中，账号、域名是非常关键的，现在很多企业在设立域名的时候，喜欢用一些如“-”之类的符号，这样看上去好像比较大气、看好，但实际上并不方便用户记忆、更不方便用户去搜索和输入。因此，给自己的微信公众号取名的时候，一定要从目标用户群的角度出发，不但要好记， 还要便于传播。

比如笔者在给一个做自动门的客户做微信公众平台的时候，在微信号的设置

中，该企业没有使用下划线，也没有将其他的符号掺杂其中，只是用了“西科自动门”的英文名字“coko“，这样不但可以方便用户输入，也很容易让用户一眼就记住。与此同时，其头像更是简约，就是“西科”的卡通形象代言人，这也非常符合西科本身的定位：简约而时尚（如图 2-104 所示）。

图 2-104　coko（西科）微信名称与形象

对于微信公众平台账号的设置，大致有以下几个共同点可以供企业参考：第一，便于记忆，让用户看一眼就记住；第二，迎合目标人群，如果针对的是年轻人，那么就可以时尚大气一点，如果针对的是年龄比较大或企业顾主，简约大气是一种不错的选择；第三，账号不是越短越好，但肯定也不能太长；第四，尽量不用符号。

- 打造有个性的二维码

有人认为：只要做好微信营销的内在运营就可以了，不必在乎外在的形象。其实，持有这种观点的人恰恰犯了一个最基本的错误，这个错位就如同有人认为只要将产品做好了，包装不重要一样。其实，营销有时候就是一个外在的事情。事实告诉我们：消费者在购买产品的时候，60%的人会选择第一眼看中的产品，由此可见外在的包装对于营销来说是多么的重要。因此，对于微信营销来说，其外在包装除了微信账号之外，最多出现在受众眼前的恐怕就是微信二维码了。

一个好看、个性的二维码能够迅速获得众多粉丝的青睐，企业尤其是在线下推广方面，一定要力求让自己企业的二维码漂亮、有个性，能诱惑粉丝拿出手机去扫一扫。当然了，在进行二维码的设置过程中，还是要将企业的LOGO、标志、名称在二维码上体现出来。

- 尽可能多地增加好友

微信营销的效果大小很大程度取决于好友的数量多少，如果说上面两个步骤是进行微信营销前期准备的话，在这里我们开始重点考虑如何让你的粉丝“爆棚”最常见的方法有以下10种。

（1）将微信号和手机号、QQ号关联。这样可以从手机通讯录、QQ通讯录中导入一部分，这是最简单的一种操作方法，也是微信增加基础粉丝最有效的方法。

（2）建群。建立自己的班级群、校友群、行业群、老乡群、同事群（如果没有现成的话），建群之后，可以添加群里的人为好友，这些主要是熟人，也是真正的朋友圈。

（3）微信群二维码。现在二维码发展迅速，我们也要跟上时代的脚步。微信群二维码其实很多，你可以通过百度图片搜索，搜索关键词“微信群二维码”，搜出来的群二维码就有千余个，足够你加入的了。如果你还嫌不够，那还有谷歌、搜搜、360等搜索引擎，资源很多，但注意不要扫描得过于频繁，否则可能会被限制，严重的会被封号。

（4）加群。同学、老乡人数有限，行业群、兴趣群应该是最有拓展空间的。当你的好友数有了一定基数，而且平时与朋友圈的互动有了一定价值的时候，会有人把你拉进一些行业群，或者你自建一些行业群也可以。进群之后先要发言，和大家混个脸熟，然后添加群里的群友。为提高效率，可以用微信网页版在电脑里添加。方法是：在百度里搜索“微信网页版”，用微信扫描一下，找到群进入，一个一个地添加，很多人都是要验证的，你需要给人家一个理由，如“电商交流”、

“微商交流”、“我是某某群里的”等，否则，人家无缘无故地不见得会添加你，一般一个群里 30~50%的人会添加你。

（5）群互换。加群应该是最快的方法了，我有 5 个群，你有 3 个群，我们互换一下，就都有 8 个群了，和一二十个人互换的话，你的群就可能超过百个。笔者前几天看到一个做群互换的，手里有 700 多个群。

（6）手工收集微信号添加。微信大号几乎每天都会推荐一些人，你可以将被推荐人的号记下来，查找加入。不过微信目前有限制，好像每天只能查找 20 个号，20 个号中能加你的每天就算 10 个，一个月下来就有 300 个了，一年下来就有 3000 个了，这个方法虽然笨一些，但只要坚持下去还是很管用的，微信好友有个 2 万，基本上也可以算是个大号了。补充一下，为方便查看信息，你可以将一些微信大号标为星标用户，星标用户排在前面，好查看。

（7）找大号推荐。微信大号一般都乐于推荐，如果你有“卖点”的话，编辑一段文字，发给大号，请他们帮忙推荐一下，一天增加几十上百个好友问题不大。

（8）写文章。在一些专业论坛写文章，介绍自己对行业的理解、看法，或者分享自己实操的一些案例，会有很多人加你的微信号，有个做女性产品营销的，一篇原创文章一天引来了 1500 个微信好友。

（9）微博导入。如果你的微博已经有了一定的粉丝数，你可以从那里面导入，不过这个是要有条件的。

（10）互动。微信朋友圈，有互动才有意思，否则你发你的，我发我的，没有交集，加了也是白加。

上述所说的加人手段只是启动手段，用以获得初始的用户基数，但最重要的是能提供价值，不能给你的好友提供有价值的信息，你的号加再多好友也没有用，不会有人认可你。如果你能提供有价值的内容，到了后期的话，你根本不需要考虑主动加人，你的微信号自然有人去分享、去传播。

除此之外，还有一点需要注意的是，千万不要刷屏，尤其是那些通过微信销售产品的人，每个人在微信上最讨厌的有两件事情：发广告和买产品。如果你持续每天在微信上做这两件事情的话，那么你将被很多人删掉或者拉黑。个人建议，不管发什么信息，无论是原创的还是分享的，一天最好不要超过 8～10 条，否则对于朋友圈只有几十、几百人的好友，你发的信息一下就占据了他的屏幕，这会引起反感。3～6 条信息最好也间隔发，不要一股脑地全发出去，至于如何发送微信内容，我们在本章节的后面会再做详细说明。

2. 做好内容营销

无论是在互联网营销过程中，还是在微信的运营过程中，要想让更多的目标人群喜欢你的平台，对你的平台不离不弃，很重要的一个点就是如何把平台内容运营好，只有将内容更好地传递给受众，才能够吸引更多粉丝过来，才能让你的粉丝对你“不离不弃”，才能在内容中将我们的产品、品牌、核心价值传递出去。而在这里，笔者跟大家分享一下内容营销的几个基础步骤。

（1）专攻特定人群

为什么这里要提到专攻特定人群呢？其实这一点理解起来很简单，我们在进行产品营销、品牌推广的过程中，都必须进行“定位”，即确定我们的目标客户是谁，他们最关注什么，他们是怎么关注的，在什么时候关注的等一些因素。很显然，企业进行微信营销的实质也是针对一部分人群（指目标客户人群）展开的，所以我们必须清楚地了解我们的微信内容针对的是哪一部分人群，这个人群最在乎的是什么。至于其他人群，我们可以没必要过分地关注。换一句广告行业的话来说：给女人看的广告，男人不看没关系；给老人看的广告，年轻人不看没关系。

微信营销也是这样，但另外一方面，任何一个生意下的受众可以是非常宽的（比如化妆品同样可以卖给男人），但是绝大多数企业的资源和受众是不一样的。所以我们在进行微信内容营销的时候，一上来一定要圈定你的重点价值客户群，或许你的产品可以卖给A、B、C，但是真正最适合的却是D人群。因此对于A、B、C、D四个人群来讲，你要真正去挖掘或圈定的是D人群，而不是分散给四个人群，因为核心受众的销售价值最大。

如笔者现在为一家叫“凤经纬”的佛珠配件企业服务，在进行微信营销的过程中，我们有很多人群的选择，这些人群的关注点是不一样的，如有些人会关注佛教文化，有些人会关注佛饰品的时尚，有些人会关注佛珠材质，有些人会关注佛珠的收藏价值。而“凤经纬”佛珠配件从一开始的定位就是针对广大的佛珠批发商和零售店，这部分人群最在乎的是佛珠的材质，所以我们在进行微信内容营销的时候，都是从佛珠材质方面入手（如图2-105所示）。

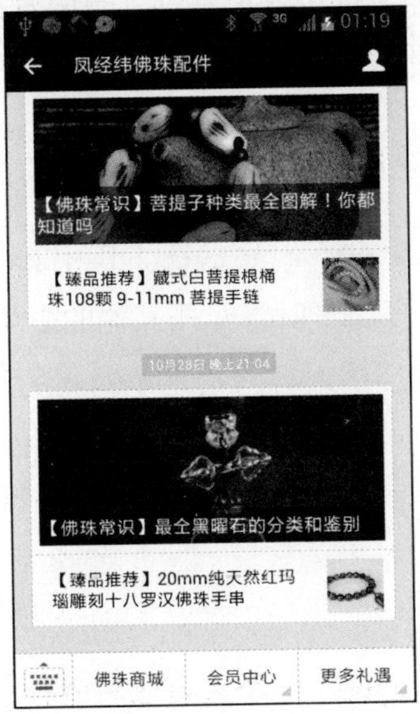

图2-105　凤经纬微信公众平台内容

第二点，尽可能缩小投入范围。就像刚才讲到的，推广工作的资金和人力是有限的。当你确定了D人群后，就要根据D人群的特征去部署推广策略。比如D人群是老年人，他们不用搜索引擎，也不太会用拼音，他们可能只是看电视采购节目打电话订购。那时候你就了解了D人群用的是这种信息获取渠道，因此你就要缩小除了这个之外的渠道投入，从而把精力投入到这个渠道商，这样你的推广力度和精准性会更好。

第三点，了解他们的购物路径。不同人的购物路径会有一些不同，在某路径上获取信息、处理信息、反馈信息的方式也有一些不同。比如说一个对你的品牌不了解的人，首先是通过你的投入广告了解到你；接着，如果你的产品或服务符合他当时的需求点，那么他就可能会产生对应的兴趣；有兴趣了就代表有意向，那就会产生动力去比比价，看看你的口碑好不好；最后，会落地成为一个销售机会。这是我们传统的购物行为路径，所以你在进行微信内容营销的时候，你一定要知道A、B、C、D人群在不同路径的特征，之间有什么区别。你一定要了解他们，才会知道他们的原始需求是什么，痛点是什么，最在乎的到底是什么。

（2）使用专业的编辑人群

如果你从事过微信内容营销，一定会在工作中发现，在你身边写内容的小伙伴很多都不是专业的，他们可能平时管一些其他的事情，当需要内容更新的时候，大家轮流更新。可想而知这样的内容营销是填鸭式的，在这方面是不可能给企业提升效益的。所以，如果企业需要开展内容营销，则必须使用专业的编辑人员。即便没有专业的编辑人员，对于内容营销的编辑者来说，也必须具备以下一些特质。

- 一流的协作和编辑能力

因为互联网内容不是写小说，一个人自己写就行，而是需要一个团队将产品各个方面的信息进行汇总。因此企业在做微信营销的过程中，一定要注意编辑人员的编辑能力，所有优秀的微信平台，其编辑人员的文章写得也是很有水准的。说句实话，在笔者的脑海中一直都认为文字是一个非常有魅力的东西，同样的故事，不同人因为写作手法不一样，其精彩程度也是不一样的。因此，我们的编辑必须具有一定的写作功底。如果在资金比较充裕的情况下，企业可以将专业的事情交给专业的人来做，请一个职业编辑也是一种不错的方法。

- 社会化媒体参与能力

除了协作能力和编辑能力之外，编辑人员还必须是一个社会化媒体的参与者。笔者在为企业进行运作和管理的服务过程中，发现一个好的编辑一般不会是一个不爱玩或是不善社交的人，尤其是在互联网时代，我们的编辑人员不能再像以前那样伏案写作，而更多的是要多参与社交，因为时代变化很快，只有在社交潮流中的编辑者才能赶潮流，才能知道虚拟世界的样子和活法，才会让自己写出来的内容不至于无趣、落伍。所以，对于企业来说，当你想聘请一个专业的编辑人员时，不妨加他的社交账号看看究竟。

- 数据分析能力

更高级别的编辑除了包括上面的素质之外，还应该是一个数据分析控。对于从事内容营销的编辑者来说，并不是写出内容就完结了事，没有对写出来的文字产生的效果进行分析是不行的，毕竟大炮轰苍蝇的事情不能干，所以专业的编辑人员需要有自我纠正和提升的思维。因此对于更高级的编辑人员来说，其必须清楚地知道他所写的内容的传播度、回应度甚至转化率等。如果一个编辑人员能从这些数据的角度去看待自己的作品的话，那么他绝对是一个非常不错的编辑人员。对于一个非常优秀的编辑人员来说，至少他懂得如何对内容进行定位，而定位的源头是对数据的解读。

（3）寻找全体效应的媒介

如果你做到了以上两步，那么笔者得恭喜你，你已经很有能力了！但俗话说“好酒也怕巷子深”，文章也是一样，好的内容并不代表能有好的传播。这个道理很简单，没有人知道你，没有人宣传你，你的文章即便再好也是无用的。所以在进行微信内容营销的时候，还需要注意吆喝。你需要在进行内容营销之前去寻找你的吆喝源。对于吆喝源的选择，笔者有两个方面的建议。

- 权威媒介

不可否认，世界上所有的人都有追求“权威”的意向。我们每天都会接触很多的媒体来获取知识，媒体的类型各不相同，有电视、报纸、杂志、互联网平台甚至是自媒体平台，但是它们都有一个明显的特点，那就是它们都是某个行业的权威。

对于从事内容营销的人来说，要相信品牌的力量。如果没有一些权威的媒体来助力你，那么你的内容很难做到风生水起，其效果也会大打折扣。

- 意见领袖

寻找意见领袖是将内容的营销效果进行“裂变”的另外一种方式，同样的话语通过不同的人群说出来，其效果是不一样的，尤其是在这个“粉丝经济”时代，如果你能找到你所属行业的意见领袖，并跟他一起合作的话，那你的内容营销的效果会比一般人的效果好几十百、几百倍甚至是上万倍。

（4）制造点睛之作

“画龙点睛”的故事应该很多人都听过，对于文章来说，其“点睛”之笔就在于其销售价值（或是品牌上的价值），从事内容营销有一定经验的人都知道，内容本来就是模拟与客户的对话、拉近与他们之间的心理行为的一种方式。那么，如何让你的文章“点睛”呢？

- 好看

好看和能看是两个概念，对于互联网内容营销来说，除了让客户搜索到你的内容之外，还需要通过内容来发挥它的营销价值。

- 价值

显示你的价值，你要传递的东西或许很多但有一点不能忽略，那就是你的产品（或公司）的价值是什么，因为绝大多数企业所从事的行业都不是垄断的，竞争非常激烈，很多竞争对手在卖同质产品，价格相似，渠道雷同。所以，此时你取胜的关键就是你能否在进行内容营销的过程中，将你的价值清楚地展现。

- 体现品牌精神

笔者是一个互联网的研究者，也是一个参与了很多企业互联网运作的资方顾问，同时还是一个通过互联网来进行创业的人。作为一个每天跟品牌打交道的人，笔者深深体会到每一个品牌都是有自己的风格的，每个品牌都是有自己的个性的，所以如果你是一个很有个性的公司，有着自己的风格，那么就应该在内容里突显出来。

毕竟，在这个时代，做中庸、做土鳖的品牌是得不到年轻人喜欢的，更得不到让每天与互联网接触的人买账。

- 了解客户的痛处

俗话说得好，说 100 句自己的好，还不如说 1 句客户的烦恼。其实将心比心，我们在选择产品、购买产品的时候，都是出于自己的需求和欲望出发的，同样，作为读者来说，我们并不是接受所有的信息，更多的是从我们内心的需求出发。

如作为一个电商从业人员，因为职业和爱好的关系，笔者自然会对电商行业的信息有所关注，而对其他方面的信息可能关注度少一点，并不是因为其他方面的信息内容写得不好，而是因为自己的需求点不在那里。

因此，我们在写作的时候，必须要懂得你的客户需要什么，然后提供客户需要的内容，只有这样才能得到客户的信赖。要想做到这一点，就必须从客户的角度出发写作内容，贴切关注他们比自己唱独角戏要好很多。

（5）转化入口要一呼即应

在进行内容营销的过程中，每一篇优质内容都需要有一个让用户行动的入口，这包括一键加为好友、微信扫一扫、直接购买按钮、了解更多按钮、收藏转发等，很多人对这些入口并不是太重视，但事实告诉我们，这些入口的存在非常重要。因为大家都明白，当机立断的转化率才是最好的，时间是一杯忘情水，读者走开了再回来就不是那么简单了，因此每一个行动都预示着用户对内容有点好感，因此需要有行动按钮来承接这个用户行为。

所以我们在进行微信营销的时候，先得理解一下内容发布的渠道有哪些，然后尽可能将每个渠道都自我打量一下，是否可以设置一些入口或者功能。

（6）多渠道播放你的内容

微信营销跟传统的网络内容营销一样，在完成内容之后，接下来也同样要经历推广部分，如前面已经说到的通过第三方媒介的重要性。当然，随着微信功能的不断完善，其传播渠道也变得更多样化。另一方面，传播渠道的多样化使得信息变得更碎片化，通过一个渠道很难获得理想的成功，尤其是对于小企业来说基本上不太可能。面对这种情况，唯一的办法就是多点开花，全身心地投入到各个渠道传播中去。这包括：行业 KOL、合作伙伴的市场同步推广、短期活动植入、付费频道插播、社会化媒体活动等。

（7）培养内容营销习惯

自从笔者从事互联网营销以来，一直都认为互联网营销并不是一蹴而就的事情，要想获得成功最基本的原则就是持之以恒，这样的道理在内容营销中一样重要，很多时候笔者都坚定不移地认为要想让内容营销起到效果，那就离不开两个字：坚持。是的，在前面我们已经将内容营销怎么一步步去做阐述得很清楚了，但这并不真正代表你公司就可以拥有内容营销基因。因为对于很多公司来说，他们的确可以按照这样的工作流程做一段时间，但更多的人可能是一时兴起，过一段时间就没办法沉淀下来。

然而，内容营销的效果是“量变引起质变”的一个过程，需要我们坚持，习惯每一天持之以恒地去执行我们的方案。从某种意义上来说，笔者认为内容营销并不是一个短期的策略，而是一个中长期的策略，需要坚持不懈才算是你步入了这个领域，如果你只是1~2次的兴起做做，只是随便玩玩试试水的话，那么你是没办法成功的。如罗振宇的“逻辑思维”之所以能做得如此成功，除了他内容做得很优质、讲得生动之外，就是他坚持每天早上7点之前将内容发送出来，这才是真正地在做内容营销。

（8）找到最适合自己的制作方法

如果你在实践中严格按照上面的七个步骤进行的话，那么你一定会发现最适合自己的做法是什么。要想做出效果，方法有很多，如有些人觉得出书可以提高自己的知名度，有些人觉得拍视频可以更好地展示，有些人觉得演讲能体现个人魅力，有些人觉得写博文才是执行力最高的……，没关系，只要你的内容能被受众接受，不管它的形式是什么，这些方法都是对的。但是，一定要找一种最适合自己的方式方法。如笔者本人每天都有写作的习惯，就觉得出书是一种不错的方法，所以就坚持了。

（9）追踪衡量内容效果

这是做内容营销的最后一条，也是笔者个人认为最为重要的一条，对于效果评估，懂网络营销的或者懂营销的人都明白其重要性。我们将在本章节后面重点介绍，在这里就不赘述了。

3. 内容的发布

通过前面两个部分的介绍，我们已经阐述了如何进行内容创作。在实际操作过程中，很多人对内容创作非常重视，对扩大粉丝也密切关注，当然这些行为是必须的，但除此之外，我们在进行内容营销的时候，也不要忽视了内容发布的方法。这就犹如进行广告媒体投放一样，广告创意很重要，选择媒体平台很重要，与此同时选择广告投放的时间段也是非常重要的。甚至可以说，如果你在进行微信营销的过程中，不重视内容发布的方法，很有可能你所做的努力将事半功倍，这也是为什么目前很多中小企业在进行微信内容营销时一直做不起来的根本原因之一。

在进行微信内容营销的过程中，对于内容的发布方式，经笔者多次测试，个人总结了一些经验。当然，如果你目前按照自己的方式去做已经很成功了，那么大可不必要用笔者的方式；如果你目前从事微信营销，做了好几个月还没有起色，那就要注意了，说不定下面这些建议会给你带来不一样的视角。

（1）什么时间发朋友圈比较好

很多人有时候是十分钟内一下发五、六条，然后很长一段时间一条都不发，另外也有一些人一天到晚不停地发二三十条，很显然这两种情况都是不对的。既然笔者在前面已经将微信内容发送比作广告媒体投放时间设置，那么首先我们需要去根据我们的客户作息时间来安排发布时间。一般都市里的人其作息时间是非常规律的：早上 7:30～8:30，这段时间对于都市里的人来说，都在上班的路途中，这个时间段绝大多数人都会利用坐车的这些“碎片”时间来看手机，所以可以抓住这个机会发一条给朋友圈，但值得注意的是，这个时候最好不要发广告，而是要发一些心情、笑话、励志或有“营养”价值的内容（如罗振宇的“罗辑思维”就是每天早上 7 点左右发送一条“营养丰富”的内容）等，没有人愿意一大早上起来就看广告。中午 12:30～13:00 这段时间大家基本上已经吃完午饭了，还没有午睡，也是很多人在玩手机的时间，这个时候可以选择性地发一条产品信息，但需要注意的是，这个产品信息不能是硬广，必须学会用“隐藏”的方式引导客户思维，下面我会讲这些内容。下午 17:30～18:00 这段时间大家一般是在下班的路上，这时候可以发一条“在打包货品”或者发完货的心情之类的信息。晚上 20:00～22:00 这段时间就要好好利用起来了，这时候可以发一些与产品相关的知识（如美容知识、佛文化常识等）、顾客用过的反馈以及自己的生活照等。

（2）每天发多少条比较好

大家都知道微信进行内容发布的时候，每天发布的内容条数太多不好，发布的内容条数太少同样也不好。那么到底每天发布多少条合适呢？对此没有一个明确的数字答案，但我们可以参考前面讲的时间段发布情况，个人的经验认为发布 5～6 条为佳，最多不应该超过 10 条。

除此之外，值得注意的是发送每一条微信都是有讲究、有想法、有目的的，因此我们在发送微信的时候，必须想好每天发什么内容，而不是盲目地复制、粘贴或者转发。大家可以多去关注一些幽默、励志或与你行业相关的公众号，从中取材再结合自己的思路进行改变，变成自己的东西再发布出去，这种“伪原创”的内容创作方式不失为一种行之有效的方法。

（3）发什么内容比较好

最后，微信营销不宜做得太杂，尤其是对刚开始做微信营销的人来说，个人建议在进行产品推广的时候，不要将所有的产品都去推，因为前期你需要的是让客户记住你，这很关键，所以前期哪怕真的有很多产品，那你也就挑选一款出来作为主推，其他的顺带推荐一下即可，等到你的朋友圈形成了一定的市场，有了很好的口碑之后，再将所有产品推出去就没关系了。

那么如何选择你需要的主打产品呢？

- 应该随季节而变化，不同季节推不同的产品。

清晰地了解你的微信用户群的需求方向，多考虑一下他们的生活方式或者工作方式是什么？他们需要什么产品？他们最在乎的是什么？如果你朋友圈里有很多妈妈级别的人的话，她们想要什么样的产品，笔者相信不用笔者说，大家也知道是什么了。

- 根据性别来选择，这一点就不用说了，大家在进行微信营销的时候自然明白。
- 与自己的营销目标相符合，根据自己的销售目标来确定什么产品作为自己的主打销售产品。

最后，笔者再次叮嘱大家值得注意的是：你千万不要把你的微信号变成一个纯卖货的商业号，它依然是你的生活号，还是你与朋友沟通联系的工具，所以每天不要只想着如何发布产品销售信息，还需要时不时地发布一些你的生活动态，找一些正能量的文字和图片分享给你的朋友，如一部好看的电影，一首好听的歌，一篇有味道的文章等。宗旨是，一定要把你的微信平台打造成一个别人每天都会看，而且不会反感的平台，而不是别人一看到你的微信就不想关注，觉得你就是一个“卖货”的人。

4．微信平台形象的打造

互联网是一个创造梦想的平台，它并不局限于现实条件的“困惑”，通过互联网我们可以根据自己的想象来打造属于自己的平台。微信平台也是一样，我们完全可以根据自己的意向来打造自己的个人形象。关于形象的打造，这是一门很深的学问，需要大家在长时间的实践中不断学习、努力和完善。今天呢，笔者就以一个具体的例子来说明这个问题，给大家一个努力的方向和基本模式！

笔者曾在今年上半年的时候接手了一家做护肤品的企业，大家都知道，目前有很多人都通过微信平台来销售护肤品，所以我们最开始的时候也是通过朋友圈来销售产品。然而我们并不像其他销售护肤品的那样直接进行销售，而是一开始就发布一些这样的文字："明天要去听一堂关于美容护肤专业知识的培训课程。原来学习自己感兴趣的东西是如此有激情，期待~"实际上，并没有听什么培训课程，而是自己在百度里找来很多关于美容护肤的相关知识拼命研究学习。我们觉得既然自己卖护肤品，那么这些知识必须专业！

第二天了，我们就在朋友圈告诉朋友们：一堂课让我学到了这么多专业的知识，太棒了，一下子也觉得自己成了美容专家了！哈哈，亲爱的朋友们，顺带把我学到的东西分享给你们哈……以后也会陆续更新，如果你们有皮肤护理的困惑可以来找我免费咨询。

就这样把自己成功打造成一个专业的美容护肤大师，朋友们会每天关注你的朋友圈所发出的内容，期待你给她们分享更多的专业知识，无形中你的微信号就形成了顾客的超高黏性。而与此同时，你可以把你卖的产品融入其中，比如说你今天分享的是皮肤干燥的知识，在把干燥的种类、干燥的形成以及如何预防干燥等说完后，最后一段推荐一下解决皮肤干燥问题的一款补水的产品，然后附带上几张真实的用户体验，这样的推广效果可想而知！

就这样，即便我们并不是美容专家，但坚持做了三个月，每天身边有几十个朋友一遇到什么皮肤上的问题就会前来咨询我们，并且还会问你有什么好用的产品可以推荐，这样的话你就可以顺其自然地推荐你的产品啦。

在微信平台上打造自己的个人形象是非常重要的，如果将这个形象跟你的产品结合起来，再向你的朋友分享你的职业知识的话，那么顾客黏度就形成了。当然你不一定只将自己打造成美容专家，如果你长得很美，还可以把自己打造成一个高大上白富美的形象；如果你喜欢音乐、电影，就可以把自己打造成一个专业的发烧友；如果你喜欢美食，也可以把自己打造成一个美食大师。总之，如果你是前期的零售代理，千万不能把自己的微信号变成一个纯卖货的商业号，美食家也需要美丽，也需要打造自己的形象，所以你也可以卖护肤品啊，这只是一个模式，就看你怎么去灵活运用！

2.4.3 企业如何借助微信平台布局移动电商

哪里有人，哪里就有市场，微信的流行，其巨大的使用人群使得其自然成为巨大的消费市场，自然成为很多企业争斗的“战场”，同时也让“微商”这个词逐渐进入大家的视野。微信平台开店很方便，也不用缴纳保证金，人人都能以非常低的成本开店，所以一时间很多人都希望在微信上做生意，一时间微商兴起。如果不信，你打开你的微信朋友圈看看，是不是有不少的好友在朋友圈发着各种店铺和商品的连接，甚至是产品硬广。更有不少读者早已因为很多身边的朋友在微信上销售产品，自己也心痒痒地涉水“微商”。然而，你发现原本认为美好的“微商”并不尽人意。

这种“困境”的产生，一方面是因为依靠朋友圈兴起的微商已经远离了商业发展的正常轨迹，面对早已被瓜分殆尽的朋友圈红利，你再想分一杯羹恐怕不太可能，另一方面则是你在进行微商运作过程中的方式、方法走向穷途末路。但即便是这样，我们面对如此大的市场时，应该不是退缩，而是希望另辟“华山之路”。

企业要想借助微信布局移动电商，首先必须还原微信营销的功能本质：品牌系统、服务系统和产品系统。这是我们进行微信营销、布局移动电商之前要做的准备工作。

1. 品牌系统

首先说说品牌系统。关于这一点，在营销中已经说过很多次了，其中最重要的一点就是我们应该以什么样的身份在微信中出现，也就是微信定位问题。20 世纪 70 年代，美国营销大师杰克·特劳特先生首次提出了"定位论"这个概念，立刻在营销界和企业家中引起了巨大的反应。"定位"成为整个产品营销活动的战略制高点，成为在竞争激烈的市场中产品运营最有效的办法。

关于定位更详细的内容，笔者在这里就不做更多的介绍了，感兴趣的读者可以去阅读杰克·特劳特先生所著的《定位》以及《重新定位》这两本书，笔者在这里只想阐述自己对产品定位的个人看法。简单地说，笔者把产品定位归纳为三点方面：自身、消费者以及竞争者，并把这三个定位要素取了个很好听的名字叫"定位三角"，如图 2-106 所示。

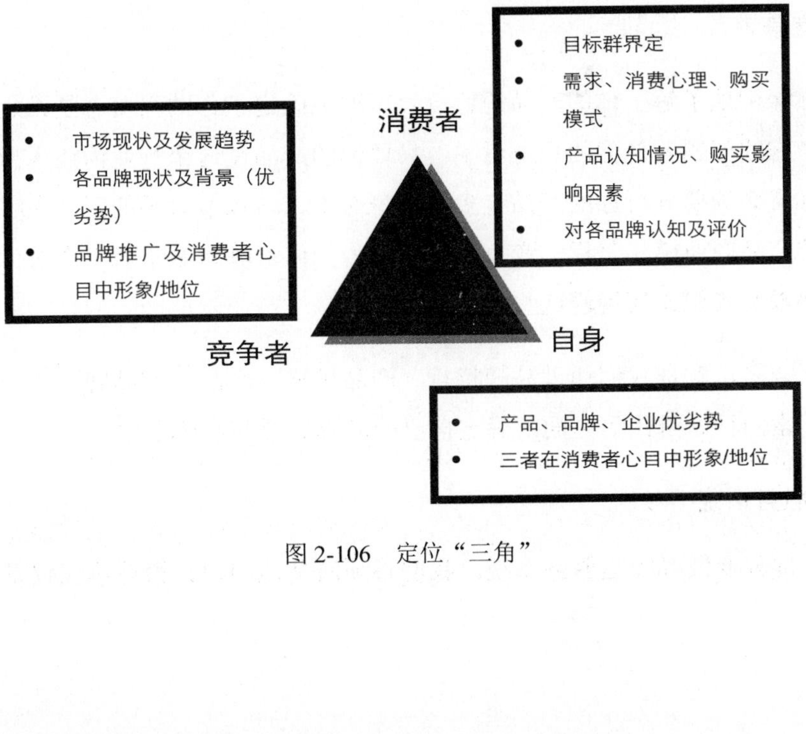

图 2-106　定位"三角"

- 自身

要想打造产品的竞争力，首先就要对自己所销售的产品非常熟悉，如这个产品是什么？是一个什么样的产品？产品的价值体现在哪里？产品的核心功能是什么？我们如何利用这个产品赚钱？产品的商业赚钱模式用户接受吗？产品的商业模式与公司一致吗？公司对产品有什么长远规划？消费者对产品的态度如何？公司对产品的态度如何？等等。

- 消费者

精准的产品自身定位界定了精准的客户群体，产品的使用价值是满足客户需求，这是让客户选择使用你的产品的最大因素。我们在对产品自身做出充分的了解和定位之后，接下来要解决的就是产品的消费者问题，即要解决谁会是我们的用户、产品的用户有几类、消费者行为和特点是什么、影响消费者购买的因素有哪些以及消费者对产品的印象如何等。

- 竞争者

在你深刻地了解了你的产品的特点、精准地确定了你的消费者是谁之后，接下来要考虑的问题就是你的竞争对手。只要你的产品在这个行业内还未形成完全垄断，你就必须要分析你的产品有多少竞争对手、与竞争对手的区别在哪里、竞争对手的产品商业模式怎样、竞争对手的实力如何、哪些竞争对手会对你的产品造成威胁以及我们如何规避这些威胁等。

总而言之，就是我们通过品牌特点、产品优势、产品（或品牌）细分以及在微信中搜索同行做对比等方面，确定自己的品牌定位和品牌形象。

2. 服务系统

第二部分要做好的是服务系统。我们必须清楚地明白，微信不仅仅是企业微商的营销工具平台，更多的时候充当的是一种交流工具，它传递的不仅仅是产品，更多的是你与粉丝的互动，更多的时候传递的是一种情感，如你的朋友对你发送的信息的一次点赞、一次评价、一次转发都是一种情感的表达，所以你要想做好微商，就必须打造好微信的服务系统。

（1）打造公司客服系统

网络营销是一个非常细致的行业，如果你认真对待它，它会给你带来很大的回报，如果你不重视它，甚至只是简单地处理它，那么它自然也不会给你带来更多的回报。微信营销也同样如此，企业要想通过微信营销取得一定的成绩，首先要做的就是打造公司的微信客服系统。至少要做好以下四个方面：

- **专人做专事**：既然你已经将微信营销作为企业营销的重要战场，那么你就必须组建相关的机构，专门配置相关的人来执行相关事项，而不是谁有空谁就做一下。
- **踏实**：要想做好互联网营销，除了最基本的技术之外，还需要踏实的心态，因为有时候互联网营销的成败，做好 90%是不够的，需要把剩下的 10%做好，尤其是从事内容营销的人来说，一定要耐得住寂寞，有好的态度，持续追求。
- **精益求精**：营销的实质就是不断地发现问题，然后解决问题。因此对于微信运营的人来说，需要不断地总结、学习，然后做到精益求精。
- **兴趣爱好**：很多创新是由兴趣驱动的，对这一行不热爱、不喜欢，是创造不出好东西来的。

（2）打造销售的服务系统

企业能否借助微信布局移动电商，其中最为重要的就是打造微信电商的销售服务体系，只有打造好微信电商的销售服务体系，企业才真正可以说运用好了微信，因为企业从事任何营销活动的最终目的是为了销售产品。那么我们应该如何打造微信的销售服务系统呢？

简单来说就是需要企业在进行微信营销的时候做好“销售流程+服务流程”的标准。无论是哪个行业、哪种营销方式、哪种营销流程，都一定要形成一定的标准化，标准化非常重要。对于微信营销的销售标准，笔者从微信营销开始的准备活动，到顺势而为、借助天时地利来做好促销，以及与用户沟通互动等方面出发总结了几种微信销售实战秘籍。

- 销售活动前，做好“预热”工作

微信经过两年多的发展，已经成为企业营销的一大利器，很多企业都会使用微信来进行营销，甚至用来销售产品，但这并不代表每个企业都会很好地利用微信来销售产品，更多的企业可能是一种盲目的参与，并没有取得很好的成绩。那么到底怎样用微信做好营销呢？首先要做的是，在做微信营销规划之前，一定要做好“预热”工作。

通俗地讲，就是在进行活动之前先要了解一下企业用户的属性，进行一定的市场调研和策划，综合地打造自己的微信营销活动。做市场调查是进行营销活动之前必须要做的一件事情，至于如何做市场调查，笔者在这里就不一一详细阐述了，关于这方面的资料很多营销书籍上面都有，笔者想要重点提醒的就是，在做微信营销市场调查的时候，必须清楚地知道我们的目标客户是谁、他们的需求关注点是什么、他们会对产品销售过程中的那些环节比较感兴趣、哪些行为是他们比较反感的等。

- 借助节假日，打造营销热潮

在微信营销中，要想获得成功，必须注重实战技巧，而这些技巧很多都是顺时而为，比如借助节日打造营销热潮。

在这一点上，很多企业都意识到了其关键性。笔者相信很多企业策划师跟笔者一样，在给企业进行微信营销的时候，都会不断寻找和观察用户的一些动态。甚至一些企业家为了宣传自己的品牌，还会出去揣测用户的心理。在一些节日的时候，用户对很多品牌的关注度会增加，这是为什么呢？第一，用户在节日的时候会比较清闲，节日是一个十分适合购物的时间，所以商家会在这时推出一些优惠活动，吸引用户购买；第二，用户在节日会选择给朋友、家人送礼物，而这更促推了节日的品牌营销热潮。

正是因为上述两个原因，商家在进行微信营销的过程中，肯定不会放过这个大好的时机，所以，商家要想打造成功的微信营销，就一定要抓住节日，借助节日气氛来营造一个营销的浪潮。

比如被众多粉丝关注的星巴克微信公众号，就曾经在2012年圣诞节期间打出了“魔力星愿店”的微信主题。在此期间，凡是关注星巴克微信的用户都可以通过微信互动来获得星巴克提供的独家优惠券，并且星巴克每天推出的优惠都有不同的内容。比如用户可以通过微信互动赢得星巴克的限量咖啡杯、咖啡粉、咖啡豆等。同时，只要回复数字，就可以获得星巴克的专属手机壁纸。这一活动推出来之后，令很多消费者十分喜欢，最终星巴克在节日氛围下打造的营销热潮中取得了很大的成功，其粉丝活跃度也变得非常高，通过微信前去星巴克咖啡店消费的用户数量也有很大的增长。

- 创造价值，诱发目标人群的兴趣

如果消费者很有“兴趣”地看完你的产品说明，无疑客户一定“认同”你所销售的产品或服务，说明你离成功的目标又近了一步，而能不能吸引消费者有“兴趣”看你的产品，一方面与消费者本身有关，一方面以电商企业自身有关。

对于消费者本身的一些因素，我们在前面已经做过介绍了，在这里重点说说电商企业如何诱发消费者的兴趣。影响消费者兴趣的因素有：

① 产品定位。指某产品是不是符合消费者的消费需求定位，如上层社会的人，在消费过程中，会自觉会不自觉的根据自觉的身份地位来进行选择，往往会选择一些符合自觉身份的产品。

② 消费者的兴趣程度。指消费者对某个产品的兴趣程度，如有些手机消费者比较喜欢三星手机，那么它就会对三星手机的产品非常关注。消费者的兴趣程度与消费者的需求欲望、兴趣爱好以及产品的品牌传播等方面有关。

③ 产品的使用价值。这是消费者对某产品是否产生“兴趣”的主要因素之一，对于电商企业来说，需要对产品的使用价值尽可能完善地描述。产品的使用价值包括：产品详细用途和功能，产品附件清单，产品规格、型号信息，产品质量认证、标准，产品制造商信息，产品特点、特性，产品各个角度清晰图，产品的使用流程等。

④ 消费者价值观。每一个消费者在购买产品的时候，都是根据自己的感觉而出发的，消费者对产品是否有“兴趣”与消费者的价值观也有密切的联系，如追求实惠的消费者对产品的价格最感兴趣。

- 激发欲望，促使目标人群产生购买欲望

当潜在客户觉得购买产品所获得的理由大于所付出的费用时，顾客就会对该产品产生“购买欲望”。激发消费者“购买欲望”的因素包括：商品吸引力因素、顾客行为因素、网站品牌因素、客户服务因素以及用户体验因素等五个方面（如图 2-107 所示）。

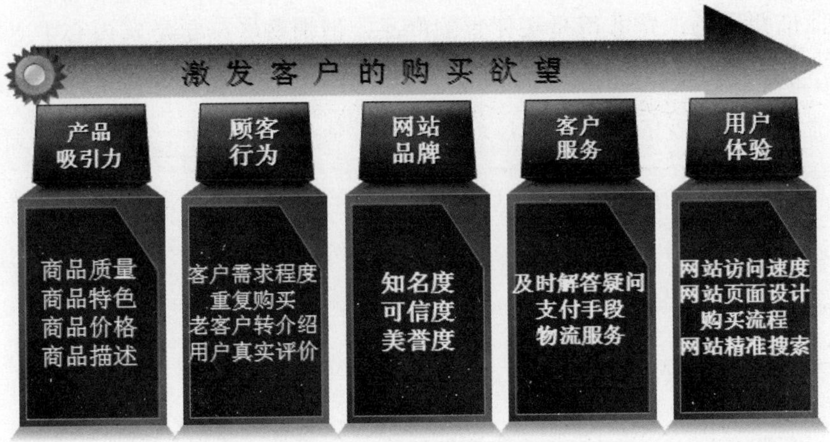

图 2-107 激发客户购买欲望的因素

① 产品吸引力因素

产品吸引力因素是直接刺激消费者产生购买欲望的最关键原因，因为绝大多数的消费者购买产品的关键在于产品本身对消费者具有吸引力，没有吸引力的产品即使其他方面做得再好，消费者也没兴趣产生购买。对于电商而言，产品对消费者的吸引力的强弱取决于以下 4 个细节：

商品质量。没有人会喜欢质量差的产品，追求质量是消费者最基本的要求，所以电商在进行产品描述的时候，一定要对产品的质量进行详细描述。尤其是那些“吃喝”方面的东西，消费者对商品的质量尤其关注。

商品特色。有特色的产品肯定会比一般的产品更能吸引人，商品特色可以是商品的优势，也可以是产品包装，还可以是售后服务。据统计显示，有“30 天无条件退货”的商家会比没有这项服务的商家的销售额多 3 倍以上，推出“365 天无条件退货”的商家会比“30 天无条件退货”的商家的销售好很多。

商品价格。除了消费者对商品本身的需求之外，商品价格对消费者的诱惑力非常大，消费者不一定非得是买便宜的产品，但消费者一定是买内心中“物有所值”的产品。对于销售而言，要记住这么一句话：消费者对价格是最为敏感的，价格低能刺激消费者的购买欲望，这是促销最基本的依据。

商品描述。对于电子商务网站而言，商品的吸引力还与商品描述有关，比如文字描述、图片的清晰度、产品与模特的搭配等，消费者天生就对“美”的东西产生好感。

② 顾客行为因素

除了产品本身因素之外，消费者自身的一些因素也影响到消费者是否产生购买意愿，主要体现在以下 4 个方面：客户需求程度、重复购买、老客户转介绍、用户的真实点评。

客户需求程度。在前面的文章中已经说了，消费者的需求情况的强弱代表了消费者购买某产品的意愿的强弱，例如刚性需求的产品，消费者购买意愿很强，自然这类产品对消费者的吸引力也就越大。如商业人士每天都要接很多电话，进行商业的来往，突然有一天手机坏了，相信这位商务人士一定会在最短的时间内重新购买一部手机。

重复购买。其实电商消费者有这么一种现象，对于还没尝试过网络购物的人来说，不太相信网上购物，虽然电商产品在价格上占有优势，但毕竟是虚拟的平台，看不到实物，很难给消费者实在感，再加上因为互联网制度和法律的不完善，现实中出现不少网购上当受骗的新闻，所以他们不太相信网购，但对于已经在电商有过购物经验（特别是有网购瘾的人）来说，他们已经在网购上尝到各种方便、好处和“甜头”，这一部分人群对网购的消费非常强。比如笔者，笔者是在 2009 年开始接触网购的，从此一发不可收拾，几乎所有的产品都是通过网购购买的，成为典型的网购依赖者。

老客户转介绍。在销售行业中有这么一句话：陌生销售员对客户说 50 句话抵不上客户的亲戚朋友给他的一句建议。的确是这样的，每个人都有防御心理，尤其是在需要自己掏钱的事情上，但人同时也有这么一个缺点，他们会对身边所熟悉的人放松防御，甚至会主动去咨询意见领袖的建议。以笔者为例，因为笔者对电子商务比较了解，身边的朋友有网购的需求（尤其是首次网购者）时，基本上都会向笔者咨询意见，而且 90%的人都会采纳笔者的建议。

用户的真实评价。这一部分其实也是消费者想去了解一下其他用户的使用情况，俗话说“大家说好才是真的好”。所以好评率高的商品肯定会比一般商品买得好，好评率高的网店的生意肯定会比一般的网店好很多。

③ 网站品牌因素

相信品牌的力量！是的，我们在任何时候都不要低估品牌的力量，不要低估品牌对消费者的影响力、品牌对产品的销售力。对于电商而言也同样如此，顾客对你的网站是否产生购买欲望与你网站的品牌度有关。网站的品牌度表现在以下几个方面。

知名度。品牌对销售的核心作用主要体现在“认识”和“回忆”两个方面。“认识”是指你看到某个商品外形、商标、颜色等附属信息之后，你就会主动认出该商品的名字、功能及相关情况。如我们看到“KFC”字样我们就知道这是肯德基快餐厅。“回忆”是指当消费者有某种需求的时候马上就有相应的产品或服务第一时间在脑海中反映出来，如当我们要买空调的时候，我们立马会想到的是格力、美的等空调品牌。品牌的知名度需要通过媒体、公关、广告等传播手段来实现。

可信度。是指消费者对产品、服务或销售平台的信任程度。可信度是消费者选择你的原因之一。

美誉度。美誉度是指消费者对产品、服务或销售平台的喜好程度，是消费者在遇到同样需求的情况下是否愿意再次采取相同购买行为的衡量标准。

④ 客服服务因素

没有卖不出去的产品，只有卖不出产品的人，这句话充分体现了客户服务人员（即电商销售人员）在产品销售过程中的重要性。对于电商而言，客服服务主要体现在以下 3 个方面。

及时解答问题。电商消费者是没有耐心的，如果你很长时间内都没有对他所咨询的问题进行解答，他就会离开。

支付手段。让客户选择他认为最方便的支付手段就是为客户提供了良好的客户服务。

物流服务。“最后一公里”对客户的体验有很大的影响因素，很多情况下，消费者对价格的重视度越来越低，对物流的要求越来越高。

⑤ 用户体验因素

为客户提供最舒适的购物环境和购物条件，这是做营销最基本的要素。微信平台能否给人一种简洁、舒适的页面，能否给人带来好的印象，各种实用软件是不是实用方便，微信平台是不是经常与用户互动等，都是决定用户体验的关键。

- 用 99%的时间培养顾客的信任感，1%的时间促销产品

笔者发现很多公司的微信公众号大都只是一个做促销宣传的工具，他们每一天甚至每一次与用户进行沟通的时候，都是促销的内容，每一天发布的信息也是一些优惠活动宣传内容、促销活动或大甩卖之类的信息，很少有企业将这些时间花在与用户沟通、培养与用户之间的信任上面。

不可否认，活动信息和促销信息的确是促使消费者购买行为的一个最有利的

武器，也正是这样，如今的消费者对促销方面的信息不仅不喜欢，甚至从某种程度来说还非常反感，尤其是微信朋友圈这样一个“私密性”较强的平台，如果你的朋友每天都发布各式各样的促销信息的话，笔者相信绝大多数都会厌之恶之的。

另外，每个成功的销售人员都明白一个道理：只有用户对你信任了，他们才会主动去购买你的东西，所以对于微信营销人员来说，我们应该将主要精力放在赢得客户信任上，而不是放在促销上。

● 推得好，不如聊得好

很多企业在做微信营销的时候，总是忙于将大量的内容和信息发送给一些潜在的用户，就是为了能够与用户产生沟通的话题。但是，这些企业并不知道，所有的价值都来自于沟通，如果你只是一味地推送一些好的内容，而不是与用户进行细致的沟通，那么用户还是无法深入理解你的产品。

所以对于企业来说，在进行运作的时候，如果要想使用户成为你的铁杆粉丝，那就必须经常与用户进行深入的沟通。

（3）打造客户管理体系

在进行微信运营一段时间之后，甚至将一部分微信客户转为销售客户的时候，我们需要做的就是对用户进行管理，然后有针对性地做相应的营销活动。主要包括：

第一步，按照公司客户管理的原则对用户进行分类，如我们可以将微信用户按参与程度分为陌生客户、一般客户、VIP 客户、VVIP 客户等。

第二步，针对不通的客户发不同的内容，如针对陌生客户，我们更多的是发一些“营养价值”高的内容，吸引客户成为我们的粉丝；对一些已经信任了的客户，我们可以适当发一些促销活动，刺激他们产生购买。

第三步，按照不通客户分不同的时间段发送不同的内容。

3．产品系统

除了品牌系统和销售系统之外，第三个需要打造的就是微商的产品系统，这是企业借助微信进行移动电商运作的核心所在。对于微信营销中产品系统的打造，主要注意以下几个方面。

（1）产品宜精不宜多

微信并不同于淘宝，也不同于电商网站，如果产品太多，你每天都要频繁更新，一天在朋友圈里发几十条信息，是让人产生反感的一件事情，即便用户不反感，你将每个产品都频繁更新而没有主打产品的话，也很难让人产生记忆点，也会使微信内容变得空洞无趣。

相反，专注于某种（或某几种）产品，然后用心去编辑每条内容，重复地发布信息，会给你带来意想不到的效果。

（2）产品结构层次明显

在微商时代，消费引导生产，营销系统决定产品结构，因此我们在进行微商运作的时候一定要注意围绕“营销”来布局我们的产品体系，所以这就要求我们在有每一个营销步骤中，都有相应的产品予以配合。同时，针对不同的目标客户，为实现不同的目标，我们要把产品设计出不同的形式，组合出不同的功能，匹配以不同的定价。

下面我们重点介绍一下，在进行微商运作过程中，对于产品的结构，我们提出了“三层”结构，这种结构即有利于传播与成交，也有利于企业获得更多的利润。

- 鱼饵产品：这类产品主要是针对浏览者用户，吸引他们的注意，引起他们的好感。对于这类产品，其定价多采取招揽定价法，价格一般低到诱人，甚至是免费。其目的主要是吸引零散客户进入你的微商平台，这是决定你成败的关键。

- 佣金产品：这类产品是针对想赚取佣金的伙伴，吸引他们加入推广活动，宣传公司的产品，其意义在于激励合作伙伴的行动力。佣金产品应具备突出的成交诱惑力，可以轻松吸引客户快速付费成交，从而帮助推广合作伙伴看到"短期效益"，使伙伴更加积极地投身推广活动。从某种意义上来说，佣金产品是"短期利益"的载体。这种产品的定价也比较低。
- 盈利产品：主要是针对高端客户，吸引他们付费购买，从而为公司贡献收益，这种产品是公司利益的源泉，高价值、持续性、高利润是其基本的特点。公司应设计以"推"为主，以"拉"为辅的促销体系，强力推进客户的成交比例。这类产品属于高价格产品。

最后笔者还想跟大家分享的是落地和实操的一些简单方法。首先，进行微信营销（或微商营销），落地分工是最关键的，我们可以借助传统电子商务的一些经验，从以下几个方面进行布局：

- 微营销谁负责
- 公司哪些员工参与
- 谁负责微信营销的策划方案和培训
- 员工的微营销技巧怎么样
- 员工微营销的绩效考核（包括考核时间和考核机制）怎么样

当我们解决了上述问题，基本有了自己的团队并完成职能授权之后，剩下的就是监督、检查和训练了。

案例：7个传统行业如何通过微信来赚钱？

1. 酒店：维也纳酒店——微信1年订房1个亿

作为全国中档连锁酒店第一品牌，维也纳酒店微信最初就看到了服务号强大的智能服务接口，并果断升级为服务号，申请并使用微信各大高级接口开发功能服务客户。移动端更多注重的是客户体验，维也纳通过自定义菜单的深度优化和闭环管理思维，不断提升平台的客户体验，有效激活了平台会员的消费黏性和活跃度。首先是预订系统的开发，与PC官网进行打通实现微信预订，通过“微信预订立减20元”差异待遇进行流量引导和转化。其次，每日签到的闭环设计，以及娱乐和让利的双重驱动，让维也纳的会员留在微信平台上，并得到愉快和实惠。微信的自助服务使维也纳订房各环节实现信息一体化和智能化，有效提高客户体验和平台消费黏性。目前维也纳通过微信日均订房超过1000间，结合维也纳服务号的关注量来讲，这一转化率目前在业内也是位居前茅的。

点评：网络预订酒店拥有十年以上传统刚性需求，移动化时代彻底颠覆PC端。

2. 商场：天虹——每天微信接待8000人次

用过微信“打飞机”聊天，有没有用过微信逛街？天虹的微信商城系统率先实现，而且还是微信支付第一开通者。便捷的自助服务满足了粉丝对于品牌检索和优惠查询的需求，关注天虹微信，点击购物搜索某类品牌，屏幕中就会瞬间给顾客展示商场内的品牌，随即打开一个品牌链接，该品牌的优惠活动、折扣数量、单品售价范围就会展示出来，给客户很好的体验感，你不需要走到门店就能知道优惠活动，省得一个个去逛，省力省时间。最后，便捷的支付模式使你可以直接通过微信购买商品或礼品卡，或者看好了去门店买，可以选择在线支付，也可以选择货到付款。天虹商场试水微信开启零售O2O模式，其微信平台通过腾讯微生活，实现了个性化信息订阅、会员系统无缝对接、一对一互动等。当其与微信合作消息传出后，天虹的股价连续三日累计上涨近三成，天虹参与微信平台，提升了品牌知名度，吸引了客户群，给天虹带来了持续的关注和购物转化，客户黏性得到极大程度的提升。目前，天虹微信已有数千商品在微信销售，拥有40多万粉丝，每天在微信上接待顾客8000人次！

点评：零售O2O模式转型，实现微信逛街。

3．餐饮：海底捞火锅——每日微信预订100万

作为国内最具口碑的餐饮连锁服务机构，海底捞是较早试水O2O营销的餐饮连锁服务企业之一，凭借在微博、点评网站等互联网平台的口碑，海底捞迅速聚焦起了大量忠实粉丝。加强客户关系管理一直是海底捞的追求，特别是移动互联网时代，新技术手段层出不穷，对经营者而言如何选择更好的管理方式是他们需要思考的问题。首先，创意活动吸引，你一关注海底捞火锅的微信，就会收到一条关于发送图片可以在海底捞门店等位区现场免费制作打印美图照片的消息，是不是瞬间就有了吸引力？其次，自助服务全，通过微信可实现预订座位、送餐上门甚至可以去商城选购底料，你想要外卖只需简单输入送货信息，你就坐等美食送到嘴边吧！当然，其设计的菜品图案也是看着就有流口水的欲望，最后加上线下优质的服务配合，同时享受"微信价"，怎么能没有吸引力？据悉，海底捞每日通过微信预定量高达100万。

点评：海底捞生意太火爆了，与其来了排队，不如提前微信预约，省得商户和客人双重尴尬。

4．手机：华为荣耀3X——30万人微信抢购

华为通过微信做的荣耀3X的预约活动也称得上是微信营销的经典案例。首先，活动前华为通过微信内容推送和微博进行宣传预热，并联合易迅将活动信息大量曝光。活动前期，华为荣耀、华为商城、花粉俱乐部等官方微博都对此次活

动进行大量曝光并用图解的方式说明了具体操作流程，易迅也尝试在微信上做出精选商品的经典案例，当时的微信正想着怎么让更多的用户绑定银行卡，就这样一拍三和达成合作，本次活动得到大范围的持续曝光，粉丝们蠢蠢欲动准备开抢；其次，预约界面加入奖品驱动，即预约用户关注华为荣耀公众账号后可参与抽奖活动，开放预约时用微信支付 1 分钱即可完成预约；最后，付款灵活便利，预约成功后进入原预约页面即可购买，支付方式也支持微信支付和货到付款。本次活动也取得了良好的效果，荣耀 3X 的总预约量达到 30 万人。

点评：微信预约，活动引流带来粉丝关注，实现后续精准营销。

5. 电影院：万达影院——微信渠道日均出票 8000 张

作为传统行业的电影院，万达影院的做法也值得我们借鉴学习。首先，要说的是万达影城的微信开发系统。万达影院最值得一提的是其便捷的票务服务，关注了万达影院微信公众号，可以简单地实现在线预订、在线选座、查询热映影片、待上映影片、评价分享等，足不出户轻松预订。试想一下，你和女朋友在附近吃饭突然想看电影了，马上掏出手机订好票，还是你们想要的位子，吃完东西就不慌不忙慢慢过去，不用排队，不担心没票，不担心座位不好，影院微信还会不定期针对会员做一些活动，增强粉丝黏性。虽说其微信开发上的体验没有自身 APP 的好用，但是作为会员管理、活动营销以及简单地在线订票选择已经基本够用。其次，对于二维码的推广，万达影院也是有自己的一套做法，一是通过出票的票面上印上二维码，使得凡是看电影的都可以随机扫其二维码，配合其强大的服务体系，能很好地抓住粉丝。同时，万达也会为了吸引粉丝开展一些活动，例如关注微信可一分钱看电影（限场次）、送可乐爆米花等。对于影院而言，闲时会有很多空位，不如索性拿来回馈一下粉丝，这种回馈带来了非常可观的效果，现万达影城微信渠道日均出票 8000 余张。

点评：快捷购票，实现多功能自助服务。

6. 图书：经典绘本——小番茄订阅好开微店日入3万

如今，微信朋友圈多了一群卖货的人，可是卖货的多，卖出去的少；赚钱的不多，赚大钱的更少。朋友圈电商劣势非常明显：（1）流量有限；（2）转化率无法持续，不能老指望几个熟面孔。

这里讲的是一个叫经典绘本的垂直细分订阅号，博主发布绘本、育儿的微信内容吸引粉丝关注，通过一年的发展积累了三万多高黏性粉丝，有了精准粉丝就有了精准流量，下一个问题就是转化率了。该博主申请了微信认证和微店，开通了微信菜单，将微店放在显眼的自定义菜单上面，将商品推介页面制作得跟大多淘宝宝贝描述那样具备营销力。有订阅号图文消息的支持，有微店商品介绍页的详细介绍，搞一搞团购促销打折，因为有几万粉丝基量，微店一次促销就可轻松带来几百订单。经典绘本主要分享绘本和亲子教育等，推送内容均严格筛选，多数是与父母们能引起共鸣的，让人倍感亲切，微信上用"哈爸"、"哈妈"人格化形象，有点像是父母给孩子孜孜教诲的感觉，通过有趣教育图书、文化内容推荐等图文推送，直击家长们对于教育孩子的思考和对子女的关爱。小小微店，小夫妻经营，据店主说，第一次在微店里上传了一套售价为155元的绘本，早上发公众号的图文消息，告诉订阅用户可以到自定义菜单中的微店团购这套书，当天的销售额就达到了33152.5元。所以只要用心做，也是可以达到不错的效果的！

点评：开微店缺流量，细分领域订阅号积累粉丝导流到微店，这才是小而美移动电商的创新模式。

7. KTV：宝乐迪量贩式KTV——黏性高让15万粉丝欲罢不能

对于网购达人而言，一想到去KTV唱歌，就会想起团购，但是也有通过微信建立自身会员管理体系和黏性的，这里我们要说的就是宝乐迪KTV。首先，服务为王。宝乐迪微信公众渠道交融了"曲库"、"预订"、"会员卡"等功能，用户可经过微信检查新歌榜、热歌榜、创立我的歌单，还可以经过预订功能，获取包房信息、检查最新活动以及订房，宝乐迪会员卡实现了全国范围歌曲查询、线上订房、电子会员卡功能，宝乐迪的微信可以精准地查询某座城市分店某个包厢的状况，经过线上线下无缝交融，不论是门店查询、曲库查询、预订包房、文娱花费，线上线下的立体化服务网络最大限度地满意用户需求。其次，微生活会员卡的运用。每一个宝乐迪微信公众渠道的会员，还可专享一张宝乐迪“微生活会员卡”，使用时向服务员出示此卡可享用套餐优惠以及“开卡礼”，预订有优惠，而且经常有免费送唱的活动，再加上服务好，能持续维护好会员，让15万会员欲罢不能。

点评：线上线下无缝交融，维护专属品牌会员，实现良好会员管理。

2.5 微信营销效果评估

跟所有的营销一样，企业进行微信营销的时候，并不是运营一些新的模式、一些新的功能之后就可以高枕无忧了，在最后的时候，企业还需要对过去一段时间的微信营销的效果进行评估，以确定过去一段时间的努力得到的具体效果，更重要的是从中学会反思和改进。对于微信营销的效果评估，主要有以下6个方面的指标。

（1）功能受欢迎度=粉丝数×粉丝评价

企业的微信营销是否做到了满意，取得的效果是否理想，这要根据一些评估方法得出结论。很多企业都很关心自己微信功能的受欢迎度。从综合方面来说，微信公众平台的功能主要包括：内容功能、营销设计功能以及实用功能。

首先是内容功能，即你在使用企业微信公众号时所享受到的功能。如用户输入企业介绍，就会看到关于该企业的一些简单介绍，用户输入企业部门介绍，就会看到企业部门介绍，这就是企业微信公众账号在内容功能上的受欢迎度。

再比如营销功能是指企业根据自身的特点和需求而设计的一些营销功能，如某些公司常常会利用游戏、测试等促销手段来作为与粉丝互动的一种营销手段。

最后是实用功能，是指一些类似天气查询、交通情况查询、酒店预订、微信在线购买之类的实用性很强的功能。这主要是根据企业自身个性化发展而设置的功能。这个功能的欢迎度也直接决定了用户对企业的依赖性。

所以，微信功能的受欢迎度就取决于微信的粉丝数和粉丝评价的关联情况，用一个清晰公式表达就是：功能受欢迎度=粉丝数×粉丝评价。例如，唯品会的粉丝数已经达到60多万，而通过微信营销所获得的利益是每天接近6000单生意，那么从这一点上来说，唯品会的微信功能受欢迎度就已经很高了。

（2）粉丝依赖度=受欢迎度×互动频率×粉丝评价

显然有了上述企业微信功能受欢迎度之后，就能通过这一点来观看企业微信号的粉丝依赖度。根据调查得出，企业粉丝依赖度取决于企业微信平台的功能欢迎度、粉丝互动频率以及粉丝评价的关联情况。

首先，从互动频率来说，一个企业的微信号是不是能够持续运作、保持热情的粉丝，首要体现在企业微信平台是否与粉丝保持持续的互动，达到极高的互动频率。当然，从理论上来说，主要是指粉丝对企业微信平台使用的频率，包括粉丝对企业微信的访问、对内容的观察及使用，以及与企业之间的互动等。

而除了有了良好的互动之后，再加上上述的功能受欢迎度也达到一定的高度之外，当然还需要粉丝评价。对于粉丝评价，笔者认为这是企业所能直接看到的最直接的微信营销效果之一。粉丝对于企业微信号的功能设计、互动频率等是做何评价的，都能决定是不是依赖该企业的微信号。

由此可见，一个企业要想在微信上让自己的粉丝对自己产生依赖感，那么首先就要确定自己的企业微信平台是不是受欢迎，而受欢迎度则取决于企业微信功能设计、粉丝数量以及粉丝互动评价，其中粉丝的互动评价包括粉丝是否愿意与企业进行友好互动、转发或分享企业信息是否频繁、是否通过企业的一些导航菜单进行分享服务等。

（3）与客户互动的频繁度=粉丝数×功能受欢迎度

企业微信营销结果的评估方法还表现在企业与粉丝互动的频繁度上，其实，懂营销的人都明白，这个环节在营销学中是很关键的。只有企业与粉丝互动做好了，才能彰显营销的价值和意义。

与客户互动的频繁度取决于微信粉丝数量以及微信功能受欢迎度。在这两点上，企业家不能有丝毫忽视，当然需要注意的是，我们在追求粉丝数量的时候，还需要考虑粉丝互动的质量。

（4）粉丝质量=粉丝评价×功能受欢迎度×推广力度

一个企业在微信平台上的粉丝质量取决于企业微信平台上的粉丝评价、功能受欢迎度以及企业对微信公众平台的推广力度之间的联系，显然，这三部分是息息相关、缺一不可的。

通常来说，一个企业的微信号是否有很强的获利能力主要取决于企业的粉丝有多少，但是随着网络营销的发展，越来越多的企业家认为，真正衡量企业微信平台是否强大并不在于企业有多少数量，得到了几万、十几万的粉丝似乎已经不能代表什么，只有企业的忠实粉丝（也就是铁杆粉丝），才是企业的强力所在。所以企业在衡量粉丝质量的时候，必须时刻注意以下三个方面。

首先，要关注企业微信平台的粉丝评价。从某种意义上来说，微信平台最忌讳一味追求粉丝数量，因为粉丝数量的多少并不能决定企业的营销结构，有很多企业并没有上万的粉丝，却依然能通过微信营销获取不俗的业绩。

其次要重视微信平台的功能。企业可以在自己的微信平台中设置很多实用又美观的功能，这样一来，粉丝就会感受到企业微信平台的好处，自然就会对企业微信平台产生依赖性，进而会持续关注企业微信号。如此一来，企业的粉丝就会成为你的铁杆粉丝。

最后，要重视微信平台的推广力度。企业的粉丝质量还取决于一个重要的环节，那就是企业对微信平台的推广力度。有些企业并没有为此实施大力推广策略，企业微信号也没有宣传出去，由此一来，粉丝数量就不会增加，剩下的那些粉丝就会因为企业的一些缺失而逐渐退出。总之，这样就会不断减少粉丝的数量，还降低了粉丝的质量。

（5）粉丝对企业的好评率=功能受欢迎度×企业自身的服务

一个企业在微信营销中，是否得到高分数，其实不能从企业自身的角度来看，要从粉丝对企业的好评率来看。而企业的微信平台要想获得粉丝的好评率，就必须内外一起抓，一方面要向粉丝展现一个功能完善的设置页面，让用户感受到企业平台的周到服务，另外一方面也要与粉丝加强互动，表达出企业的真情实意。总之，要想提高粉丝对企业的好评率，可以从企业自身功能受欢迎度和企业自身的服务水平出发。

（6）企业转化率=粉丝依赖度×粉丝数

前面已经说过了，企业微信营销的目的并不是增加多少粉丝量，而是通过微信营销实现粉丝转换，让粉丝成为切切实实的消费者。当然这就是本节中提到的粉丝转化率的概念。真正衡量一个企业微信平台转化率是否很高的关键就在于两点：粉丝对企业的依赖度和粉丝数量，当然这里所说的粉丝数量是指有质量的粉丝数量。

我们以电商为例，其销售额有一个计算公式：销售额=购买人数×客单价×购买频率。很显然对于微商来说，如果企业的粉丝数不多，自然就不会产生足够多的切实消费者。从这一点上看，企业微信粉丝数量的多少是很重要的，但更重要的是，这些粉丝是否是你的忠实粉丝，就犹如一个人有多少朋友是次要的，重要的是要好的朋友多不多。

第 3 章

二维码

利用二维码进行营销，是移动互联网营销的另一个重要工具。我相信大家一定对二维码有一定的了解，不难发现，随着智能手机的流行，二维码已经成为国内各大企业进行营销的重要工具。无论是在广告看板、宣传单、产品、户外媒体、电视平媒体、以及数字媒体等载体上，我们都能看到这神奇的如同藏有宝藏的摩斯密码。

二维码已经成为移动互联网中非常重要的一个工具，因此在本章中，我们重点介绍一下二维码的相关概念，以及如何利用二维码来进行营销。

3.1 二维码概念

3.1.1 二维码相关知识

二维码［QR（Quick Response）code］又称之为二维条形码，起源于日本，原本是 densowave 公司为了制造汽车零部件而设计的一种条码。它是用特定的集合图形按一定规则在平面（二维方向）上分布的黑白相间的图形，是一把信息数据钥匙（如图 3-1 所示）。

图 3-1 二维码

从图 3-1 可以看出，二维码呈正方形，传统为黑白两色，在 3 个角落印有较小的“回”字正方图案。这 3 个“回”字正方图案是帮助解码软件定位的图案，使用者不用对准，无论从任何角度扫描，资料都会被正确读取。

3.1.2 二维码的种类

二维码具有条码技术的一些共性：每种码制都有特定的字符集，每个字符占有一定的宽度，具有一定的校验功能等。同时，还具有不同行的信息自动识别功能及处理图形旋转变化等特点。按种类来分，二维码可以分为堆叠式/排行式二维码和矩针阵二维码。

1. 堆叠式/排行式二维码

堆叠式/排行式二维码的编码原理是建立在一维条码基础上的，按需要堆积成两行或多行，它在编码设计、校验原理、识读方式等方面继承了一维条码的一些特点，识读设备与条码印刷与一维条码技术兼容。但由于行数的增加，需要对行进行判定，其译码算法和软件也不完全相同于一维条码。有代表性的排行式二维码有 Code16K、Code49、PDF417 等（如图 3-2 所示）。

图 3-2 常见二维码

2. 矩阵式二维码

矩阵式二维码是在一个矩形空间通过黑、白像素在矩形中的不同分布进行的编码。在矩形相应元素上，用点（方点、圆点或其他形状）的出现表示二进制“1”，点的不出现表示二进制的“0”，点的排列组合确定了矩阵式二维码所代表的意义。

矩阵式二维码是建立在计算机图像处理技术、组合编码原理等基础上的一种新型图像符号自动识读处理码制。具有代表性的矩阵式二维码有：Code One、Maxi Code、QR Code、Data Martix 等。

目前二维码的种类有几十种，除了上述常见的二维条码之外，还有 CP 条码、Veircode 条码、CodablockF 条码、田字码、Ultracode 条码、Aztec 条码等。其中，在国内最为常见的二维码是 QR 条码，这是由日本 DENSO 公司于 1994 年开发的，能高效表示中国汉字和日本汉字。

3.1.3 二维码的特点

二维码技术在国际上是一项成熟的追溯及防伪技术，可以帮助消费者快速、准确地了解到自己想要的产品信息。将二维码制成标签粘贴在产品、产品包装上，消费者购买产品时，只需要手机扫码，即可随时随地查询产品相关信息及企业信息，并可以及时反馈虚假、错误信息。那么既然二维码使用范围如此广泛，它具有哪些特点呢？

1. 信息容量大

二维码是用某种特定的集合图形按一定规律在平面（二维方向上）分布的黑白相间的图形记录数据符号信息的，在代码编制上巧妙地利用构成计算机内部逻辑基础的“0”、“1”比特流的概念，使用若干个与二进制相对应的几何形体来表示文字数值信息，通过图像输入设备或光电扫描设备自动识读以实现信息自动处理。二维码是比条形码更为高级的条码格式，条形码只能在一个方向（水平方向）上表达信息，而二维码在水平和垂直方向都可以存储信息；一维码智能由数字和字母组成，而二维码能存储汉字、数字、图片等信息。因此相比一维条码而言，二维码能在很小的面积内表达大量的信息，二维码比普通一维码信息容量高几十倍。

2．编辑范围广

二维码条码可以将照片、指纹、掌纹、签字、声音、文字等凡是可以数字化的信息进行编码，用条码表示出来，可以表示多种语言文字，也可表示图像数据（见图 3-3）。

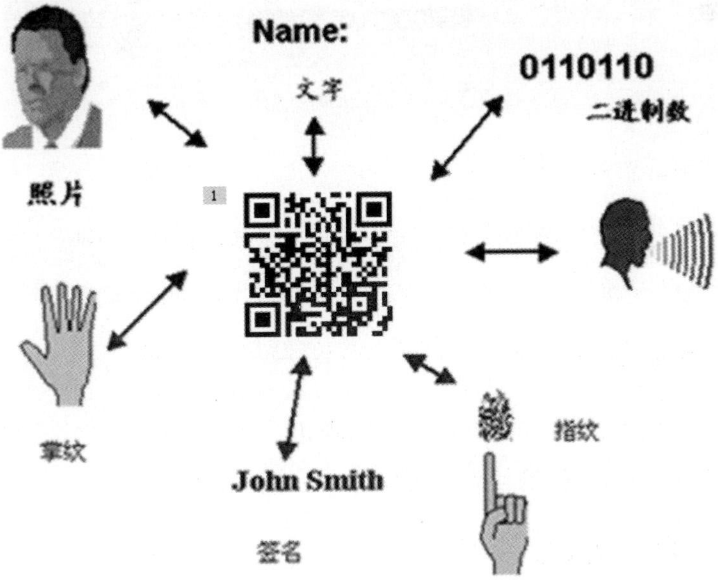

图 3-3　二维码包含各类信息

3．保密、防伪性能好

二维码条码具有多重防伪特征，它可以采用密码防伪、软件加密以及利用所包含的信息如指纹、照片等进行防伪，因此具有极强的保密防伪性能（见图 3-4）。

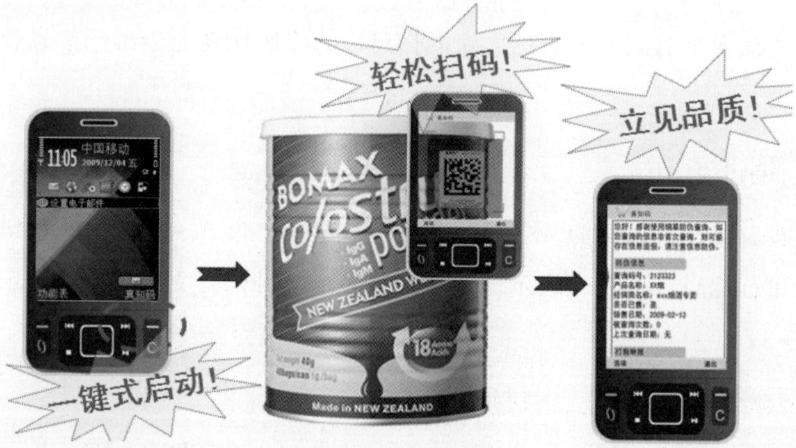

图 3-4　二维码鉴别真伪

4．译码可靠性高

它比普通条码译码错误率百万分之二要低很多，误码率不超过千万分之一，译码可靠性可以说极高。

5．修正错误能力强

二维码采用了世界最先进的数学纠错理论，如果破损面积不超过 50%，条码由于沾污、破损等所丢失的信息，可以照常被恢复找回。

6．容易制作且成本很低

利用现有的点阵、激光、喷墨、热敏/热转印、制卡机等打印技术，即可在纸张、PVC 甚至金属表面上印出二维条码（见图 3-5）。由此所增加的费用仅是油墨的成本，因此人们又称二维码是“零成本”技术，并且二维码图片的形状大小可变。

图 3-5　各种二维码形式

3.1.4　二维码的应用

1. 二维码的功能

在现代的商业社会里，二维码的使用范围已经非常广泛了，从其功能来说，二维码的使用包括以下几个方面：

- 信息获取（名片、地图、Wi-Fi 密码、资料）
- 网站跳转（跳转到微博、手机网站、网站）
- 广告推送（用户扫码，直接浏览商家推送的视频、音频广告）
- 手机电商（用户扫码，手机直接购买下单）
- 防伪溯源（用户扫码，即可查看生产地，同时后台可以获取最终消费地）

- 优惠促销（用户扫码，下载电子优惠券，抽奖）
- 会员管理（用户手机上获取电子会员信息、VIP 服务）
- 手机支付（扫描商品二维码，通过银行或第三方支付提供的手机端通道完成支付）

2. 二维码应用领域

在上文我们已经阐述过，二维条码具有储存量大、保密性高、追踪性强、抗损性强、备援性大、成本低廉等特性，这些特性特别适用于表单、安全保密、追踪、证照、存货盘点等方面，具体表现为：

表单应用：包括公文表单、商业表单、进出口报表、舱单等资料之传送交换，减少人工重复输入表单资料，避免人为错位，降低人力成本；

保密应用：包括商业情报、经济情报、政治情报、军事情报、私人情报等机密资料的加密及传递；

追踪应用：包括公文自动追踪、生产线零件自动追踪、客户服务自动追踪、邮购运送自动追踪、维修纪录自动追踪、危险物品自动追踪、后勤补给自动追踪、医疗体检自动追踪、生态研究（如动物、鸟类...）自动追踪等；

证照应用：包括护照、身份证、挂号证、驾照、会员证、识别证、连锁店会员证等证照的资料登录及自动输入，发挥“随到随读”、“立即取用”的资讯管理效果；

盘点应用：包括物流中心、存储中心、联勤中心的货品及固定资产自动盘点，发挥“立即盘点、立即决策”的效果；

备援应用：如果文件表单的资料不愿或不能以磁碟、光碟等电子媒体储存备援时，可利用二维码来储存备援。携带方便，不怕折叠，保存时间长，又可以影印传真，做更多的备份。

网络资源下载：可以应用到网上的资源下载，比如电子书、游戏、应用软件等。

3. 手机二维码形码应用

手机扫描二维码技术简单地说是通过手机拍照功能对二维码进行扫描，快速获取到二维码中存储的信息，进行上网、发送短信、拨号、资料交换、自动文字输入等，手机二维码目前已经被各大手机厂商使用开发。

手机二维码是二维码的一种，手机二维码可以印刷在报纸、杂志、广告、图书、包装以及个人名片等多种载体上，用户通过手机摄像头扫描二维码或熟人二维码下面的号码、关键字可实现快速手机上网，快速便捷地浏览网页、下载图文、音乐、视频、获取优惠券、参与抽奖、了解企业产品信息，而省去了在手机上输入 URL 的繁琐过程，实现一键上网。同时，还可以方便地使用手机识别和存储名片、自动输入短信，获取公共服务（如天气预报），实现电子地图查询定位、手机阅读等多种功能。

随着 3G 的到来，二维码可以为网络浏览、下载、在线视频、网上购物、网上支付等提供方便的入口。

3.2 二维码的制作

既然在上面的文章中，我们已经介绍了二维码拥有如此多的优势，而且我们在生活中也经常会碰到二维码，拿手机扫一扫就能出现一些信息，那么这些二维码是怎么制作的呢？其实很简单，在网上就有很多二维码生成器，百度应用里面也有很多生成器，当然微信、微博这样的社交媒体本身也带有二维码生成器。在这里我就简单说说最常用的二维码制作的方法。

首先我们可以在百度搜索“二维码生成器”，在搜索结果页面的排名的第一位自然就是各种在线二维码生成器（如图 3-6 所示）。

图 3-6　在线二维码生成器

从中找一个适合你的二维码生成器类型，点击打开在线生成二维码生成器，在内容区输入需要转为二维码的内容，然后点击立即生成，就会生成相应的二维码，然后点击保存按钮，就会将该二维码保存起来（如图 3-7 所示）。

图 3-7　在线生成二维码

这样就完成了整个二维码内容的制作，当别人用手机扫描这个二维码的时候，就能看到你刚刚输入的内容了（如图 3-8 所示）。

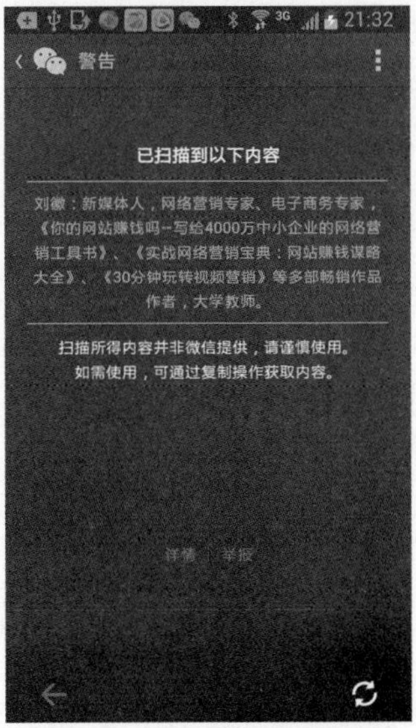

图 3-8　手机扫描生成二维码情况

如果你要想生成二维码电子名片，用同样的方式，在电子名片输入相关信息，点击生成，就会生成相应的二维码，然后点击保存按钮保存起来就可以了（如图 3-9 和图 3-10 所示）。

图 3-9　设置二维码名片信息

图 3-10　二维码在手机上反映的信息

除此之外，我们还可以将网址、电话、短信、电邮以及 Wi-Fi 等信息设置成二维码，在这里我就不一一介绍了，留给读者们慢慢去摸索吧。

3.3　如何利用二维码产生效益

随着智能手机的迅速普及，手机的功能以及不仅仅局限于打电话发短信了，更是消费者连接世界、取得大量信息的媒介。而个人、企业和商家也在想方设法地考虑如何将信息轻松传到目标客户的手机里，在这些方法中，二维码是最为重要的推手。

现在越来越多的杂志、广告、宣传单、名片、网站甚至一般店铺的家门口都贴有一个二维码，商家可以把优惠券下载网址置入二维码里，让消费者扫描二维码后上网去取得优惠券，直接凭手机屏幕上的优惠券消费，从而省去了上网打印的麻烦。

这的确是二维码营销的最基本原理，那么如何才能让消费者拿起手机来扫描，甚至让消费者扫描你的二维码进而购买产品呢？

1．提供有魅力的诱因

我们是可以通过杂志、广告、网站、名片等媒体对二维码进行传播，但更多的情况是，你提供了二维码让消费者扫描，如果你没有提供诱因的话，我想绝大多数的消费者都不会主动来扫描你，进而认识你的产品。所以我们在做二维码营销的时候，在推广传播的过程中，一定要提供诱因，给消费者一个扫描你的理由。

这里的诱因很显然是指哪些消费者好奇的、想看的、想要的、或让消费者觉得方便的服务，至于如何设置有魅力的诱因，在我的第二部作品《实战网络营销宝典：网站赚钱谋略大全》里有非常详细的介绍，有兴趣的读者可以去看看。

2. 提供更好读的二维码

提供诱因是吸引目标群体过来浏览你的信息，但要知道留住目标客户并让目标客户产生购买行为才是营销的关键，在这个方面，我们甚至可以果断地说：我们所做的与营销有关的活动，都是为了满足客户的需求和习惯而设置的（习惯包括浏览习惯、使用习惯等）。因此对于二维码营销来说，吸引客户过来只是第一步，更重要的是提供更好读的二维码信息。细节主要包括：

（1）网址输入要正确

因为经常使用 PC 电脑的习惯，大部分人在输入网址的时候忘记输入“http://”，但这个“http://”对于网址来说是不可或缺的，因此我们在制作二维码的时候一定要小心了。除此之外很多二维码制作的网站本身就预先设置了“http://”，如果你在制作条码的时候又把网站网址链接直接复制过去，结果会变成一个错误的网址列“http:// http://”。

对于链接网址的网站，我们还需要考虑它是否适合在手机上阅读，因为相当大的一部分网站的设计是针对电脑端观看的，而二维码的使用平台多为手机端，因此我们需要考虑网站在手机浏览中效果是不是也很好。

因此我们必须对手机观看到网页进行优化设计，因为我们使用电脑观看的网页，如果放在手机上看起来就是一堆小小的文字。对于这一点，主要从两个方面入手：

① 第一、链接页面不要有 Flash

二维码链接网址不要有 Flash 制作，因为截止目前，苹果系统的 iPhone 和 iPad 全部都不支持 Flash 格式文件，如果二维码链接过去的网页是 Flash 制作的话，就代表着有很大一部分人群无法看到你产的产品和活动。

② 第二、链接页面内容精简

手机网页内容并不能跟电脑网页内容相比，因为手机屏幕不大，网页的信息最好设定在一个页面即可，尽量不要让消费者往下拖拉才能看完信息（尤其是促销活动信息页面）。当然我们在设计手机页面内容的时候，点选按钮的大小也要适合手机触摸屏的方式。

除此之外，我们还要关注一个问题：链接速度问题，至少在目前来说，手机的网速还是不如电脑网速，很多时候，对于电脑网页来说，你可以设置很多营销型工具（如 Flash 图片、视频等），这对电脑来说不会影响它的打开速度，但对于手机来说，这就需要深思熟虑了，因为正是因为这些工具的存在，让手机打开页面的速度慢得想关机，如果真这样的话，你的移动营销算是白做了。

（2）二维码设置要合理

二维码在印刷的过程中，最常遇到的问题就是二维码尺寸的大小，尺寸越大就越容易读取吗，不是，其实二维码的实体大小不重要，重要的是这样的大小是否能让消费者可以扫描或者读得到。因此我们在考虑二维码大小的时候，我们应该站在客户的角度去思考，如这些二维码是印刷在传单上、还是户外广告牌上、还是高楼的外墙上等。

除了二维码的大小之外，我们还需要关注其他方面的因素。

二维码的图形：二维码制作好了之后，原则上来说可以放大的，但是需要注意的是，在放大二维码的时候，不要随意缩放，这样容易让二维码变形（变形包括图档太宽、太窄、中间黑点模糊等），变形的二维码手机是扫描不到的，随意对二维码图档的大小放缩，一定要等比例放缩，而不是自行修改图片大小。

二维码黑点的颗粒要大：二维码的黑点简称为模组大小（module size），就是条码中单一黑白点的边长，这些黑点大小关系到读取成功与否。至于大概多小的模组是恰当的，不同智能手机的相机功能不同，模组的要求也不同。

二维码四周要留白：设置二维码的时候，最好在二维码图形的四周留白边，这样有助于二维码更快速被读取。

增强黑白对比强度：二维码由黑点和白点组成，因此解码软件很重要的工作就是分辨那些是黑点、那些是白点，加强黑白对比强度有助于解码软件做判读。

三、如何让二维码吸引消费者的好奇心

犹如广告一样，二维码营销的传播也包括两个部分：二维码的制作以及二维码的传播。二维码的制作我们已经在上面简单的介绍了，对于二维码的传播，我们可以从广告传播方面得到启发。如在广告中有一个非常著名的定律“美女眼球经济”，即把性感的美女作为一种二维码传播的载体，利用人们对美女天生的关注来进行推广传播（见图 3-11、图 3-12）。

图 3-11　美女二维码载体

图 3-12　巧用二维码

当然“性感营销”的精髓就是利用人的人性和好奇心触发行为，但我认为这种行为只是一种吸引客户来访的行为，要想留住客户，我们还是得从营销的本质入手，在后续的二维码营销的过程中，多设置一些吸引人、打动人、留住人的信息。

附：最具有创意的二维码

1. “最美的”街头巨型创意二维码

2013 年十一期间，微博、微信上关于“沈阳中街惊险巨型二维码”的话题，被广泛转发、讨论。原来在沈阳中街步行街和朝阳街的楼体上，高挂一副巨型二维码（见图 3-13）。扫描后，进入一个名为《最美的》的手机风尚杂志，杂志以分享关于旅行、美食、热点话题等具有十足风尚感的文章，受到用户的欢迎。据了解，仅在十一长假期间，已有近万用户通过扫描二维码关注《最美的》杂志。

图 3-13　街头巨型创意二维码

2．美诺币创意二维码

在 2012 年广州网货交易会上，美诺彩妆带来了一场精彩刺激的“抢钱”活动。为了抓住分销商的心理诉求，美诺彩妆奇思妙想——来了个现场发钱，只不过这次发的不是人民币，而是独创的美诺财富币。美诺财富币将美诺元素和创意二维码融合到一起（见图 3-14），持有美诺财富币不仅可以享受分销支持优惠，用手机扫描、收藏美诺二维码，即可获取百元美诺彩妆淘宝天猫商城的兑换券，还可以在广交会现场登陆美诺天猫商城，了解美诺彩妆品牌、产品等详细情况，方便快捷。

图 3-14　美诺币创意二维码

3．Emart 超市隐形二维码

超市在中午的时候，人流量和销售量总是很低，于是韩国 Emart 超市别出心裁，在户外设置了一个非常有创意的 QR 二维码装置（见图 3-15）。正常情况下，扫描不出这个 QR 二维码链接，只有在正午时分，当阳光照射到它上面产生相应投影后，这个 QR 二维码才会正常显现。而此时用智能手机扫描这个 QR 二维码，可获得超市的优惠券，如果在线购买了商品，只需等超市物流人员送到用户方便的地址即可。

图 3-15　Emart 超市隐形二维码

4．维多利亚内衣“诱惑”二维码

著名内衣品牌维多利亚做了一个很有范儿的户外广告，在模特的前胸盖上二维码，广告文案更是赤裸裸地充满诱惑——“Reveal Lily’s secret（揭开 Lily 的秘密）”，让你迫不及待地拿起手机拍摄二维码，原来二维码的后面是维多利亚的秘密内衣广告。维多利亚内衣“诱惑”二维码堪称二维码营销中的一个经典案例了（见图 3-16）。

图 3-16　维多利亚内衣“诱惑”二维码

5．JC Penney 商店个性化送礼二维码

零售商 JC Penney 商店让顾客在礼物上添加个性化的元素，从任意一家 JC Penney 商店购买礼物后，你都会获得一个“圣诞骠骑（Santa Tag）”以及相应的二维码（见图 3-17）。扫描该二维码后，赠与人可以录制一段个性化的语言信息，然后赠与人把该标签像礼品卡一样塞在包装上。

图 3-17　送礼二维码

6．特易购（Tesco）公司重新创造购物体验

在韩国，零售巨人特易购（Tesco）公司（见图 3-18）在地铁站里推出了“移动超级市场”，消费者们能够快速地扫描选购需要的商品。晚上，当他们回到家中时，这些货物早已经送达，凭借这一举措，特易购迅速成为韩国在线零售业务的领跑者。而这种营销方式目前也被国内综合性购物网站“一号店”所学习，目前一号店在北京和上海的地铁和公交站点进行小范围的推广。

图 3-18　特易购公司

7. Verizon 发起值得分享的比赛

Verizon 最近做了一个成功的促销活动，推动销量增加了 200%。店内顾客扫描二维码后（见图 3-19），会在 Facebook 上分享他们的比赛信息，假如有朋友通过该链接购买了一台 Verizon 手机，原顾客就会有机会赢得一台智能手机。Verizon 投入了 1000 美元，而获得 35000 美元的回报。此外，Verizon 还在 25000 名 Facebook 用户中增加了品牌认识度。

图 3-19 Verizon 二维码

8. 土耳其航空：二维码里藏国旗

土耳其航空用二维码跟消费者玩了一个“寻宝”游戏，消费者可以通过寻找二维码获得免费机票。该公司将 73 个奥运会参赛国家的国旗制作成二维码（见图 3-20），分别投放在伦敦市 94 个公交站点，然后邀请人们“寻宝”：参与者只要找到“藏”在公交车站的二维码并用手机扫描，就能获取一面国旗，并凭借该国旗在土耳其航空移动网站形成自动登录。最后，手机最多国旗的人可以从土耳其航空 200 多条全球航线中任选一个目的地，获得一张免费的往返机票。

图 3-20　国旗二维码

总结：

二维码旨在解决移动互联网的最后一公里：移动互联网应用落地。我们看到现在二维码的应用已经很多，包括二维码购物、二维码查询、传情（文字、图片、声音、视频）、二维码看电影、二维码签到等。在未来，二维码的应用还会更为广泛。

第 4 章

O2O 营销

从绫致的 O2O 构想到天猫家居 O2O 兵败双十一，从苏宁的第一个 O2O 购物节到京东商城的 2014 年 O2O 战略，无论是电商品牌商，还是电商平台，都在围绕着 O2O 展开布局。2013 年，随着智能手机应用尤其是移动支付的完善，线上和线下的打通，彻底为 O2O 开拓了一个更加巨大的消费市场。在本章中，我们重点介绍 O2O 的相关知识，尤其是移动互联网时代下的 O2O。

4.1　O2O 相关概念

1．概念

O2O 英文全称 online to offline，泛指通过有线或无线互联网提供商家的销售信息，聚集有效的购买群体，并在线支付相应的费用，再凭各种形式的凭据去线下，也就是现实世界的商品或服务供应商那里完成消费，让互联网成为线下交易的前台。这样线下服务就可以用线上来揽客，消费者可以在线上筛选服务，还可以进行在线结算（见图 4-1）。

图 4-1　O2O

其实上面这个定义是最原始的定义，随着现在电商模式的多样化和整合，O2O的模式也变得更加多样化了。你可以说团购模式、生活服务类电商也属于O2O，因为它符合了“online to offline”的定义，让互联网成为线下交易的前台。那么我想肯定有人问“offline to online”是不是O2O呢？如我在前一章节中说的，1号店通过在地铁站做一堆二维码电子标签，然后有人拿着手机一拍，通过二维码解析网址，手机自动上1号店网站，于是在线上下单交易支付。这种模式算不算O2O呢？

其实无论是“online to offline”模式还是“offline to online”模式，都属于O2O的范畴，至于O2O的定义我们先放在一边，因为任何新概念的定义本来就是一件很难的事情，我们先来解析一下O2O的相关业务类型吧。

（1）模式一：online to offline（线上交易到线下消费体验商品或服务）

这种模式是最常见的O2O模式，也是出现比较早的一种O2O商业模式，早在3年之前的团购模式就是这种模式。如每年春运的时候，我们除了排队购票、打电话订票之外，这两三年可能最火的就是网络订票，我想各位读者在春运期间估计很多都有悲催的网上“抢票”经历。其实网上购票就是一种典型的online to offline模式，我们在网上下订单产生交易，然后拿着身份证去火车站去取票坐车。

当然，如果我们愿意再往前探索，10年前携程、同程网等酒店预订模式也可以认为是online to offline模式。

（2）模式二：offline to online模式（线下营销到线上完成商品交易）

这种模式起源于日韩，曾在2005年的时候一度在日韩非常火爆，但当时因为智能手机还没有兴起，所以在国内并没有被充分了解。这几年智能手机的迅速普及，尤其是二维码模式的兴起，使得很多企业通过线下做营销，如发放带有商品信息网页网址的二维码广告（如前面讲的1号店在地铁口的二维码广告），然后在线上实现交易。这也是O2O模式，而且这种模式我想在未来会被越来越多的企业（尤其是从事邮件营销的企业）使用。

（3）模式三：offline to online to offline模式（线下营销到线上产品交易，然后再到线下消费体验商品或服务）

这种O2O模式现在也非常常见，主要是在一些生活服务类企业进行某项促销活动时最为常见。如美容院在开业期间，派员工在大街上发放带有二维码信息的广告传单，凡是扫描二维码，通过二维码解码登录公司网站产生订单交易的客户，来到店铺进行服务的时候可以享受优惠。这就是典型的offline to online to offline模式。

（4）模式四：online to offline to online模式（线上交易或营销到线下消费体验商品或服务再到线上交易或营销）

这种模式目前来说并不是太多，牵强地说，我觉得今年滴滴打车、快递打车软件“分享赠话费”运营模式就属于这种模式。我们先通过滴滴打车、快递打车在网上下单，然后在线下坐出租车完成整个服务，在完成整个服务过程之后，你再到网上将这次服务在你的朋友圈转发分享（你可以获得10元电话费的好处）。我想这应该属于online to offline to online模式。

不管怎么样，O2O最终的模式肯定就是线上线下交互、融为一体，而这也必然成为未来几年电子商务领域的一个热点。同时移动客户端及相关技术的不断发展也为这一领域注入了前所未有的活力，并推动O2O概念及模式的迅速创新和发展。

2. O2O的特点

从定义我们可以看出，O2O模式其实就是把“实体店”和“网店”结合起来。

“实体店”和“网店”在经营方面各有利弊，而 O2O 平台则是将两者相结合，可以互取其长。这种模式将引领中国电子商务走向多元化发展，尤其是在生活服务类行业中的发展更为显著，如酒吧、餐饮、KTV、理发店、健身房、干洗店、电影院等，这些生活服务类产品没办法把它们打包快递送到我们的面前，必须我们到线下去享受这些服务才行。O2O 的特点总结如下：

（1）商品是线下实体服务；

（2）营销结果可以查询，交易业务可跟踪；

（3）无时间、地域限制；

（4）交易商品即时达到，无物流限制；

（5）商品质量能得到保证。

3. 发展历史

O2O 的兴起源于 2011 年，当时几乎所有的人、所有的媒体都在关注这个概念。在那一年，O2O 很热，甚至比电子商务还要热，但我们认真地研究 O2O 的历史后，发现 O2O 并不是新鲜的东西。在中国电子商务发展中，O2O 甚至可以说是电子商务最悠久的商业模式之一。我总结了一下，O2O 的发展分为以下几个阶段。

（1）让传统品牌企业触网

O2O 的第一层含义应该是从线下到线上，即引导传统线下品牌触网。中国电商经过 14 年的发展，取得了惊人的成绩，2013 年中国电商交易额超过 10 万亿元，同比增长 21.13%。但与庞大的线下销售渠道相比依然是小巫见大巫。即使在电商最成熟的服装领域，年产值虽然达到上万亿元，但在发展了十几年后电商渗透率也才 20%；而像家装建材等高达两万亿以上的行业，电商占比更是不足 5%。

传统企业不愿意触网的原因在于一是触网的成本太高，风险大；二是受制于传统渠道，不愿意冲击原有销售渠道。

（2）线上资源的倾斜

O2O 的第二层含义是从线上引流到线下。这里所说的“引流”并非一定要在线下成交，也可以是在线上成交。如何把线上客户引流给企业，一定要尊重消费习惯。比如服装、书籍、3C 数码等产品的网购习惯经过 10 多年的教育已经形成，通过互联网即可完成交易。再把条码引流到线下成交是逆历史潮流，不但成本会很高，还会降低流量转化率，这种引流没有意义。但有些行业需要线下体验的行业，如家居建材、房产、汽车、灯具等大宗产品，这些行业拥有天然的 O2O 属性，线下引流变得很是必要。

（3）利益分享模式的跳转

在整个 O2O 市场里，生活类 O2O 是目前最成熟的 O2O 模式，即线上（如团购网站）负责引流，客户在线上付款后线下消费的模式。团购网也凭借这种模式一度在 2012 年成为最火的商业模式。

（4）移动端的流量布局

随着智能手机的广泛使用，O2O 模式的移动端也逐渐火热，这种模式往往是通过地图（或导航定位）等来实现，如高德地图、百度地图、Google 地图，以及各类打车软件（滴滴打车、快滴打车等）都是移动 O2O 的一种很好的应用。

4．O2O 的优势

（1）对于用户，O2O 可以带给他们更丰富、全面的商家服务信息，能够让用户方便快捷地订购相应的产品和服务，还能够获得相对于线下直接消费更便宜的价格。

（2）对于商家，O2O 则能够给予他们更多的宣传和展示的机会，而且其宣传效果容易测量，推广效果可查询，每笔交易也可以跟踪；O2O 还能帮助商家掌握用户的相关数据，更好地维护好客户并拓展新客户；在线预订的模式能帮助商家更合理地安排经营、控制成本，还能帮助商家摆脱对黄金地段的依赖，降低租金支出；其优惠折扣模式特别适合新品和新店的推广。

（3）对于 O2O 服务提供商来说，这种商业模式可以为他们带来大规模、高黏度的用户，帮助他们获得商家资源，以及充沛的现金流；其赢利模式也相对清晰，佣金、广告都是常见的收费形式；在掌握用户数据的基础上，还可以为商家提供一系列增值业务。

4.2 如何开展 O2O

中国电子商务市场的 O2O 经过了漫长而曲折的摸索之路，在这摸索过程中，有过辉煌也有过没落，如曾一度十分辉煌的团购就经历了激烈而残酷的洗牌。即便是这样，关于电商 O2O 模式的探索一直没有停止，如何将线上和线下打通，成为无数商家和网络营销人员研究探索的方向。随着移动互联网的诞生，尤其是二维码和移动支付的广泛使用，O2O 可以说是迎来了最好的时机，那么对于企业，尤其是传统企业，如何去落地 O2O 模式呢？

从 O2O 的概念可以看出，O2O 有三个最基本的商务行为：营销、交易、消费体验。在互联网没出现之前，这三个商务行为其实也一直都存在，只不过都是在线下完成。随着互联网技术和物流技术的发展，电子商务让这三个商务行为实现了线上完成。而 O2O 的出现则让这三个商务行为分不清谁是线上完成，谁是线下完成。

我曾在渠道营销的课堂上说过，目前的渠道大致可以分为四类：传统零售、传统大卖场、电子商务以及移动电子商务。因此，目前的商业环境格局有三个：线下实体、电子商务以及移动电子商务。对于这“三个世界”，首先我们必须要肯定新来力量的不可阻挡，但是这三种力量绝对不会出现替代。从目前的格局看：电商十年，也只是占到社会消费品零售额的 10%左右，微信电商（包括微信支付）现在连淘宝及支付宝的 2%都还没有占到，所以谈替代为时尚早。

这“三个世界”的基本格局是各显神通，它们相互独立发展又互相关联。换言之，我们企业在商业运作过程中，就必须考虑这“三个世界”的各自优势，然后试图将它们打通，而这就是我们需要研究的 O2O。

那么我们应该如何来运营和操作 O2O 呢？为了更好地阐释这方面的知识，我以我目前正在运作的一个案例来做说明。

2013 年 4 月，广州一家从事农产品销售公司经过朋友的介绍找到我，请笔者给他们公司想想办法。

这家公司叫广州市业德贸易有限公司，旗下有一个品牌叫“健康送”，主要是从事纯天然原生态农产品销售方面的，这也是笔者接下这单子的原因。毕竟在遍地都是激素、高科技食品，甚至是转基因食品的大都市，如果将这种纯天然原生态农产品推荐给更多的人，多多少少是一件“功德”之事。这些话就不多说，我们先介绍一下该企业的相关情况吧。

健康送的主营业务有有机大米、原生态素菜、肉类等产品，目前在广州有 10 多家连锁餐饮店，销售情况一直还可以。除此之外还在花都有一个农家乐战略合作单位。但早在几年前，该公司老总就开始从事农产品电商了，可是一直都是不温不火，这一两年甚至还出现了亏损状态。但是该老总一直都对农产品电商很抱有希望，并且非常重视。所以他托朋友找到我，请我给他们出谋划策。

尽管他只是希望我能把他们的平台能推广好就行，作为一个在大学里面从事营销教育的人，我很显然不愿意执行“为推广而推广”的事情了（也许是一件对这技术非常熟练，有点厌倦了）。所以接下来的工作就是对其进行分析。

- 产品：原生态、纯天然农产品，与广东甚至国内多家农场有战略合作关系
- 价格：相对一般农产品来说，要贵一些
- 渠道：线下连锁店、农家乐，以及电商渠道、移动互联网渠道
- 目标客户群：对饮食挑剔的“有钱人”
- ...

当我罗列出这一系列情况的时候，关于搭建一个O2O封闭式电商平台的想法冲击了我的脑袋。在我设计的这个O2O模型中，我彻底模糊了到底是offline to online，还是online to offline，亦或是O2O和B2C（或B2B）的结合。具体操作如下：

1. 第一步：搭建平台

无论是电子商务还是实体销售，平台搭建是运营的第一步，而对于O2O运营来说，既然它是将线下和线上的融合，那么O2O的平台也应该分为两个部分：线上平台和线下平台。结合健康送所具备的资源，我对其平台搭建的设想分为线上、线下两个部分（见表4-1）。

表4-1 健康送平台战略

线上平台	独立商城 淘宝/天猫 微店商城 第三方线上营销渠道 线下实体渠道	微博平台

续表

	微信 微信公众平台	QQ 空间平台 博客
	论坛 微社区	
线下平台	农场 农家乐	连锁餐饮店 第三方餐饮渠道
	优食会	

这两个板块功能和职责完全不同，我在最开始设计这些平台的时候，主要是围绕“引流”、“转化”、“消费”、“反馈”、“存留”、“转介绍”等方面，结合每个平台不同的特色来考虑它们的职能。具体表现在如下几个方面。

（1）销售中心（独立商城、淘宝/天猫、微店商城、连锁餐饮店、第三方餐饮渠道等）

销售平台是指客户进行交易的平台，这是 O2O 模式的核心部分，所有的运营推广手段都是围绕这进行展开的，因此搭建最适合顾客体验的平台框架。根据产品的特点，我们从自建渠道和借助第三方渠道两个角度来考虑搭建销售平台（见图 4-2）。自建 O2O 销售渠道包括建设独立官方商城（www.517jks.com）（见图 4-3）、手机商城、APP 客户端以及线下自建实体渠道（如健康送本身就拥有连锁餐厅、农家乐等）；第三方渠道包括在淘宝/天猫上开设农产品电商平台、在京东商城等第三方渠道上开辟销售平台以及与线下第三方实体渠道（如酒楼、宾馆、商店等）合作。

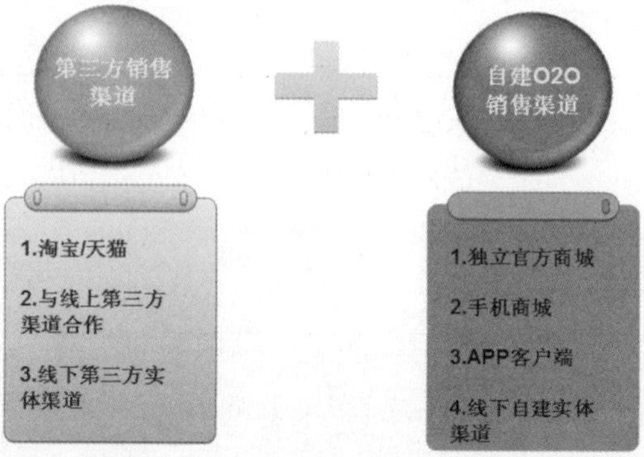

图 4-2 健康送销售渠道类型

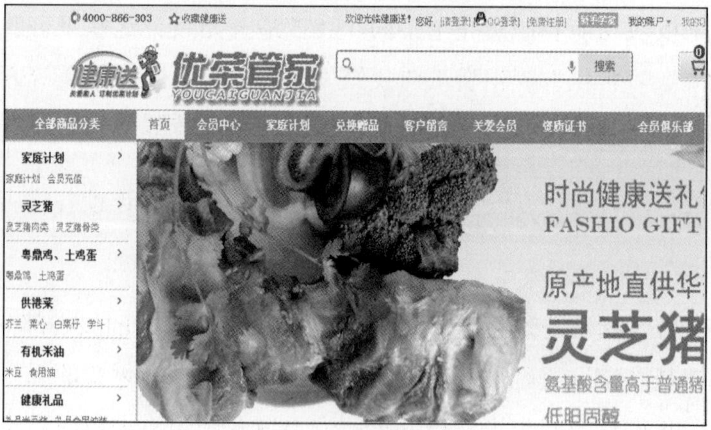

图 4-3 独立商城平台

（2）营销推广中心（微博）

尽管微博的气势现在已经被微信完全覆盖，但是对于进行网络营销的人来说，微博是一个非常有利的武器。就像我所说的那样，微博是目前来说新闻传播速度最快、传播最广的一种媒体形式。而且微博有一个最大的工具就是“转发”，如果利用得好，我们完全可以通过微博进行很好的事件营销和病毒营销，为企业拉来很多目标客户。因此微博是一种非常有效的推广平台工具，在现实中，很多企业都通过微博营销取得了巨大的成功。

关于微博的相关功能介绍大家可以去阅读我的作品《你的网站赚钱吗——写给 4000 万中小企业的网络营销工具书》（电子工业出版社 2012 年 1 月出版），在这里我就不做更多的阐述。

当然除了微博推广之外，我们还有很多其他的推广方式，比如搜索引擎优化（SEO）、竞价排名、网络广告等线上推广方式，也包括了线下的广告、促销等推广方式。

（3）客服中心（微信、微信公众平台）

当我们通过线上线下的营销推广，将目标客户“引流”过来之后，接下来就是针对这些目标客户进行“客服”服务，为此结合移动互联网的特色，专门设置了微信平台和微信公众平台。具体操作是通过二维码的方式将目标客户引流到我们的微信或微信公众平台，接着我们在微信公众平台里面通过内容营销（文章）来向客户介绍健康送的相关情况以及饮食方面的相关知识。除此之外，我们对目标客户在线的提问做详细的解答。因此微信和微信公众平台在这个平台战略中充当了客服的作用。

当然，除了微信和微信公众平台这些客服平台之外，我们还可以通过微博、QQ 群、网站即时聊天工具、电话来为客户进行简答。

（4）品牌传播中心（QQ 空间、博客）

除了上述销售中心、营销中心、客服中心之外，我们还为了“留存”目标客户而建立品牌传播中心，重点是对一些深度目标客户进行维护。为此，在线上我们分别建立了 QQ 空间和官方博客两个平台，一旦有新的产品、或关于公司的新闻、或关于健康方面的知识，我们第一时间在这些平台上公布。关注我们这些平台的人也能第一时间看到我们的动态，以及深度了解健康送的相关情况。

（5）情感互动中心（论坛、微社区、优食会等）

一个优秀的品牌，很显然在做营销的时候，不仅仅是将客户吸引过来，然后没后续营销活动，也绝不会是只让客户只消费一次就放弃了该客户，这很显然是不行的。尤其是对农产品这一每天都要消费的快消品来说，我们除了要吸引目标客户过来之外，更重要的是激活他们，让他们产生互动，进而对健康送产生情感。

为此，我专门针对消费者的情感互动设置了情感互动中心，线上主要包括论坛和微社区，其实如果大家对论坛比较了解的话，应该知道能参与论坛和微社区的人，大多可以说是忠诚度比较高的深度用户。所以我们为他们设置了这两个平台，让他们自发掀起讨论的话题，进而激活“死”粉。

在线下，健康送专门针对深度粉丝成立了“优食会”，凡是属于这个会的会员，将会不定期的组织活动，建立线下粉丝的情感纽带。

（6）体验中心（农场、农家乐等）

设置体验中心很显然是为“转化”服务的（见图 4-4），对于原生态、纯天然的农产品，关于其优势我们其实不做过多的宣传，消费者对它有很大的好感和兴趣。但这些都是建立在情感上的，要想让客户产生购买，还需要“推”客户一把，在这种情况下，让客户体验消费正好能满足这一行为。为此，健康送专门利用自身所拥有的资源，在食品来源之地设置了一块农场，不定期地带目标客户去农场里参观，让他们切身感觉、体验健康送的食品的整个生产链过程。同时我们在广州等城市设置农家乐作为体验中心，让客户感受纯真的天然食品的美味，进而对健康送食品产生好感。

图 4-4 健康送线下体验店

2. 第二步：全面推广

根据上面设计的渠道平台，我们初步对健康送 O2O 电商模式的运作进行了构思（见图 4-5），从图中我们可以看出，在整个健康送 O2O 模式中最为关键的就是引流，如何将目标客户群体引流到我们的平台上来，然后激活他们。

“推广引流”的问题本质上是平台推广的问题，要想更好的运作这一步骤，首先得对我们的目标客户群进行调研、查询。健康送食品属原生态纯天然的农产品，相比都市日常消费的产品，其最大的优势在于他的纯天然原生态，营养高，除此之外，健康送作为电商农产品，它同样具有电商最基本的优势——省时（减去了顾客购买农产品的时间，甚至做成了熟食，节省了烹饪时间）；而其最大的劣势也是相对应的，就是它比一般农产品而言，价格也偏高。

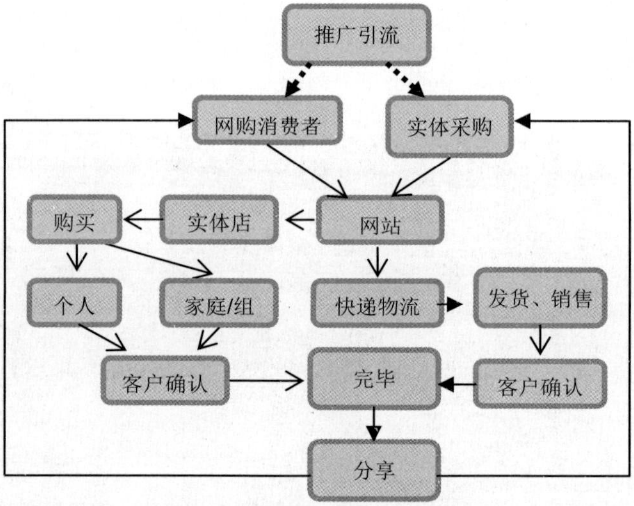

图 4-5　健康送 O2O 模式图

根据这两个特点，我们初步确认了我们的目标客户有两大类，一类是非常在乎健康饮食的人群，一类是讨厌每天“浪费”大量时间做菜的忙碌的都市职场人士。所以我们的推广也主要是围绕这两部分人群来进行展开。具体包括：

- 线上网站推广：这部分主要是针对独立电商网站、淘宝/天猫平台等，包括搜索引擎优化（SEO）、百度竞价排名、百度广告、博客营销等方法，至于具体的操作方式，大家可以去参考我的作品《你的网站赚钱吗——写给4000 万中小企业的网络营销工具书》。
- 线下媒体推广：对于线下媒体推广部分，也许我是最有感悟的。当年我大学专业就是传媒方面的，毕业论文就是关于“广州市媒体”方面的研究。对于广州市的媒体环境而言，它有它的特殊性，就是它的媒体环境市场非常火爆，无论是电视、还是报纸都异常繁荣。因此在推广的过程中，我们也针对广州市的主流媒体进行新闻报道来进行推广（如图 4-6 至图 4-8 所示），因为该项目本身就是一个利民项目，也是政府鼓励的项目，所以项目一推出，很多的媒体都纷纷进行报道。

南方都市报　广州读本·十三行　A15

天河白领兴起享用“私家厨房”

广州出现家庭配菜厂，20多款配菜供网购或电话预订，日均订单200份以上

配送消费观不成熟
预亏半年提高销量

公司白领发起团购

图 4-4　报纸媒体报道

图 4-7　电视媒体报道

健康食品 快速送达

来源： 作者： 2011-3-2 1:25:53

主持人：广东电台股市台投资FM 黎婉仪 何毅

嘉 宾：广州健康送新概念快食营运总监 叶经玲小姐

图 4-8 电台媒体报道

- 线下活动推广：除了媒体报道之外，我们还针对高收入人群集聚地（如高档小区）组织一些促销、宣传活动，联合一些养生会馆、保健医生针对在乎健康饮食的人群进行会议宣传等。

除此之外，我们还使用了微信、微信公众平台、微博、二维码、视频等营销推广手段，因为在本书中，关于这方面的拓展都有涉及，我就不做过多的阐述。

第 5 章

移动社交

娱乐和社交永远都在互联网的运营过程中占据主流的位置，也永远都是互联网行业中最热议的话题。从垂直媒体、社交网络、微博等利用流量优势为电子商务企业提供的营销服务，到电子商务网站自行开设博客、微博、论坛等平台来活跃老用户，到美丽说、蘑菇街等专门定位于购物分享社区的出现，再到微信、微视、微社区等移动社会化媒体的兴起，关于社会化媒体的讨论从没停止过。无论是在 PC 电脑端，还是移动社会端，社会化媒体一直都被视为最火的互联网运营平台。

5.1 移动社交媒体的概念

1. 定义

移动社交媒体又称之为移动社会化媒体，是指用户以手机、平板等移动终端为载体，以在线识别用户及交换信息技术为基础，按照流量计费，通过移动网络来实现的社交应用平台。从字面上来看，移动社交的两个最大的特点体现在“内容的社会化”和“交互的平台化”：

- 内容的社会化，体现在你分享的内容都是带有你的“情绪”或者“个性”的，而别人看了会结合他们的感觉去传播和互动；
- 交互的平台化，主要体现在别人怎么才能看到你说的内容，这是需要一个“平台”，方便传承内容，方便大家撰写、分享、评价、讨论、互动沟通等。

要想对移动社交平台有更深的了解，我们就先得从社交平台这个概念入手，中国社交平台的诞生几乎可以说伴随着互联网的出现而出现，最早可以追溯到 1994 年中国第一个论坛——曙光 BBS 的成立，使得普通民众可以利用论坛与陌生人进行交流。此后社交媒体不断分化和蜕变。

回首社交媒体的发展历史，我们可以清楚的列出以下几个重要的时间段：1994 年论坛出现，2004 年博客出现，2008 年 SNS 诞生，2009 年微博出现，2010 年基于地理位置、移动终端和电子商务的 LBS 成为新宠，2012 年微信横空出世。纵观社交媒体的发展历程，我们清楚地了解到，每一种方式的诞生和存在，都顺应了当时市场和网民的心理特点和消费趋势，也不断地完善和开拓了社交平台的各个领域。

到目前为止，国内社交媒体大致可以分为以下几大类（见图 5-1）：问答类（百度知道、Google 问答、搜搜问问、新浪爱问、有道、天涯问答、雅虎知识、淘宝打听等）；百科类（百度百科、维基百科、互动百科、新浪开放词典等）；论坛类（天涯论坛、百度贴吧等）；视频类（优酷、土豆、酷六、56、六间房、奇艺等）；微博类（新浪微博、腾讯微博）；博客类（新浪博客、腾讯博客、凤凰博客、和讯博客、网易博客等）；点评类（大众点评、丁丁网）；社交网站（开心网、人人网）；还有很多内容分享、图片分享类的网站等。可以说现在通过网络（电脑、智能手机、移动设备等）接触到的媒体、工具很多都是社会化媒体了。不管表现形式还是手段层出不穷，只要符合内容的社会化和交互的平台化这个核心，我们就可以归纳为社会化媒体。

2．常见的移动社交媒体

目前，随着移动端客户平台的开通，绝大多数社交媒体都实现了移动化，因此移动社交媒体的种类大致跟互联网社交媒体种类相似，在这里我重点介绍一下几个最为常见的移动社会化媒体工具：

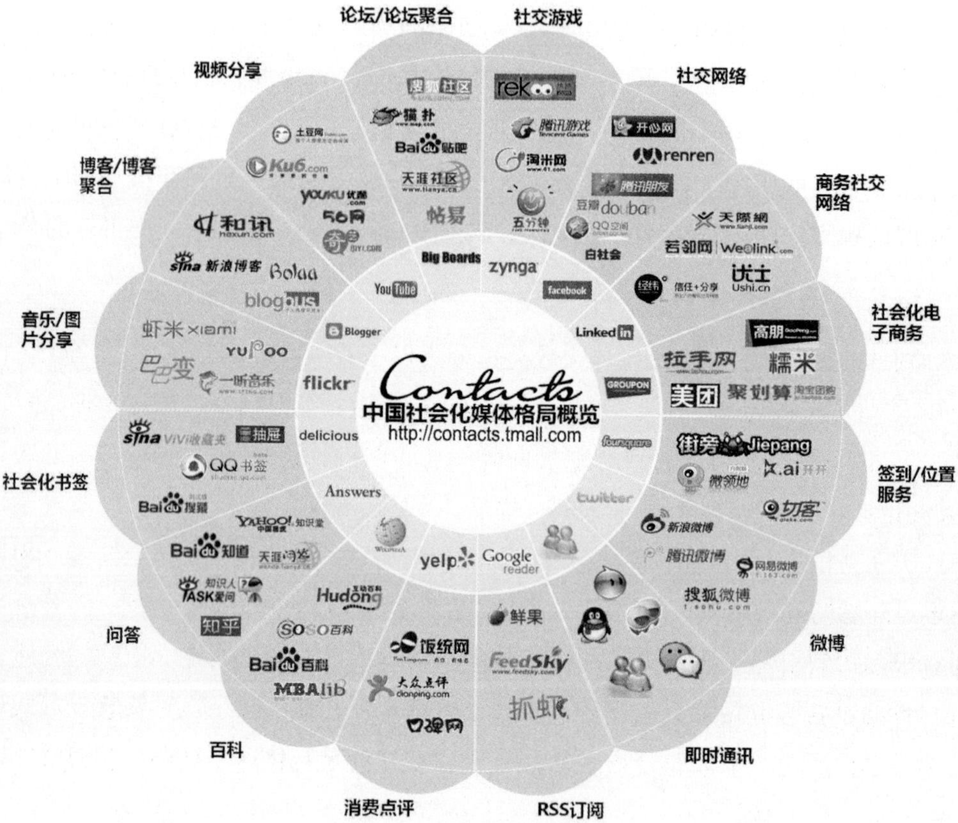

图 5-1　国内常见社交媒体平台

（1）微信

微信可以说是目前最火爆、最热门的移动社交媒体工具。关于微信的概念及运营，在前面的章节中已经有详细介绍，这里就不重复了。除了微信之外，这类型的移动社交媒体平台还有来往、易信等。

（2）移动微博

微博是微型博客的简称，通俗地讲就是一句话的博客，是一个基于用户分享、传播以及获取的平台。用户可以通过Web、WAP等各种客户端组建个人社区，以140个字的文字更新信息（当然现在已经有长微博），并实现即时分享。而移动微博只是使微博平台的应用范围更广一些，包括Web、WAP、iPhone、Symbian、Android以及各种手机客户端，实现了互联网和手机相通的一种工具，这是微博最新的一种表达工具。

（3）移动视频

我一直将视频营销视为网络营销中最终的一种营销手段，除了它比文字、图片和声音的营销效果更好之外，还有一个非常重要的原因就是它是非常重要的网络流量来源。关于视频的相关知识在我的作品《30分钟玩转视频营销》（电子工业出版社，2014年5月出版）中有详细的介绍，我在这里就不做过多的说明，我们重点来介绍移动视频中的一个非常特殊的视频：微视。

微视作为腾讯一款独立的APP，定位是基于开放关系链的8秒短视频分享社区，用户通过QQ号、腾讯微博、微信以及腾讯邮箱登录，可以将拍摄的短视频同步分享到微信好友、朋友圈、QQ空间、腾讯微博的一种视频形式。关于移动视频以及微视，因为其重要性，我们将在后面的文章中重点进行介绍。

（4）微社区

微社区是基于微信公众账号的互动社区，广泛用于微信服务号和订阅号。微信公众号的粉丝们可以在微社区里自由交流、发帖、回帖、上传照片等。微社区的出现成功的解决了同一微信公众账号下粉丝无法直接交流、互动的难题，使公账号“一对多”的单向推送信息方式变成粉丝“多对多”的沟通模式。

（5）自媒体

自媒体是一个普通市民或机构组织能够在任何时间、任何地点、以任何方式访问网络，通过现代数字科技与全球知识体系相联，提供并分享他们的真实看法、自身新闻的一种途径和即时传播方式。目前，自媒体已经成为移动互联网中最活跃的主体和新型舆论市场，主要代表有微博、微信等。

（6）移动社会化电商

移动社会化电商是电子商务的一种新的衍生模式，它是借助于移动社交网站、移动社交平台、移动社交媒介等传播途径，通过社交互动、用户自生内容等手段来辅助商品的购买和销售的行为。微店是最典型的移动社会化电商平台。

5.2 企业如何利用移动社交媒体

从上述移动社交的相关概念我们可以看出，移动社交媒体是一种非常广泛的媒介，它包含了很多不同种类的社会化媒体平台，不同类别的客户群在不同的社交媒体平台上活跃。社会化媒体上的人们不会只使用一种平台，只访问一个网站，当然也不会只浏览某一类型的社会化媒体网站。

那么如何找到这些平台，以及如何在这些平台上与目标客户群进行对话？这对移动社交媒体运营人员来说，本身就是一项非常艰巨的任务，可又是一项你不得不去完成的任务。因为要想了解你的目标受众怎么在这些不同的平台上发挥作用，是你在这些媒体中成功展开营销的关键所在。那么我们应该如何去利用移动社交媒体呢？又该如何进行移动社交营销呢？

5.2.1 建立目标

作为一个大学营销方面的老师，我一直都不鼓励直接去执行某一个营销动作。

尽管行动力很重要，但是盲目的行动力只会让你事倍功半。因此我们在利用移动社交媒体的时候，我们首先要确定的就是制定好策略。

因为如果没有制定好策略就一头扎进移动社会化媒体之中，你就有可能最终空手而归。在移动社会化媒体的操作中，你没有策略，就好比在茫茫大海之中的一叶扁舟，没有罗盘、地图和望远镜，那么你就不知道自己身处何处，也不知道自己想要漂到哪里。当然，也许你会反驳我说，你没有制定好策略，但你可以把不同的移动社会化媒体平台列为自己的目标，四处出击。对于这种答案，理论上是可以的，但事实上你是做不到的，也是没必要这么做的。

移动社交媒体也是一样，绝大多数企业没那么多人力、物力、财力来将每个社会化媒体做透（而且网络营销也不仅仅只包括社会化营销），我们需要考虑的就是如何以有限的资源来利用好社会化媒体。在这种情况下，就必须有一套经过精心策划的策略，以及量化衡量成功的指标。

首先，问问自己为什么需要社交媒体。社会化媒体营销跟其他网络营销还是有有差别的，最主要的差别是社会化媒体营销更加突出是口碑传播。从这方面来考虑，社会化媒体营销更多地属于广告公关性质，对于提升移动电商的销售业绩只能起到一个引流的作用。

其次，制定社会化媒体的目标和对象。在前面的文章中我们已经有介绍，不同的社交媒体上的人群是不一样的，而且一个人有可能会在不一样的社交媒体平台。因此我们在进行社交媒体平台运营之前，先对自己的运营目标以及目标客户群进行分组，根据不同的目标客户群的喜好、使用习惯、关切方向而选择不同的社交媒体平台。

第三，结合公司的商业目标。在进行移动社交媒体运营之前，先分析一下自己企业的状况，确定自己的目标是什么，是需要提高知名度，还是需要提高销量。

不同的目标所做的策略是不一样的，如针对提高销售的目标，我们应该考虑如何做产品推荐，如何带上跟踪链接；如果是品牌宣传，我们应该考虑如何在信息中置入品牌理念，让用户了解品牌；如果是完善客户管理，我们应该考虑多倾听用户的建议，了解用户的想法，改善产品、提高服务。

第四、确定利用哪些社会化媒体资源。要想进行移动社交媒体营销，那么选择移动社交平台就是必须的，就像企业要想做网络营销必须要有自己的网站一样。选择什么样类型的社交媒体作为主打媒体，因企业的类型不同而选择不同。如企业是餐饮业，那么点评类的、问答类的 LBS 平台就是主要平台。当然我们也不要忽视了那些最容易入手且成本低的社交媒体，如博客、微博、论坛、微信公众平台等。

5.2.2 确定目标客户在哪里

即便社交媒体不赞成直接鼓励用户采取购买行为，但我相信绝大多数企业在从事社交媒体的时候，都是为了后面的“电子商务”进行考虑的，因此我们需要对目标客户人群进行分析。

1．描述目标客户人群的特征

这是我们做任何营销活动之前都必须考虑的一个因素，在做移动社交媒体营销之前，我们也要对目标人群的特征进行一个细分，如年龄、性别、职业、收入、地域、教育程度等。正如前面所说的，不同类型的人群，选择社交媒体的种类不同，不同的社交媒体的用户也有差异，不同社交媒体对目标人群的影响力量也不一样。

2．找出那些在你的产品（或服务）于目标人群之间能产生互动的平台

和营销策划一样，我们在确定了目标人群的相关特征之后，，接下来需要考虑的就是，根据目标人群的社交媒体活动动向，以及我们产品（或服务）的特点，

找到最适合我们进行移动社交媒体营销的平台。

3. 确定社交媒体运营模式

不同社交媒体的运营模式是不一样的，针对不同目标人群的运营模式也是不一样的，要想知道什么样的运营模式才是最好的，我们首先就应该从目标人群的需求出发。据我统计，目前人们在互联网上的需求无外乎以下 5 种：

- 信息性需求
- 娱乐性需求
- 社交性需求
- 商业性需求
- 知识性需求

不同的人群对这些需求的侧重点不一样，不同的社交平台对这些需求的展现形式也有差别。

5.2.3 描述影响力

社交媒体平台的营销效果怎么样，这与社交媒体的影响力以及如何运营有着密切的关系。为了更好的实现社交媒体平台的营销效果，我们在开展之前还需要对我们涉及的各个社交媒体平台的影响力进行一次监测。主要包括如下两个方面。

1. 社交媒体影响力

社交媒体影响力是指这个社交媒体在目标客户人群中的影响力怎么样，有多少人在使用这个媒体，有多少人是这个媒体的深度参与者。如目前微信使用人数有 6 亿人，微博使用人数也突破了 4.5 亿人，再比如某个微信公众平台拥有 70 万粉丝等，这些都是对社交媒体影响力的一种测量。

2．谁是影响者

现在的社会已经越来越进入“部落化”社会，整个人群生活在一个个“圈”子里面。在这些圈子里面，他们因为对某件事情（或观点）的共性而组合在一起，当然在这些圈子里面，自然也有这个圈子的“偶像”（或精神领袖），而绝大部分人则充当着“粉丝”的角色，这种现象我们把它称之为“粉丝经济”。

粉丝经济离不开庞大的粉丝人群，但如何运作粉丝经济则需要一些具有影响力的“偶像”参与。所以我们在运作社交媒体的时候，我们需要考虑谁是具有影响力的人，最简单的一个案例，一个明星发一篇化妆品相关的微博，就能够给该网店带来上千万的销售额，这就是典型的“粉丝经济”效应。

5.2.4 职责描述

企业一旦决定把社交媒体营销纳入整个营销战略中去，那么就要在保持激情和理性的基础上制定相关的策略和执行方案，就需要对相关职责做到尽可能详细的描述。关于职责描述，大致可以分为两个部分。

1．社交媒体平台的职责

在前面我们根据目标人群确定了不同的社交媒体平台，那么这些社交媒体平台因为影响力和定位不一样，其职责功能也是不一样的，这需要我们对不同的媒体进行职责分配。如我在第 4 章“O2O”中的“健康送”案例，他们的职责分配是：独立网站、微店、淘宝/天猫商城等充当销售中心；微博充当营销推广中心；微信及微信公众号充当客户中心；QQ 空间、博客充当品牌传播中心；论坛、微社区充当情感互动中心等。

2．企业社交平台运营团队职责

事在人为，营销策略是需要人去执行的，要想运作好社交媒体平台，就需要一个靠谱的团队去运作，这个“靠谱”可以理解为：

- 团队组织架构合理
- 这些人对本行业、本公司以及社交媒体、社交媒体营销十分了解
- 这个团队的团结性和协调性很强
- 这个团队得到共识的支持程度高，拿到的公司营销资源丰富
- 这个团队成员的素质高，如专业性，也包括创新性、抗压性等

3. 围绕关键职责建立社交媒体“行动小组”

你要想在网络营销中有所成就，就必须组建专业的网络营销部门。同样的道理，要想在社交媒体中有所表现，就必须针对不同的社交媒体组建专业的“行动小组”，尤其是在一些关键职责上面要有专人负责。

5.2.5 建立属于你的社交频道

根据内部调查结果和目标客户人群的媒体活跃情况选择相对应的社交平台（如微信、微博、视频、博客等），创建、设置并优化这些属于你的社交平台，至于如何去创建这写社交平台，我就不一一进行介绍，读者可以参照本书其他章节的相关知识以及其他书籍慢慢摸索。

5.2.6 制定一个内容更新计划

无论是企业从事社交媒体营销，还是个人进行社交媒体运作，要想取得成功，我们都不能够将内容随意而发。我相信很多企业关于社交媒体内容的范围很广，如果想到什么就发什么，那肯定是不行的。对于企业来说，应该制定出自己的内容更新计划，什么时候该发布什么样的内容。在这一点上，我们可以向报纸学习，报纸上的内容都是有规划的，每个周末还有一个休闲副刊什么的。除此之外，就

每个话题的内容进行“连载”也是一种不错的内容制定计划。

5.2.7 创建内容策略

内容营销是社交媒体营销最重要的手段，甚至可以说内容决定了社交媒体营销的成败，那么什么样的内容才是成功的社交媒体内容（或文案）呢？个人认为一篇好的文案必须具备三个优点：独特性——内容和风格要新颖，能吸引大家的眼球，能鲜明地突出自有特点，尤其是标题；营养性——所写内容必须有思想、有意义，对其他人有帮助，而不是简单的广告；营销性——社交媒体营销是为自己的企业、产品或服务而服务的，因此我们在做社交媒体内容的时候，要合适、合理地突出自己的产品或服务。

那么如何来制作社交媒体内容呢？关于社交媒体内容策略方面的操作，大致可以从下面几个方面入手。

1．了解你的受众

每个人只关注自己感兴趣的事情，因此我们在做社交媒体的时候，我们必须清楚我们的目标客户是谁，知道我们的微博内容是给谁看的，你的博客内容的浏览者又是谁，谁在关注你的微信公众平台。弄清了内容是写给谁看，他们有什么特性，接下来的社交媒体营销才不会迷失方向。

2．定义你的内容主旋律

了解完你的受众之后，你就要设法和他们交流，不要只是例行公事地发布一些自己的信息，你应该试着解决一些用户的真正需求，给他们提供一些自己力所能及的帮助。比如“健康送”是一家从事原生态纯天然农产品的公司，那么我们就可以提供一些关于“饮食养生”方面的知识，让用户觉得我们的内容不是促销广告，而是知识源泉。

3. 内容为王

用户能否持续关注你，能否激起用户对你的内容进行评论、转发等其他互动行为，主要取决于你的信息是否有价值。所以符合粉丝胃口的有价值的内容是吸引粉丝互动的重要前提。内容的价值性可以从以下几个方面入手。

（1）实用优先。用户需要实实在在的内容，如果你不知道说什么，没关系，你先听听你的用户在说什么，在关注什么，有什么疑问，最后把这些用户关心的问题分门别类，并针对这些问题设计社交内容。当然最直接的办法就是将企业客户部门遇到的问题统统拿来分析，把用户问的最多反馈最多的问题一一分析，然后逐个解决掉，这些解决方案肯定就是用户最喜欢的。

（2）不要一上来就推销自己。在社交媒体营销上，企业是主持人，用户才是主角。难怪有人说社会化口碑营销才是营销金字塔塔尖，在此看来是有道理的。这种基于社交关系产生的客户的忠诚度远远比通过广告产生的客户要高。而高质量内容和互动是提高粉丝转化率、留住用户的不二法宝。

（3）要有趣。社交媒体不同于企业官方平台，没必要弄那么严肃，可以将一些有趣的信息进行分享。几乎所有的人都喜欢幽默搞笑的内容，所以在撰写社交媒体内容的时候，别弄得像新闻一样，要说“人话”，要有血有肉，让人感觉你的社交平台很有思想、很有趣，像一个活生生的“人”。

（4）注意排版。不管是博客、微博还是微信公众平台，我们都应该明白一点，用户是不会阅读的，他们只会“浏览”，因此在文字编排上面一定要非常注意。为了使社交平台不单调，我们可以将文字、图片、视频、音频等形式的内容一一进行展示。

（5）最后，我个人觉得，社交媒体营销最重要的一点就是：少想营销，多想服务。所以在撰写社交媒体内容的时候，不要考虑如何去销售产品，而是从客户的角度出发，考虑能为客户提供什么样的服务。你的服务让客户“爽”了，他自然会成为你的消费者。要知道，最高档的营销，其实就是服务！

4．有规律的更新频率

要想运营好你的社交媒体，如果可以的话，最好每天都更新内容。当然，有些社交媒体（如博客）不必每天更新，但也要制定一个更新计划，多久更新一次，每次更新多少内容。在更新社交媒体内容的时候要注意频率，更新频率过少，用户说不定会把你忘记了；更新频率过高，用户也许会对你非常反感。我个人的经验是对于每日更新的社交内容一般一天更新 3-5 条即可，最好不要超过 20 条，早上 9~10 点更新内容效果最佳。

5.2.8 做好社交媒体优化

我们都听说过有网站优化（SEO），但估计听说过社会化媒体优化的人应该很少吧？跟网站优化一样，社会化媒体优化英文翻译为 Social Media Optimization，简称 SMO，是通过社会化媒体、在线组织及社区网站获得公共传播的一整套方法。具体操作办法如下。

1．增强链接能力

链接能力的强与弱取决于内容，可以说针对目标客户人群越有价值的内容，其链接能力就越强，也更容易被人分享。那么如何创造一些有价值的内容呢？我个人觉得关键在于倾听受众的想法。你关注的焦点不应该是你的产品或服务的真实目的，而应该是解决客户心中的困惑。所以你要倾听客户的想法，从中挑选出一些话题、主题或问题，再围绕它们来制作有价值的内容。

有价值的内容还必须是独一无二的、有用的和能吸引人的。除此之外，我们还可以有一些策略可供考虑，如将某主题所阐述的内容进行连载，这样也能吸引用户持续注意、订阅。

2. 内容传播

社交媒体的内容传播的渠道有很多，分享的方式也有很多，但要想让别人帮你分享，你至少要做到两点：第一，你的内容对别人来说很有价值，因为没有人愿意将不好的产品（或信息）分享给朋友；第二，可以尝试性地给分享你内容的客户一些好处，比如滴滴打车在年初的时候，为了让更多的人去分享这个平台，凡是在朋友圈分享滴滴打车的，都将免费获得 10 块钱的话费，就是这一小小的“好处”，使得不少人纷纷分享。

3. 回报那些乐于助人的用户和有价值的用户

乐于助人的用户和有价值的用户对于社交媒体的运营者来说，可以说是非常宝贵的资源。如国内知名的新媒体人《罗辑思维》的罗振宇，他就有很多有价值的用户，这些用户不但在线上疯狂地帮他转发、分享内容，甚至在线下印制传单来推广他。我有一个北京朋友，他非常喜欢罗振宇，于是自己印了很多传单，在大街上发放，进行推广。

面对这些有价值的用户，我们应该如何回报他们是一个值得思考的问题，如罗振宇就是不定期地将这些有价值的用户聚集在一起，吃个饭、聊聊天。

4. 坚持、创新

毕竟绝大多数移动社交媒体运营者不是明星或知名人士，不能像韩寒那样随便写一个字“啊”，就有很多人关注。作为普通大众的我们，要想获得成功，唯一的办法就是坚持，不断去创造客户需要的内容，并坚持不懈地做下去。

除此之外，我们在操作过程中，要不断地参与，不断地创新，尤其是面对新鲜事物的时候，更应该紧跟趋势。

5.3　移动社交的效果评估

任何营销活动在运作过程中，都要不断对其运营过程中的效果进行评估，移动社交媒体营销也是如此。但它毕竟不像电子商务效果评估那样参考销售业绩，它的评估主要包括以下几个方面。

1．活跃度

很多企业和运营人都知道社交媒体运营中活跃度是很重要的。那么何为活跃度，衡量活跃度的指标除了“转发”、“点评”、“赞”之外还有其他因素吗？我想大部分人都不能给出完整的回答。

其实活跃度是一个综合因素，它与粉丝数、粉丝质量、互动量有关，可以通过转评数、PV、新老粉丝比例等指标呈现。除此之外，社交媒体的活跃度还包括商业活跃度，比如通过社交媒体推广促销活动（抽奖、发放优惠券）。在这种情况下，我们需要考虑转化率是多少，使用率又是多少？这些都是我们研究社交媒体营销的核心所在。

2．优质性

我在给企业家进行培训的时候，曾经说过一句话：对于社交媒体平台，我们在运营过程中，不仅仅要关注新增客户有多少，更要关注失去了多少客户。因为在社交媒体营销效果分析的过程中，质量往往比数量更有价值。所以对于社交媒体运营，流量不在于多而在于精，在于有效。有效的流量不仅仅降低了营销成本，更增加了客户的价值。

所以我们看待社交媒体营销的时候，除了看规模和量，更要看质。因为社会化媒体营销就是把高质量关系变成商业价值（成交），即用关系影响关系，善用核心强关系影响周边弱关系，不断地循环反复。

3. 精准性

社交媒体与传统媒体的区别不仅仅在于媒体形式不同，更在于社交媒体以关系聚合。这种关系可能是因为共同的爱好、共同的价值理念认同或共同的朋友产生的。俗话说“物以类聚，人以群分”，所以企业在运营社交媒体的时候，它更多地像是一个资源聚合器，吸引对企业认同的用户在一起，此时企业可以将信息更为精准地推送给客户。

第 6 章

移动电商

二十年前，商品经济得到快速发展，传统商店时代来临，于是诞生了国美和苏宁。

十年前的非典时期，马云带着他的十八罗汉在杭州湖畔花园创办了淘宝，网店时代来临，造就了“阿里”和“京东”。

今天，移动互联网时代悄然来临，移动电商已经开始被广泛应用。那么，这次时机将造就谁？我们拭目以待。

我曾无数次在课堂上给我的学生或企业家阐释过这么一句话：哪里有人，哪里就有市场。截止到2013年11月，我国网民达到6.04亿，其中手机网民达到4.64亿，手机已经成为第一大上网终端。很显然，随着智能手机的广泛应用，以及3G网络、4G网络的不断普及，中国互联网已经全面进入移动互联网时代。在2013年，中国移动互联网可以说是突进疯飙的一年，在这一年，绝大多数传统互联网业务都提供了移动端的服务，购物支付、看电影、订票、订餐、订酒店……PC互联网用户消费习惯日益移动化。因此，在2014年，移动电商的疯狂崛起已经成为必然。

对于移动电商这个话题，也许很多企业家都非常密切地关注着，移动电商包括很多，如手机淘宝、二维码营销、微店、LBS等，但为了更好地阐释移动电商的这个概念，我们以微店为例进行阐述（微店是目前最热的一个话题）。

6.1 移动电商的相关概念

1. 移动电商概念

从字面意义来看，移动电子商务最简单的解释就是，通过手机、平板电脑等移动设备浏览商品或服务，加入购物车，最后结账买单的一种 B2B、B2C 或 C2C 的电子商务。它将互联网、移动通信技术、短距离通信技术及其他信息处理技术完美结合，使人们可以在任何时间、任何地点进行各种商贸活动，实现随时随地、线上线下的购物与交易、在线电子支付以及各种交易活动、商务活动、金融活动和相关的综合服务等。

说得简单一点，其实移动电子商务和电脑上的电子商务过程差不多，只不过将其移到了手机等移动终端屏幕上。

2. 移动电商的分类

智能手机的出现，应用 APP 的使用，以及移动通信技术的发展，使得移动电商成为电子商务来来的重中之重，到目前为止，移动电商主要包括以下几种。

（1）WAP 网站

WAP 网站，英文全称为 wireless application protocol 网站，是无线应用协议的缩写，即手机主要通过浏览器的方式来访问 WAP 网页，以实现信息的查询。这类型网站的交互能力很差，极大地限制了移动电子商务系统的灵活性和方便性，而且 WAP 网站的安全问题也是一个极大的问题。因此这类型网站很难满足用户的需求，已经过时了。

（2）HTML5

目前我们智能手机上的网站，绝大部分都是 HTML5 代码标签所编写的网站。HTML5 这个热门的关键词，并不是一个什么信息的 IT 技术，其他 PC 网站早在 20 年前就已经使用 HTML 代码了，只不过相比于其他 HTML 代表网站，HTML5 支持的浏览器更多一些，使用的范围也更广一些。

（3）微店

微店，或者我们应该把它们称之为 APP 电商，是指嫁接在微信、微博等这类移动平台上的网店，人们在手机上完成一系列的交易及购物行为，包括商品查找、客户沟通、下单交易、在线支付、物流跟踪、售后服务等，总之一切在电脑网店能完成的动作，我们都可以在微店上完成。

为了更好地阐释移动电商的运营特点，在本章中，我们重点以微店这一新型的移动电商为案例进行阐释。

6.2　微店的运营

从定义来看，微店是建立在微信或微博这类移动平台上面的网站，所以要想了解微店营销的方法，就必须了解微信及微博这些工具的营销方法。同时微店又属于电子商务范畴，在进行运营的过程中，又得从电商运营角度进行分析。

我经过近一年的研究和摸索，结合微信、微博营销以及电商运营的特点，对微店的运营探索出一个模式："微店运营模型"（见图 6-1）。

在"微店运营模型图"的构思中，根据微店的运营特点分为两个部分：横轴方向涉及到的是"客户开发模式"，纵轴方向涉及到的是"微店电商运营模式"。

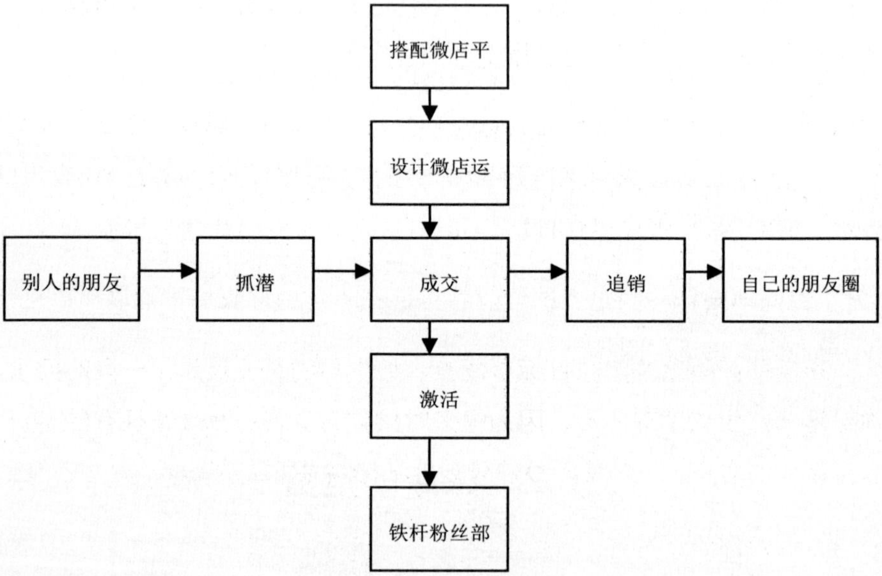

图 6-1 微店运营模型图

6.2.1 客户开发模式

微店是建立在微信及微博这些社交平台上的电子商务店铺，而这些平台最大的特点就是“粉丝经济”，谁有的粉丝越多，谁在运营过程中的效果越好。所以微店运营要想获得成功，就必须在客户开发模式上下功夫。

在前面的文章中，我们有说过，无论是微信、微博还是其他社会化媒体，我们都有一个明显的格局。在这些社会化媒体平台中，人是以“圈”来进行归类的，这一点尤其是在微信上体现的淋漓尽致。每个人都有属于自己的朋友圈，也有自己的微信好友，而不同人的朋友圈不一样，他们在分享、传递信息的时候，更多的是在圈内的互动，除非你加入这个圈子，否则“外面”的人根本无法参与进去。

在这样的“圈”类环境里，客户就像鱼群，你要想把产品销售出去，就必须拥有属于自己的“鱼塘”，它是属于你的“客户数据库”。

你数据库里的客户越多，销售就越容易，而要想让你数据库里的客户更加丰富，就必须持续不断地去吸引更多的人参加互动，最简单的办法有两种：把社会媒体中一些零散的“鱼”吸引过来，或者从别人家的“鱼塘”引流。

1. 客户探索

一切活动都必须聚焦在目标市场上，如果你的企业运作了一段时间了，我相信你对这一点应该深有体会，因为很多时候你会觉得：我现在拥有的客户并不是我真正想要的客户。所以我们必须清楚地知道：什么样的人群才是你想要的客户。

（1）锁定你的目标客户

锁定你的目标客户，这条“铁律”对微店营销同样成立。当然，我在这里并不是要你把所有的不想要的客户全部赶走，也没有否认微店营销的成功与失败，很大一部分是由粉丝人数的多与少来决定的。我只是想说，在你从事微店运营的时候，你必须清楚的知道：你的目标客户群是怎样的，以及他们在哪里？在你进行微店运营的时候，一定要将所有的营销策略聚焦到一群最理想的客户身上，因为他们最能够享受你的产品或服务带来的变化，并且他们有能力支付你的价格，甚至他们到处帮你“推销”你的产品或服务。

至于如何锁定你的目标客户，这很简单，你可以从你公司的产品或服务、价格、特色等方面入手，你就能清楚地知道你的目标客户群身上具有哪些标签，包括他的年龄、外貌特征、收入、渴望、梦想、痛苦、困惑等。如我在前面的文章中说过一个客户“健康送”，是做原生态纯天然农产品的，很容易我们就能定位我们的目标客户人群是在乎养生（土特产）、经济情况较好（价格稍贵）、对饮食很讲究（味道好）或者是图省时（因忙碌不想浪费时间做饭）的人群。

（2）了解目标人群的核心需求

产品营销的过程其实是不断发现客户的需求，到满足客户的需求的过程。因此我们除了锁定我们的目标客户人群之外，我们还要深入地了解这部分人群的需求所在。主要包括：

- 客户的梦想。几乎所有的客户对现状是不满意的，他们希望改变，如生病的人希望自己变得健康，漂泊的人希望自己有一个稳定的家等。营销正是构架现实和梦想之间的一座桥梁，所以我们必须知道客户想去哪里。你对客户的目的地、梦想了解得越清楚，你的营销就越容易成功。
- 客户近期目标。既然客户有梦想，那他就会有目标。也许他累积了一些知识，有了一些方法和技巧，也曾努力过，那他现在的目标是什么，你要了解清楚。
- 客户最大的障碍和困惑。如果客户现在还没有实现目标，那他肯定是碰到了一些困难或障碍，你需要找到这些困难或障碍。
- 客户的对策。你的目标客户在接触你的产品之前，他可能用了别的产品，那别的产品是什么？它的问题在哪里？你是否找到了对策。

（3）了解目标市场的购买能力

你的营销对象可能是个人，也可能是公司或单位。但是一般来说，都可以下面这两个方面判断客户的支付能力。主要了解两个部分：客户的家庭收入或可控收入，客户每年的消费预算是多少。

2. 抓潜

当我们找到我们的目标客户在哪里之后，我想不用我说，所有的人都知道，接下来需要做的就是将这些零散的“鱼”和别人鱼塘里的“鱼”吸引过来，转变成我们家鱼塘的“鱼”，而这个过程的完成，我们把它称之为“抓潜”。

无论是微信或微博，还是其他社交媒体，它们都有一个最明显的特点，它们是信息交流和传播平台，因此要想让你的平台能吸引更多的人来，你就必须符合人们上网的习惯。从目前来看，吸引消费者上网的前三条原因分别是学习、娱乐、交友。而其中交友或娱乐消费者居多，应该为他们提供最佳体验，告诉他们正确的追求，以及取得成功的捷径，最终让他们了解到你是如何为他们提供便利的，为他们解答疑惑，开拓眼界。这种有价值的姿态才是吸引客户来关注你的最基本条件。

（1）有价值的内容的概念

这就需要我们的平台不断地提供有教育意义的、能产生帮助的，或者内容平淡但却能够被搜索到并得到消费者欣赏的内容。而我们把这些内容称之为“有价值的内容”。

有价值的内容强调的是“内容”，通常我们所指的“内容”是指所读到的东西，如网页、博客上的文章或公开分享的视频、图片。而在本节中，我们所说的“内容”是指知识和信息，所有有价值的内容是指具有明显目的性、为特定人群创建的有用的信息，这些信息往往是最能打动客户的。

（2）如何写有价值的内容

在这里我必须说，并不是让别人看“我们有多么伟大”，而是要了解“如何才能发挥出我们的作用——我们有解决问题的答案”。因此在着手创建有价值的内容前遵守以下一些事项。

- 把客户放在第一位

当你为自己的企业/产品/服务感到骄傲的时候，不要过于自我，因为除了你自己之外，没有人会关注你的产品和服务，人们真正关注的是你将如何满足他们的需求，以及如何解决他们的问题，帮助他们渡过难关。如果你希望他们能够购买更多的产品/服务，那么你关注的重点应该是他们而不是你自己。

- 提供帮助，而不是销售

营销的最终目标是与客户建立起一种关系，让他们了解、喜欢、信任你，当需要购买的时候会考虑你。一旦你获得了人们的信任，他们就会视你为一个可以提供帮助的顾问，这样你就在销售过程中又向前迈进了一步。使用有价值的内容是构建关系的第一步，它会帮你赢得销售的机会。

- 把你掌握的知识免费传播出去

有价值的内容营销意味着人们无论是否与你交易都能从内容中获取得价值，也就是说你要把一些辛苦得来的知识以免费的形式发布出去。

- 定位到利基市场

要想利用有价值的内容取得成功，就要像激光一样聚焦自己的客户及其具体需求，花点时间去了解一下市场和客户的需求，然后再对内容做有效的定位，获得商业成功的关键在于专业划分的细致程度——认准目标全力投入，让你提供的内容在某个利基领域独放异彩。

可以说，对读者的了解越深刻，写出来的内容就越受欢迎，也就越容易得到响应。当消费者发现你的内容中肯、一语中的，自然会购买你的产品或服务。反之，如果你的内容言之无物、读之如同嚼蜡，那么就会被他们排斥在圈外。

- 讲一个动听的故事

每个优秀的营销人都是一个会谱写伟大故事和广告的行业里手，这一点在数字时代内容同样流行：优秀的故事、伟大的思想，更能让内容传播动力十足。

- 承诺质量

优质的内容离不开充满激情和创造力的优秀设计。单纯地推出一篇文笔上佳的文章是不够的，要想让时间宝贵的读者去关注你的信息，其中必须包含他们需要的内容，并且要有一定的吸引力。你所提供的文字要浅显易懂，网站要便于操作，页面要赏心悦目。无论是文字、视频还是音频都要确保质量。上乘的内容再配上顶级的设计，定能帮你与客户建立联系，并在他们的脑海中留下深刻的印象。

- 用心去写

真心、真意、真诚——尽管这个世界上有许多人都在做假，但你的内容决不能有半点掺假，这是必须遵循的底线。“关心你的客户”这句话已经成为许多企业的装饰品。更不用说让客户真的相信它。然而，我们确实需要创建与我们关心的内容有关的价值内容，并利用它们来改变客户的生活方式。

由正确的动机催生出的内容往往会让人们以一种完全不同的方式来接受。人们能够分辩口头上的假关系和真心实意的在意。诚实地做一名渴望帮助别人的人，你一定能够赢得销售上的胜利。

（3）如何找到有写作价值的素材

准确把握消费者的脉搏，并写出他们想看的内容是件高难度的事，怎样才能确保我们制作的内容所反映的价值原则则恰好与目标客户的想法一致？以下有一些小技巧。

- 倾听

我们必须要知道客户一般想了解那个方面的内容，只有这样我们才能理清头绪，搞清楚研究市场的人、希望帮助的对象、愿意推荐我们的人，以及了解内容后会有用处的人这几方面之间的关系。

- 研究

你认为市场中最大的问题是什么？要想了解这些，我们或许可以在本行业中人气最旺的论坛上转一转，你就会发现目前最热门的话题，或者看看即将召开的会议，参会的演讲人员都准备了那些题目。

- 采访

变换角色以采访者的姿态与客户、团队中的专家级业内人士面对面地交谈。用客户咨询你的问题向他们请教。

- 民意调查

92%的人相信民意调查报告中的所有内容，因此我们也可以来制作一份，用这些有趣的数字作为大标题来引起客户的好奇心，提高其阅读的兴趣。

- 改头换面

对于大多数企业来说，只要做一次简单的核查就会发现许多有价值的“黄金内容”被忽视了，比如某些介绍性文字、在不同背景下进行的实验、撰写销售计划时搜索的资料，仔细分析一下你所拥有的内容——必要时可以打印出一份大纲来。

（4）如何撰写让客户觉得有价值的内容

对于很多人来说，最大的障碍可能是担心自己没有写作能力，或者要把营销的重点放在内容上面难免有点力不从心。对于这些人群，我个人提供如下一些意见。

- 了解你的读者

无论是电子书、博客、网站、微博还是微信，在写任何文章前都要考虑很多关键性问题，比如谁会阅读这些内容？你想写些什么内容？你想以怎样的方式来写？面对这些问题的时候，我们首先要想像自己正在为一位真正的客户构思内容，这样你就会比较平易近人和易于沟通。试试我们在资源区中提供的“了解你的客户”模板。

- 选择正确主题

知识并不代表一切，关键在于如何去运营，而要想创造有价值的内容，就必须选择人们关心的主题。对于主题的选择，我们可以从产品、行业、客户、以及竞争对手来进行考虑，比如我在给健康送生鲜电商做内容营销的时候，我就根据产品、客户、竞争对手的特点将其内容主题明确确定如下。

① 养生食谱：主要阐释食材的养生功能，如猪肚养胃补虚、多吃素食可以提高智慧；

② 家常食谱：主要是介绍我们如何去做菜，如制作水煮鱼等；

③ 饮食常识：主要介绍不同人群的饮食习惯，如 12 种不同体质人的健康饮食习惯；

④ 生活贴士：主要介绍生活中的小秘方，如孕妇应该怎么搭配饮食；

⑤ 臻品推荐：介绍健康送新鲜推出的产品；

⑥ 会员优惠：介绍健康送的相关促销活动。

- 把握文章的基调

要想进行内容营销，就必须不断分享内容，这就需要我们对平台的所有内容确定一个基调。这样的话浏览者看你平台上的文章的时候，很顺畅而不至于留下痕迹，那么如何确定基调呢？

先讲后写。我在写作的过程中，很多时候都是这样的，就仿佛很多读者在我的身边（或眼前），然后我向他们解释我的观点，这可能跟我平时在大学教学有密切的关系。每次给学生或企业家朋友上课的时候，我都会理出思路出来，然后希望学生能够顺着我的思路发展下去。写作业同样如此。其实我在写作每一本书之前，都会提前画一个思路导图，这样自己进行写作的时候，基本上的思路确定了，格局确定了，基调也自然而然确定了。如图 6-2 所示就是我在写作我的第二部作品《实战网络营销宝典：网站赚钱谋略大全》时所构思的结构导图。

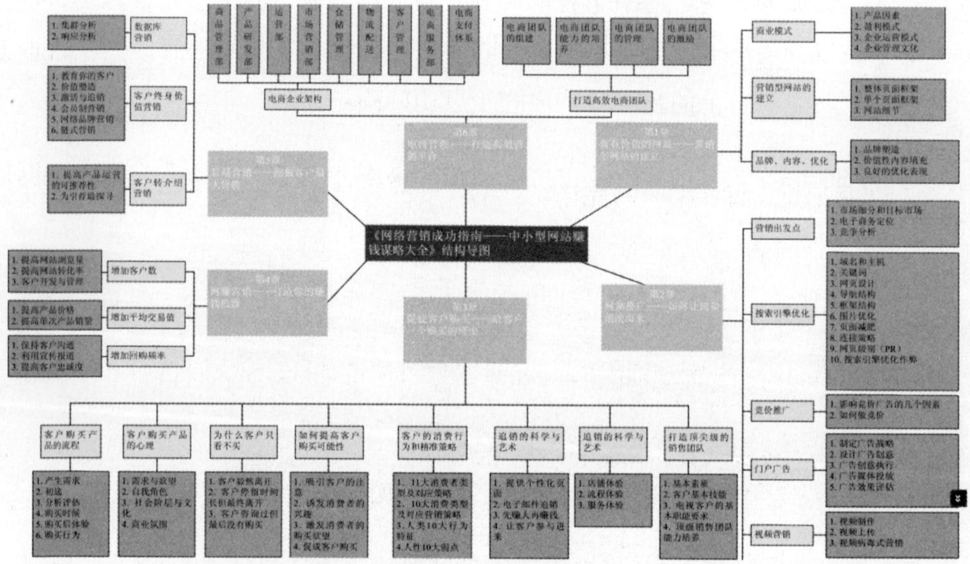

图 6-2 《实战网络营销宝典：网站赚钱谋略大全》结构导图

确定正确的词汇。在写作过程中，我们一定要用一些人人都能听得懂的术语，尽可能用直白的话来进行写作，即便是一些复杂的行业内容，我们也要尽量用比较简单的词汇来进行解释。

用少量文字说出更多内容。人们在网上看东西跟在书本、杂志看内容是完全不一样的，在网上人们更加喜欢用浏览的方式进行阅读，而不是像书本一样仔细阅读。因此这就需要我们用更少的文字说出更多的内容。具体操作办法如下：

① 正确了解读者想寻找的内容，十分清楚每一篇文章、每一段文字的目的；

② 不要尝试在一个页面中阐述太多的问题。说得具体一点，我们可以用整页内容来强调一条信息而不是多条信息，在同一页面抛出多个观点反而会使力量分散（当然如果你想阐释更多的观点，你可以添加更多的页面）；

③ 尽可能使用短句，这样方便阅读；

④ 善于将标题做骨架，标题是内容的指示牌，这样就可以让读者在浏览的时候更加快速便捷；

⑤ 认真编辑。每次在撰写完内容之后，要认真地重新审视一下，将不要的内容都去掉，同时也要把文章的排版和插图都编辑好。

（5）如何让有价值的内容无处不在

- 传播有价值的内容

尽管说微店的核心是电子商务，是销售产品，但是它毕竟是建立在微信、微博这样的平台上的，因此我们除了要让客户关注你之外，还要让客户黏住你，甚至主动帮你去分享，将你推荐给他们的朋友。而要想做到这一点，首先要做到的就是不断创造有价值的内容。

这一点其实很容易理解，既然刚才我们说，他们的圈子都是他们的朋友，我想没有人喜欢将不好的东西或服务推荐给自己的朋友的，只会向自己的朋友推荐好的产品和服务。那么什么样的内容才是有价值的内容呢？

第一、从目标客户的角度去思考。人们之所以觉得你的内容有价值，是因为你的内容解决了客户的某项需求，所以我们必须要站在客户的角度去思考，而不是想当然，因为有时候你觉得是很重要的内容，未必这内容对客户来说也很重要，这需要我们去换位思考。

第二、与顾客积极沟通。要想了解客户的真实需求，最好的办法就是深入到客户群体中去，积极了解客户到底想要什么，这就需要我们多与客户互动，让客户多向我们提意见。甚至可以说，客户的需求方向正是你内容价值性的体现所在。

- 利用支持者的力量

对于社交媒体营销来说，最好的销售团队并不是自己所组建的销售团队，而是那些最忠诚于你的用户，这些忠诚客户就守在你们的身边，而且他们身边有有很多朋友资源等着你去开发。这些忠诚的用户是你最好的销售代言人，他们甚至自愿、无条件地帮你推广品牌和服务。

如果有一天，当你的客户尽情在网络上讨论你的产品或服务，在整个移动社交网络内积极宣传你的品牌和服务，那么恭喜你，你已经拥有了一批非常忠实的粉丝，甚至我们可以将他们称之为“超级用户”，这些用户会经常评价你的服务，会无形中帮你进行口碑传播，而口碑传播的影响力所带来的就是数不胜数的新客户资源。

- 发动追随者的积极性

好的产品或服务是支持者帮你宣传推广的基础，但要想让追随者更加积极的传播，很显然单靠产品、服务和内容的优秀是远远不够的，我们还要适当地鼓励嘉奖他们。最常见的办法有如下两种。

第一、适当物质奖励。就是追随者推荐你产品和服务的时候，有没有可能获得一些物质上的鼓励。如今年年初，滴滴打车为了快速拓展市场，凡是使用滴滴打车的用户，将其使用评价分享到朋友圈后，就会有 10 元钱的话费反馈。结果导致很多人为了“10 元钱话费”而在朋友圈进行分享。

第二、成为你产品或服务的主人。没有什么人在推广产品的时候比推广自己的产品更卖力的了，如果有一天你将你的忠实粉丝变成了这个产品的“主人”，那恭喜你，你离成功获取他的朋友圈资源不远了。

3. 成功

在前面的文章中，我们通过“抓潜”以及吸引人来关注你，可以说这里面很大一部分人已经成为你鱼塘里面的“鱼”，但绝大部分人都处于一种持续观望的态度，这个时候，我们需要进一步去巩固。具体操作办法如下。

（1）USP：用独特卖点吸引潜在客户

关于USP理论，我们在产品的运营和销售过程中有关于它的一些介绍，这个理论不仅仅对产品的销售成交有很大的帮助，同样在客户开发模式“成交”环节中也同样重要。因为很多时候，正是你的产品、服务、内容的独一无二、无懈可击、难以抗拒等因素，使得你的信息平台脱颖而出，成为吸引他们关注你的关键点所在。

很显然，无论是互联网还是移动互联网平台，我们缺少的并不是信息，对于我们来说，每天每小时每分钟所产生的信息都足够我们看一辈子了。所以对于消费者来说，在互联网上进行学习从本质上来说包括两个行为：寻找信息和选择信息。

其中寻找信息就是我们根据我们的需求去寻找满足我们需求的信息。比如我，作为一个互联网营销人和新媒体营销人，我就会每天都去浏览互联网相关的信息和知识，所以我会主动去搜集或收藏这方面的信息，如艾瑞网、派代网等，因为在这些平台里面的内容都是关于互联网营销、网络营销、电子商务以及新媒体营销等相关的知识的，这就是它们的USP（独特卖点），这就是我选择他们的理由。

当然我选择它们的理由并不仅仅是因为它们的内容都是与我所需要的内容相关，还有一点也不容忽视，就是它们的内容知识性很丰富，也就是我们常说的内容都属于“干货”。我能从中学到很多东西，这些内容能帮我解决很多问题。

综上所述，如果你的内容平台要想让人关注的话，那么你必须要有自己的独特卖点，这些卖点是你与你的竞争对手不同之处，是你的目标人群关注的你原因所在，是驱动你成功“抓潜”的强大引擎。

（2）亮出你的独特卖点

一旦你发现了独特卖点，你就应该马上激活它，不要让它停留在构想上，而是应该将它想象成为一种神秘的超能量，这种能量积蓄已久，现在你要将它释放，让它骄傲地展示在所有的浏览者面前。

因此，当你有你的独特卖点的时候，你可以骄傲的告诉所有人，你是谁，你是做什么的，你能提供什么服务或内容，这些服务和内容能帮助你的浏览者解决什么问题。

（3）让品牌与平台战略同步

无论是微信、还是微博或者其他社交媒体，我们在乎的并不是每一天你吸引了多少新客户，增加了多少新客户，更多的是留住了多少目标客户，因为将目标客户人群吸引过来只是商家进行商业活动操作的第一步操作。

因此，作为商家，首先要做的就是将平台战略与品牌结合起来，确认自己的地盘，只有确认了自己的地盘，并且明确告诉新来的客户，这是属于我的地盘，主要是介绍某个方面内容的。

4. 追销

关于“追销”，这是属于后端营销的一部分，其目的就是如何让新客户成为你的老客户，成为你的忠实“粉丝”。关于这部分的话题，其实在我的第二部作品《实战网络营销宝典：网站赚钱谋略大全》有详细的介绍，在这里我简单介绍一下。

（1）非活跃用户变成活跃用户

对于社交媒体平台而言，除了现有客户之外，重要性排在第二位的“资产”就是非活跃客户，典型的“非活跃用户”是指一直在关注你的平台，但暂时没有跟你互动，更没有购买你的产品和服务的客户，这些客户也没有明确表示放弃，当然也没有表示对你们的产品、服务和内容表示什么好感。

对于这些客户，不管是哪种原因，我们都必须要激活他们，因为只有激活他们，才能给你的商业活动增加全新的活力与能力。而事实上，这些客户也等着被你争取。我们以微信公众平台为例，要让非活跃用户变成活跃用户的办法有以下几种。

- 互动

在很多时候，这些非活跃客户并不是自愿成为“僵尸”粉丝的，他们既然加入了你的粉丝圈，自然对你的产品、内容和服务感兴趣，也自然希望能跟你、以及你圈里的朋友有互动，但是可能因为你设置平台的时候，并没有提供他们可以互动的平台，所以他们也“有口难言”。对于这些客户，最好提供给他们一个互动的平台，如微论坛就是一个很好的激活非活跃粉丝的方式（见图 6-3），客户通过微论坛这个平台可以提供一个话题互动和交流；当然我们还可以设置微电商（见图 6-4），让他们直接成为你的客户，自然也激活了这些非活跃粉丝。

图 6-3　微论坛

图 6-4　微电商

当然值得注意的是，我们在与客户进行互动沟通的时候，一定要坦诚相待，这样的话有助于你与客户之间建立信任，在沟通的时候，除了表明自己很关心他们的需求，更应该主动邀请他们提出建设性的意见。如小米手机的很多研发创意都是来源于他的粉丝所提的意见。

- 微引流

老客户之所以对你来说如此重要，除了他是你的忠实顾客之外，更重要的是他能带动他的朋友圈里的人群成为你的客户，并且他们也乐意将你推荐给他的朋友。对于这种行为，我们称之为“微引流”。要想让客户帮你转介绍，那么你可以从以下几点考虑。

首先是你产品、服务和内容，也就是说你的产品、服务和内容是不是满足你的追随者的需求，甚至满足你追随者朋友圈里人员的需求，你的追随者只有在当他们的朋友圈人群有这种需求的时候，才会主动将你推荐给他们，当然，要想让你的追随者推荐，你必须保证你产品、服务、内容的质量，因为所有的人向朋友推荐产品的时候，只会推荐他们认为最好的产品。

其次提供一些奖励给这些“超级用户”，对着这些主动愿意成为你的“业务员”的客户，我们尤其应该珍惜，对待他们就应该向对待真正的业务员一样，源源不断的提供他们一些奖励，以刺激他们不断努力的去推荐你的平台。

5．自己的朋友圈

当目标人群经过上述几个步骤已经成为你鱼塘里面的“鱼”之后，也就是说你已经将他们变为你朋友圈里的一员。可以说初步的引流工作已经完成，但整个流程还没有完成。我曾在前面说过，对于社交媒体平台而言，我们不仅仅要看新增多少客户，也要看有多少客户离开。也就是说，我们还需要做好两个步骤。第一、让这些新增客户成为我们的忠诚粉丝；第二、让这些新增客户成为我们的“业务员”，帮我们去拉更多的新客户过来。

而要实现这些，我们可以从以下几个方面入手。

（1）设计蓝图

很简单，蓝图就是客户要实现的梦想，也就是说，你需要用简单的语言告诉客户“使用我们的产品或服务之后，你将达到什么样的状态”。因为人对梦想的追求，对未来的幻想是无止境的，我们都希望自己的未来是光明的、清晰的，可在现实中很多人是想不通的，所以他们才去互联网寻找信息，寻找答案。

如曾经我给广州一家韩语培训学校进行营销策划的时候，我给学习韩语的学院描绘了两种梦想：一种是掌握韩语的能力，另一种是赚钱的能力。我会清楚的告诉学员，掌握韩语的能力，你去韩国旅游，去韩国留学和公众就非常容易；除此之外，学习韩语还拥有赚钱的能力，你有机会给韩国明星（很多女孩子都喜欢这一点）做翻译，你的收入会因为你拥有这项技能而有所增加。

（2）规划导图

我相信很多人之所以成为你的粉丝，是因为你能提供给他们想要的知识，但这只是其中的一部分，而且是最低层次的一部分。我相信绝大部分的客户像我一样，我不仅仅是想获得知识，而是希望通过某个流程来实现我的某个目标。

就比如购买本书的读者来说，他们希望购买本书能获得对移动互联网知识的了解，而这也正是本书给读者的一个梦想蓝图，但从现实到蓝图这条路怎么走，他们并不知道，你需要给他们一个导图。

我们每个人都渴望达到一个目标，但是我们常常不知道怎么走，而导图的作用就是要告诉我们如何走，这也是我们购买书籍学习、参加培训课程学习等的基本原因。这同样也是别人的粉丝成为你的粉丝的原因。

至于如何设计导图，其实操作流程很简单，你只要问你自己，我能帮助客户实现什么目标，实现目标的过程中需要什么东西，在实现目标的过程中有哪些流程，我们必须做到什么，成功的因素是哪些？

（3）打造个性

伟大的行销大师盖尔波特曾经说过：不要站在中间，要么站在左边，要么站在右边。站在左边，会有人跟随你；站在右边，也会有人跟随你；但是如果站在中间，那就没有人会跟随你。

世界就是这样的，你可以“极左”，也可以“极右”，但是站在“中间”很难。要想让你的社交平台、你的服务内容有品牌价值，你就必须想方设法让自己有个性。

你可以去看看那些成功的人士，你们会发现他们都有极为鲜明的个性，而这些个性有构建出他们的个人品牌。但这些个性需要跟你的理念一致，因为当你的品牌在传播的时候，你的理念也会跟着一起传播，所以它们不能矛盾。关于个性，你需要注意一下几点：

- 明星、专家、意见领袖。你可以有各种各样的个性。在企业界，有人就扮演明星的角色，他就是喜欢当明星；有人定位为专家，所以他对某个领域钻研得透彻；有人是意见领袖，不管你喜欢不喜欢，他总有不同的观点，而且他敢说。
- 品牌一定要标新立异。你跟别人一样不行的，你必须找到自己的独特之处，在个性上跟别人与众不同。
- 优点和缺点的平衡。个性需要有优点，也需要有缺点，但这里需要说的就是，这里的缺点不是致命的，否则你的品牌就出现了问题。所以你必须把握这里面的平衡。

- 个性的设计。个性的设计我觉得主要因人而异，看个人的写作习惯而定，比如我大学有很多同学都从事文化产业方向，我们研究的方向一样，有人喜欢文学历史方面的，而我则喜欢营销策划，那么我们写的东西则完全不同。

（4）促成机制

我们除了要让新访客成为我们的热衷粉丝，更要鼓励这些“粉丝”积极参与、讨论和传播我们的内容，要想做到这一点，仅内容还是不够的，我们还需要有机制。设置一些机制鼓励这些“粉丝”专家积极地讨论和传播。

6.2.2 微店电商运营模式

要记住一句话：客户拓展开发只是基础，而真正能实现微店商业价值的还是其电商运营模式。对于微店的电商运营模式，我们大致也分为 5 个步骤。

1. 微店平台的搭建

我从事网络营销已经 5~6 年了，期间服务过的企业也将近百家之多，每次给客户做网络优化和推广的时候，我都强烈建议先对网站本身进行诊断和调整，因为我一直认为一个优秀的网站是最基础的，它直接决定了网络营销转化率高低。当然微店因为手机屏幕跟电脑不一样，微店平台的设计跟网站还是有一定的差异。

（1）微店平台搭建的核心思想

微店作为一个直接向客户销售产品的一个平台，它的设计的好坏直接决定了客户是否选择在这个平台上购买，因此对于微店平台的搭建，必须围绕以下 3 方面入手。

- 展示力：能清楚地向目标消费者展示微店的相关情况，比如我是谁？我是做什么的？我能提供什么产品或服务。

- 信任力：客户在购买的过程中，最担心的就是担风险，因此我们在微店运作过程中，必须要考虑消除风险。因此我们需要向客户提供一系列信任方面的方式方法，如支付方式、企业实力、产品品牌等。
- 行动力：行动力体现在给客户一个购买的理由，这更多的是商业运营方面的内容，如促销。

无论是 PC 端的网页，还是移动互联网的网站，我们在设计的过程中，都应该将它视为一种产品，而要想让客户喜欢你的“产品”，你就必须解决这四个问题：网站很容易使用、用户在网站上不会迷失、公司的产品通过网页做到了清晰的展示、网站解决了用户急切需要解决的问题。

（2）移动电商平台设计原则

无论是电脑端网站还是手机网站，我们都必须遵守一条规则：良好的用户体验。关于购物体验的良好设计，主要体现在良好的购物流程、优化的购物体验两个方面。要想提高移动电商平台的用户体验，首先得分析一下移动电商平台所面临的一些问题，主要包括：可操作区域小，绝大多数手机屏的屏幕相对来说比较狭小，没有 PC 端界面空间那么宽裕，所以我们在设计的时候，不能将网站设计得过于复杂，尽可能排版单一些，更不要将 PC 网页直接搬到移动互联网上去。

（3）用户体验

无论是 PC 端网站还是移动互联网，在建设过程中，我们都要遵循用户体验这一条铁律。所谓用户体验是指人与产品发生接触和使用时所产生的体验的质量。要想让移动电商网页的用户体验做得很好，我们就必须先解决以下几个问题：

第一步、知道客户是谁。也就是要对我们的目标客户进行了解和研究，包括目标客户人群的特征分析、需求分析。谁来浏览页面？平时喜欢浏览什么内容？

来这里是寻找什么内容的？有什么特殊的要求吗？只有解决这些问题，你移动电商页面的设置和内容的设置就基本上解决了。

第二步、平面设计。针对上一步目标客户的特征和需求来决定移动电商首页内容框架，并且根据目标客户的需求和寻找目标，选取合适的、有效的用户特征的需求，放入产品定义，并且协同建立和完善用户使用场景，建立产品用户体验架构。

第三步、内容设置。在解决首页及内页的初步框架之后，接下来就是填充内容。根据目标客户的需求，去选择合适目标客户的内容进行填充，当然我们也要研究竞争对手，寻找到可以对比的设计。

第四步、交互设计和视觉。对移动电商进行视觉设计、文案撰写和前端代码编写等工作，让移动电商平台的交互性更强。

第五步、测试。即对移动电商进行测试，包括交互设计测试，购买流程测试等。

第六步、设计修改。针对测试过程中的问题进行设计和修改。

2. 设置微店的运营模式

跟传统网站一样，当我们成功建设好电商网站之后，接下来需要考虑的就是微店的运营模式的探索了。对于运营模式的探索，我在作品《实战网络营销宝典：网站赚钱谋略大全》一书中有比较详细的介绍，在这里简单地提炼出一些重要的因素。

（1）产品和品牌研究

微店从某种意义上来说，只是销售产品的一个渠道，其根本还是在于产品。因此我们在对微店运营模式探索的时候，我们必须深入的了解产品的相关特点，如产品是工业品还是快消品、是半成品还是成品、是实物产品还是虚拟服务等。

我们必须对这些产品进行非常详细周全的计算，因为不同性质的产品适不适合选择微店运营和以什么形式的微店模式进行运营有着很大的关系。

（2）研究消费人群

除了研究产品之外，我们还需要研究产品的消费者这一属性。不同年龄阶段、不同地域、不同收入、不同教育程度的人群对移动电商的使用情况和信任情况都是不一样的。但总的来说，如果你的目标人群是年轻、时尚、追求新鲜食物的人群，那么你选择进行微店运营就是对的。

除了研究人群属性之外，我们还需要研究目标人群对移动电商的使用情况和使用方式进行分析和考虑。

（3）微引流

互联网产品的销售流程大致分为：找到你、了解你、满意你、购买你、忠诚你等五个步骤。所以要想让你的目标人群购买你的产品，首要任务就是让你的目标客户能找到你的微店平台，而这一动作，我们将其称之为“微引流”。

目前移动互联网的发展还没有达到成熟，很多的传统网络营销的手段还没办法去实现，对于移动电商微引流，最常见的主要有以下方法。

- 内容引流：就是通过提供一些有价值的内容进行引流，这也是目前进行微店营销最常用的一种手段。从定义我们可以看出来，微店主要是运营在微信、微博等移动社会化媒体平台上的电子商务平台，因此对于微店客户引流主要还是通过微信、微博这样的平台来进行引流。所以内容引流同样也是微店引流的重中之重。
- 价值引流：无论是微信还是微博平台，其最显著的一个功能就是实现通过内容的分享而实现信息的传播，因此我们必须充分掌握用户自发主动传播这一特性，并且牢牢掌握这一特性。而要想让用户自发主动传播，内容的价值性是必须要做到的。

- 病毒传播：微信、微博等社交平台的建立起本身就是利用了“六度空间”理论的原理，就是我们与世界上任何一个人直接的关系，不超过六个人。而这也是病毒传播的原理之一，当我们打开微信时，相信已经有很多人都在使用病毒营销的手段来进行引流。
- 广告传播：广告传播是为你的微店平台带来巨大粉丝的重要渠道，而使用这一渠道的主要软件就是二维码。无论是网站首页、还是视频媒体的下方、还是户外广告，或者其他的广告媒体载体，我们都能看到二维码的出现，也都能过清楚的知道，无数的用户就是通过二维码来到我们的电商平台的。

3. 成交

（1）电商成交流程

尽管消费者在购买产品的过程只需要简短的几秒钟，但很多时候，这一购买举动却包括了很多的内容在里面。我把消费者购买产品的流程分为以下六个阶段：产生需求、初选、评估、购买时候、购买后体验、购后行为，其中购后行为对客户进行再次购买和重复购买起着决定性的作用（见图 6-5）。

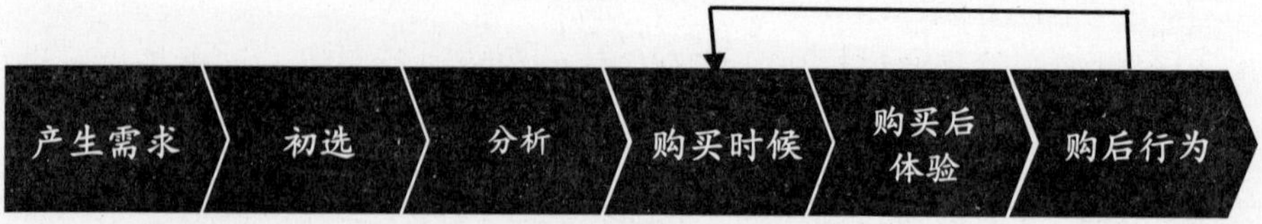

图 6-5 购买产品的六个步骤

- 产生需求

需求是消费者购买产品最根本的原因，是消费者产生购买行动的第一步。这种需求有可能消费者内心能有所感觉，也有可能被隐藏起来。需求的形式有很多，但归纳总结一下，主要体现在3个方面：刺激需求、不足之处、求足之愿。

① 刺激需求。绝大部分的消费者在购买产品，是因为有些因素刺激了他们的购买需求。这些因素可以是刚性的因素，如肚子饿了，于是找一个饭店吃饭；也可以能是其他方面的刺激，如在网店上瞎逛，发现一件漂亮的衣服（或某个产品进行打折促销），自己喜欢就购买了。我把这些刺激消费者购买的需求归纳为如下5类：

1）阶段表现，是指消费者在某个时间段缺少什么，需要此物而产生的需求，也就是我们常说的刚性需求。

2）主动刺激，是指消费者想要购买某产品，而去商店（或网店）进行选择该产品时所接受到的刺激。如我要买一个手机，于是在京东商城或卓越亚马逊上针对性地选择手机专栏所展示的各种手机信息对我的刺激，这种刺激是带有目标性的。

3）被动刺激，是指消费者无意识状态下所接受到产品的刺激，这类型刺激我相信爱购物的女性消费者深有体验。很多时候可能只是出去逛街并不是为了买东西，而是去玩，或者陪朋友买东西，结果回来的途中自己大包小包买了一堆货物，这种刺激就属于被动刺激。

4）内部刺激，是指刺激消费者购买某产品的自身因素，包消费者的心理、生理、个性、感觉、习惯、情绪等。很多女性消费者在高兴或者不高兴的时候，都会有购买产品的冲动和习惯。

5）外部刺激，是指外部环境因素对消费者的刺激，包括产品、经济、地域、文化、收入、群体等。如每年11月11日网购节的时候，很多人都集中在这一天进行购买，这就属于外部刺激。

② 不足之处。人的欲望是毫无止境的，绝大部分消费者都是贪婪的，其原因就是他们对自己的现状始终觉得不足。在绝大多数的时候，当我们达到某个目标的时候，肯定会有更高的目标等着我们去追求。这种不足可能是因为生理上，也可能是因为心理上，还有可能是因为二者相结合的一种不足。有这么一个玩笑，当一个男孩子每天都守在女孩的身边的时候，女孩就会抱怨这个男孩没有事业心，没有钱，太黏人；当一个男孩子每天都扑在事业上奋斗，给了这个女孩非常好的物质基础的时候，女孩就会抱怨这个男孩不能陪着她守在她身边。这就是人最普遍的一种心理：没有最好只有更好。

当然这种不足可能是因为认识产生，也可能是诱惑所导致。

③ 求足之愿。既然消费者的欲望是无止境的，对已拥有的东西总感觉不足，那么自然就会有让这种不足得到弥补的冲动，进而萌发出购买某物的动机，希望通过购买某物能得到满足。这种情况尤其是在内心非常好强的人身上体现得淋漓尽致。如当一个内心好强的人的身边的朋友都在使用最新版的苹果手机的时候，这会从很大的程度上刺激他进行购买。事实上，很大一部分消费者购买苹果手机最核心的原因就是这一点。

求足之愿强不强烈，与消费者内心的不足感的程度有关，与市场有没有满足消费者所需求的产品有关，也与消费者的经济情况有关。

- 初选

消费者在产生购买动机之后，接下来就开始搜集各种相关的信息，当然信息搜集方式有很多，有些产品已经是知名品牌，我们已经知晓了的信息，如我们要购买电器，如果在传统渠道可以直接去国美、苏宁，如果在网上可以直接去京东商城、苏宁易购；有些信息是通过广告（包括电视、互联网、户外、报纸等广告形式）获取，这也是产品或服务进行广告推广最原因所在；有些信息是通过非正式渠道获取，如家人朋友的介绍。

无论是那种渠道，消费者在这个过程就是尽可能的搜集相关产品资料，而且会尽可能地搜集最全面的资料，尤其是在一些价格高、技术含量高的产品对资料的全面性需求就更强。

这个阶段对电商企业尤为重要，因为这个阶段是直接引导消费者实现被动购买的最佳时机。

- 分析评估

当消费者搜集相关的资料之后，接下来就是对这些信息进行综合分析，比较，评价，然后做出筛选，做出相应的综合结论。在一次购买决策中，消费者的大部分能力都耗在从哪些备选的品牌中做出选择这一个阶段。毕竟，在现在这个商品过剩的社会，有时候一种产品（如白酒）可能会有几十个品牌，或者同一个品牌又有各种不同的款式类型（如三星手机），各种品牌和款式吸引了我们的眼球，这就需要消费者对所有的相关资料做出一个分析，一个评估。

我们在选择产品，分析产品和评估产品的时候有一个判断彼此备选品牌的价值尺度。在比较备选品牌的过程中，消费者根据这个价值尺度中的标准作出选择，我们把这个价值尺度称之为评估标准。

现实中，消费者对产品的评估标准有两个明显的特点：第一，在信息分析评估的过程中，消费者是以自己的选择标准来评价商品的，并不是根据商品的客观情况来进行理性分析的；第二，消费者在这个阶段，尤其是还缺乏了解的时候，亲朋好友和意见领袖等人的意见常常有着决定性的影响。如我去年想购买一款数码相机，但我对数码相机的相关情况并不是太了解，也搜集了不少的产品信息，做了一系列的对比，结果还是一头雾水，而我当时又有一个搞摄影的朋友，我去咨询它，他根据我的情况给我推荐了一款数码相机，他的决策对我非常重要，我最后就是购买他推荐的那款数码相机。

- 购买时候

再对产品进行综合分析评估之后，接下来就到了购买时候了，购买时候分为两个阶段：购买决策阶段和购买行为阶段。

① 购买决策阶段，这个阶段是消费者产生购买行为之前的最后一个阶段，在这个阶段，消费者对购买目标（包括产品品类、品牌、款式等），什么时候购买（时间），什么方式购买（包括网上购买和线下购买。网上在什么网站上购买，线下在什么店铺购买等），以及购买产品的原因（为什么要购买）都做出了相应的决策。

② 购买行为阶段，是指消费者对满足某种需求，在购买动机的指使下，产生以货币换取商品的行为。

- 购买后体验

购买后体验是指消费者在购得产品之后的一系列体验，包含 3 个阶段：产品使用、消费体验以及购后评价。

① 产品使用阶段，是指消费者对所购买的产品的使用，如对产品的消耗程度（指消耗品），正常报废与淘汰，以及购买后不满要求退货或退款等。这个阶段主要，消费者对产品使用情况反映出对所购产品的认可、接受以及满意程度的高低。

② 消费体验。消费体验是指消费者在使用产品使用过程中的消费感觉，主要包括产品的性能、产品的功效、产品是否满足消费者的心理需求以及产品售后服务等（电商行业还包括物流体验），这一阶段直接影响消费者的购后评价和下一次购买行为。

③ 购后评价。是指消费者对整个购买活动的综合评价，主要包括对商品名称

做出评价，对商品质量做出评价，对经营单位做出评价，对售后服务做出评价以及对物流体系做出评价。

- 购后行为

购后行为是指消费者在完成一次完整的购买之后，对这次购买行为的满意程度以及做出相对于的反映。其内容涉及 3 个方面：产品处理、忠诚循环以及厌恶反感。

① 产品处理，这里所说的产品是指当消费者决定不再使用某个产品时，做出的选择相应选择。产品处理可以有以下几个选择：1）保留这件东西；2）暂时放在一边；3）永久性、丢弃（见图 6-6）。对产品的不同处理情况从局部可以反映出消费者对所购产品的认可、接受和满意程度。我们可以通过产品不同的处置情况，来做出相应的差异化战略决策。

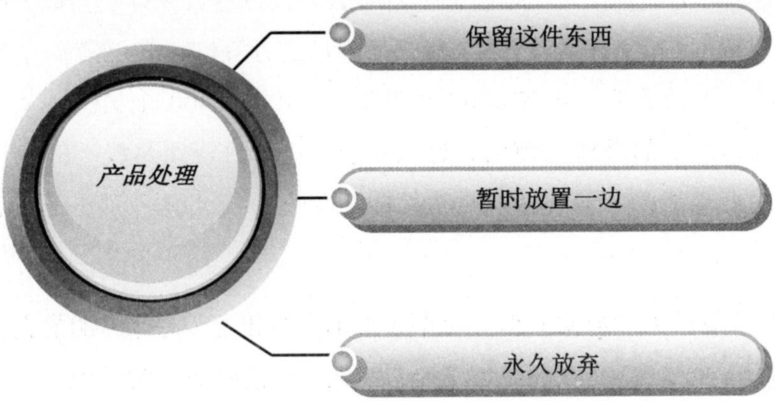

图 6-6　产品处理方式

当然，在很多时候，消费者会在旧产品还能使用的时候就购买新产品，这种理由包括：希望拥有新特色，个人环境的改变（如家庭装修旧冰箱颜色与装修颜色不合适而换新冰箱），或者个人角色或自我意识的改变（如追求最新最时尚的手机）。

② 忠诚循环是购后行为的一部分，是指消费者对购买行为的满意程度以及做出的相应反映，包括重复使用、再次购买，介绍他人购买。

③ 厌恶反感，这是与忠诚循环相对反的一种情况，是指消费者对整个购买行为极为不满意，主要体现在退货、索赔、不再购买、阻止他人购买等。

（2）微沟通

沟通是产品进行营销必不可少的一部分，这里所说的沟通，并不仅仅限于客户与客服人员之间的沟通，还包括 3 个部分：企业/商家将产品信息传递给客户、客户将需求信息传递给企业/商家以及客户将产品使用评价信息相互传递的一个过程。对于沟通，我们需要做到三点：

①“互动”是沟通的基础。微信、微博等平台之所以这么火爆，其最大的一个特点就是互动性很强。所以我们必须及时与客户进行互动，在这方面小米手机做得非常的好。小米手机一共有 4000 个员工，其中有 2400 个员工是从事客服工作的，无论是线上的微博、微信、论坛和空间等平台，还是线下的电话销售、店铺咨询，小米能跟客户进行非常密切的互动沟通，及时掌握客户需求的东西。

②“情感”是黏住人的秘密武器。每个人都不喜欢和一个冷冰冰的的人打交道，每个人都希望融入一个相互团结的平台。我在上课的时候，常常说一句话：我们的目的是为了销售产品。但是要想销售产品，就必须先销售人。因为只有把你销售出去，客户才能接受你的产品。而对于移动电商来说，我们的每一个客户其实就是一个团体，一个部落，因此我们必须要尝试性地让这个部落里的人群互动起来，产生情感。

③“价值”是品牌形象的象征。品牌是客户选择你的理由，而对于电商来说，这个品牌包括两个部分：产品品牌和平台品牌。但无论是哪一个品牌，在运营的过程中，我们都要以“价值”为上，只要你能为客户提供有价值的产品、有价值的内容，能满足客户的潜在需求，那么客户就会追随你。

（3）激发客户的购买

当潜在客户觉得购买产品所获得的理由大于所付出的费用时，顾客就会对该产品产生“购买欲望”。激发消费者“购买欲望”的因素包括：商品吸引力因素、顾客行为因素、网站品牌因素、客户服务因素以及用户体验因素等 5 个方面（见图 6-7）。

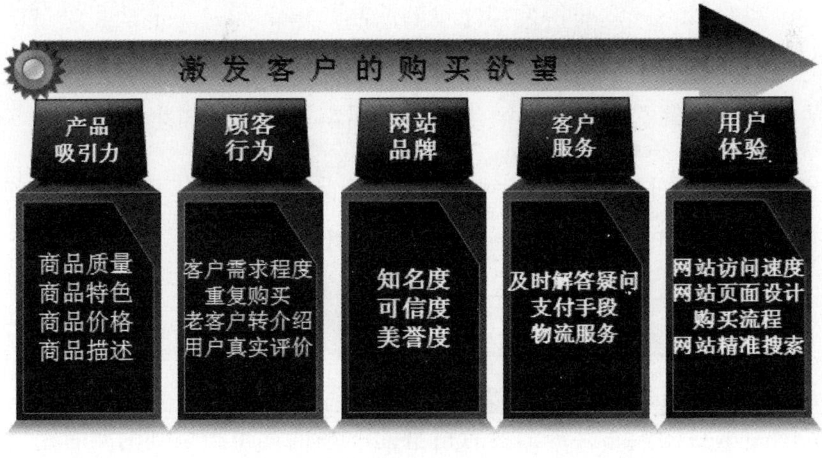

图 6-7　激发客户购买欲望的因素

- 产品吸引力因素

产品吸引力因素是直接刺激消费者产生购买欲望的最关键的原因，因为绝大多数的消费者购买产品的关键在于产品本身对消费者具有吸引力。没有吸引力的产品即使其他方面做得再好，消费者也没兴趣产生购买。对于电商而言，产品对消费者的吸引力的强弱取决于以下 4 个细节。

① 商品质量。没有人会喜欢质量差的产品，追求质量是消费者最基本的要求，所以电商在进行产品描述的时候，一定要对产品的质量进行详细描述。尤其是那些“吃喝”方面的东西，消费者对商品的质量尤其关注。

② 商品特色。有特色的产品肯定会比一般的产品更能吸引人，商品特色可以是商品的优势，也可以是产品包装，也可以是售后服务。据统计显示，有“30 天无条件退货”的商家会比没有这项服务的商家的销售额多 3 倍以上，推出“365 天无条件退货”的商家会比“30 天无条件退货”的商家的销售要好很多。

③ 商品价格。除了消费者对商品本身的需求之外，商品价格对消费者的诱惑力非常大，消费者不一定非得是买便宜的产品，但消费者一定是买自己认为“物有所值”的产品。对于销售而言，要记住这么一句话：消费者对价格是最为敏感的，价格低能刺激消费者的购买欲望，这是促销最基本的概念。

④ 商品描述。对于电子商务网站而言，商品的吸引力还与商品描述有关，比如文字描述，图片的清晰度，产品与模特的搭配等，消费者天生就对“美”的东西产生好感。

- 顾客行为因素

除了产品本身因素之外，消费者自身的一些因素也影响到消费者是否产生购买意愿，主要体现在以下 4 个方面：客户需求程度、重复购买、老客户转介绍、用户的真实点评。

① 客户需求程度。在前面的文章中已经说了，消费者的需求情况的强弱代表了消费者购买某产品的意愿的强弱。例如刚性需求的产品，消费者购买意愿很强，自然这类型产品对消费者的吸引力也就越大。如商业人士每天都要接很多电话，

进行商业的来往，突然有一天手机坏了，我相信这位商务人士一定会在最短的时间内重新购买一台手机。

② 重复购买。其实电商消费者有这么一种现象，对于还没尝试过网络购物的人来说，不太相信网上购物。虽然电商产品在价格上占有优势，但毕竟是虚拟的平台，看不到实物，很难给消费者实在感，再加上因为互联网制度和法律的不完善，现实中出现不少网购上当受骗的新闻，所以他们不太相信网购。但对于已经在电商有过购物经验（特别是有网购瘾的人）来说，他们已经在网购上尝到各种方便、好处和“甜头”，这一部分人群对网购的消费非常强。比如我，我是在2009年开始接触网购的，从此一发不可收拾，几乎所有的产品都是通过网购购买的，成为典型的网购依赖者。

③ 老客户转介绍。在销售行业中有这么一句话：陌生销售员对客户说50句话抵不上客户的亲戚朋友给它的一句建议。的确是这样的，每个人都有防御心理，尤其是在需要自己掏钱的事情上，但人同时也有这么一个缺点，他们会对身边所熟悉的人放松防御，甚至会主动去咨询意见领袖的建议。以我为例，因为我对电子商务比较了解，身边的朋友有网购的需求（尤其是首次网购者），基本上都会向我咨询意见，而且90%的人都会采纳我的建议。

④ 用户的真实评价。这一部分其实也是消费者想去了解一下其他用户的使用情况，常言道“大家说好才是真的好”。所以好评率高的商品，好评率高的网店的生意肯定会比一般的商品，一般的网店要好很多。

- 网站品牌因素

相信品牌的力量，是的，我们在任何时候都不要低估品牌的力量，品牌对消费者的影响力，品牌对产品的销售力。对于电商而言也是同样如此。顾客对你的网站是否产生购买欲望与你网站的品牌度有关。网站的品牌度表现在以下两个方面。

① 知名度。品牌对销售的核心作用主要体现在“认识”和“回忆”两个方面。“认识”是指你看到某个商品外形、商标、颜色等附属信息之后，你就会主动认出该商品的名字、功能及相关情况。如我们看到“KFC”字样我们就知道这是肯德基快餐厅。“回忆”是指当消费者有某种需求的时候马上就有相应的产品或服务第一时间在脑海中反映出来，如当我们要买空调的时候，我们立马会想到的是格力、美的等空调品牌。品牌的知名度需要通过媒体、公关、广告等传播手段来实现。

② 可信度。是指消费者对产品、服务或销售平台的信任程度。可信度是消费者选择你的原因之一。

美誉度，美誉度是指消费者对产品、服务或销售平台的喜好程度，是消费者在遇到同样需求的情况下是否愿意再次采取相同购买行为的衡量标准。

- 客服服务因素

没有卖不出去的产品，只有卖不出产品的人，这句话的意识充分体现了客户服务人员（即电商销售人员）在产品销售过程中的重要性。对于电商而言，客服服务主要体现在以下 3 个方面。

① 及时解答问题。电商消费者是没有耐心的，如果你很长时间内都没有对他所咨询的问题进行解答，他就会离开。

② 支付手段。让客户选择他认为最方便的支付手段就是为客户提供了良好的客户服务。

③ 物流服务。“最后一公里”对客户的体验有很大的影响因素，很多情况下，消费者对价格的重视度越来越低，对物流的要求越来越高。

● 用户体验因素

为客户提供最舒适的购物环境和购物条件，这是做营销最基本的原则。用户体验因素包括网站访问速度、网站页面设计视觉系统、购买流程、站内搜索精准度等 4 个方面。

① 网站访问速度。我相信没有任何一个人愿意等一个网站打开而浪费一分钟以上，一个网站如果在 3 秒钟之内不能打开，那么会有一半的客户流失。

② 网站页面设计视觉系统。即网站页面 VI 形象，简洁、舒适的页面会给人带来好的印象。

③ 购买流程。对于电商来说，千万不要想得到更多的客户信息而让购买流程复杂化。

④ 站内搜索精准度。这也是网民用户体验的因素之一。

4．激活

微信营销中，我们不仅仅要在乎每天增加了多少新粉丝，更应该去关注每一天有多少粉丝流失。微店也一样，我们除了要关注每天有多少有多少新客户购买我们的产品，更应该考虑如何激活旧客户进行购买。关于老客户的价值，我相信不用我说太多，大家应该也都非常熟悉了。对于微店，如何激活老客户（包括僵尸粉），主要可以围绕以下几个方面入手。

（1）研究客户的消费行为

我国的营销以及从计划经济的“产品时代”发展到市场经济的“消费者时代”，因此我们在做销售的时候，卖的不仅是产品，更是卖满足消费者需求的这项能力。这就需要我们对客户的消费行为做出分析，有相应的处理方式。

- 十一大消费者类型及应对策略

在销售和营销过程中，不管是广告、公关、促销、人员推广还是其他方面的营销手段，你越研究越会发现，我们研究的内容很多很多，但都离不开研究人，研究人类的行为，研究人类的个性特征。

① 十一类消费者类型。世界上没有一模一样的两片树叶，也没有一模一样的两个人。但我们总是希望能将所有的人类进行归纳，得出一些相似的特征。对于消费者的特征，归纳一些有以下 11 种：冲动型、经济型、主观型、知识型、目的购买型、随即购买型、比较型、视觉型、听觉型、触摸型等（见表 6-1）。

表 6-1 11 类消费者类型

消费者类型	特 征	应对手段
冲动型	语速快、说话声音大，对喜欢的商品马上买	趁热打铁，夸赞客户，促使顾客趁早购买
经济型	最关心价格，会仔细看价格，做对比，一般会先看中档商品	耐心给顾客做比较，从实用的角度给顾客分析，赠送小礼品
引导型	主观性不强，不定性大	给顾客讲述产品功能等，为顾客推荐合适其本身的商品，引导其购买
主观型	主观性很强，不喜欢听介绍，走路腰板很直，神情傲然	让客户自己做主，你微笑服务即可
知识型	斯文，注重产品的包装、品质	以专业性的介绍来打动此类客户
目的购买性	购买目的性强，会直奔主题，很少东张西望	先让客户购买，购买完成之后再做其他商品介绍

续表

消费者类型	特　征	应对手段
随即购买型	购买性不定	将店里的特色产品进行介绍，让顾客留下深刻印象
比较型	货比三家，可能问完价格就走人	这类客户如果第二次回来，就有 70%的把握，此时只需要旁敲侧击，基本能促成购买
视觉型	东看看，西看看	推荐产品资料，让其对商品更加了解
听觉型	重视营业员的讲解	要从品质、加工等方面详细地做介绍
触觉型	触摸来感知商品信息	对这类客户电商基本没办法，传统客户可以将商品递给它，让他慢慢去感觉。

② 人性十大行为。在和客户进行沟通的过程中，你会发现成功的交际行为都是利用了人类行为的特征。你会意识到，你越懂人的基本品质，你的沟通就会变得更加效果卓著。人类最常见的行为特征有以下十类：

1）人们会听从自信的领导。从商务上讲，人们会支持那些他们看作领袖的公司。有意思的是，这些形象可以是真实的，也可仅仅是形成的一种认知。这对你的意义就是，如果你在某一方面造诣颇深，那就要确保自己让别人了解你的学问，要经常做提升自我形象的事情。

2）人们集体行动中有趋同性。这是“羊群效应”最基本的一个反应。

3）对有限期压力的任务，人的回应会最佳。加上一个真实的期限和一个真实的理由，就能大大提升人的回应率。

4）人比较容易失去自我身份感。每个人会随着经历、年龄、知识层面等隐私的变换，会改变自己的一些观点，忘记过去的兴趣，接受新产生的兴趣。

5）人的注意有不完全的。人都是如此，我们专注于自己的状况，别人也这样。他们被自己的生活分散了注意力，他们不会理会我们。

6）喜欢浏览不喜欢阅读。很多人不善阅读，或懒于读书，所以信息要短而宜人。当然，不是说短的一定比长的好，而是说，如果一个词能达到目的，就不要多写。

7）人怀疑完美。事实上世界上也并没有十全十美的事情，没有十全十美的产品。所以我们在告诉你产品优点的同时，也要说说自己的弱点，坦诚也许是一种不错的销售方式。

8）对普遍性有认同感。人会对一些大家都认可的事情选择认同。

9）很多人热衷于权利与财富。一般情况下，财富对于很有吸引力，而权力对人的吸引力可能会更大。

10）很多人都懒惰。他们在选择产品的时候，比较喜欢知道常规和易行的公式，他们甚至不愿意做决定，希望有人帮他们做决定。

③ 人性十大弱点。人类的情感是脆弱的，它经不起外界的诱惑，更胜不了人性的弱点，而这些人性的弱点存在于每个人的骨子里。在现实中，人性的弱点也不少，而在销售和营销中，商家正在通过人性的弱点来进行销售和营销。

一切营销都是“发现需求（或挖掘需求）到满足需求”的过程，其实也可以视为：一切营销都是弱点营销，针对的都是我们与生俱来的人性弱点和后天养成的世俗判断。试想一下，想想你在电商大战中抢的打折货，想想你去香港国外抢购的奢侈品，想想你永远缺一件衣服的衣柜和找不到鞋的脚，想想你伸向淘宝的手和接不完的快递，想想你买房和理财的被忽悠史……你会发现，你的弱点被人家利用了，你的需求被人家开发了，你的欲望被满足了的同时你的财富被人家争取了。

人性的弱点，永远都是刚性的需求。最好的营销方式是一种引导的过程，绝不是让消费者自作主张的过程，而要引导消费者进入你的流程就是利用人性的弱点。那么人性的弱点有哪些方面呢？美国“成人教育之父”戴尔·卡耐基所著的《人性的弱点》一书由非常详细的介绍。我就不一一进行介绍，着重说说我比较看重的几个人性的弱点：

1）贪婪。不得不否认，在物欲横流的社会，贪婪是人类第一个人性的弱点，贪婪并不是人的本性，是人在私欲膨胀中滋生出来的一种不健康的心理，是人们在追求物质生活中，为满足自己的虚荣、享乐等需要而产生的一种心理状态。

著名歌手李宗盛曾在他的一首歌中这么唱道：你我皆凡人，生在人世间。终日奔波苦，一刻不得闲。既然不成仙，难免有杂念。道义放两旁，利字摆中间……的确这样，我们都是凡人，我们都有自己的金钱欲、权力欲、享乐欲和占有欲。梦想乃至朝思暮想能平步青云，富贵荣华。这种贪婪的心理在消费体现为欲壑难填。衣柜里面永远会少一件衣服，鞋子永远都没有最合适的一双。

2）好色。食色性也，这是人与生俱来的一个特征，不管是男性还是女性都有“好色”的一面。男人喜欢看美女，女人喜欢看帅哥，这是再普通不过的一种现象了。而这种现象在营销、广告、传播中最为广泛应用。如产品的代言人肯定是帅哥美女，广告中的人物也一定是爽心悦目。广告界有这么一句话：如果你的广告没有效果，请在广告中加入一个美女；如果还是没有效果，请让这个美女开始脱衣服；如果依然无效，就让这个美女赤身露体；如果还无济于事，那就换一个美女，重新再来。

不管你承认也好，不承认也好，漂亮的女孩、帅气的男生的销售能力就是会比一般的人的效果更好。所以在做销售的时候，我建议商家在销售的过程中，如果是男顾客就找漂亮的女销售员跟他对接，如果是女顾客，就找帅气的男销售员跟他对接，效果非常不错。

3）恐惧。每一个正常的人都想要的最基本的东西包括：健康、人身安全、食物、睡眠、金钱、父母子女的安好以及自重感等。当这些最基本的需求受到威胁的时候，他们往往会产生恐惧。如每个人都害怕生病，害怕死亡，害怕睡眠不足等。

而商家则正是利用了消费者的这种恐惧的心理，通过“恐吓”的方式将产品销售给客户。如国产奶粉经历了三聚氰胺事件之后，很多父母都会担心奶粉会对自己的子女健康造成威胁，于是纷纷去购买国外品牌，即便是国外的奶粉的价格已经超出了消费者内心的承受范围，消费者也一窝蜂地热衷于国外奶粉。

4）嫉妒。这里所说的“嫉妒”并不是一种不良的心理状态，并不是一种心理不健康的表现。我这里说的嫉妒是人的一种正常反应。只要人有自尊和自重，就会产生嫉妒的心理。因为我们经常会拿身边的人来做比较。

当我们是小孩的时候，长辈就会跟我们说，谁家的小孩很乖，不调皮；当我们是学生的时候，老师和家长就会跟我们说，谁学习成绩最好，在校表现最优秀；当我们毕业了之后，领导就会跟我们说，谁表现最杰出，长辈就会跟我们说，谁家小孩赚打钱了；当我们要结婚之后，家人就会跟我们说，谁家又换车了，谁家又发财了，谁家又买房了……

总之，我们从生下来就这样被拿来跟别人进行对比，自然自己也会有跟别人对比的心态，“嫉妒”就是这么产生的。如身边的朋友买了一个最新款的手机，过几天之后，我也肯定要去买一款这个手机。

5）自卑。自卑是指人们对自己缺乏一种争取的认识，认为自己做得不够好，或者不够突出，对自己缺乏信心，这是最常见的一种人性弱点。懂营销的人往往会利用人们的这种自卑的心理，展开一系列的产品销售，尤其是在与两性有关的周边产品上，可以说谁掌握了利用这种心理，谁就已经成功了一半。

这种手法犹如魔法棒一样有效，减肥广告的理念是“世界上只有两种女人，一种是美的，一种是胖的”；增高鞋的理念是“身高低给人带来不自信”，瘦身内衣的广告诉求“让你的身材变得更苗条”，很显然这样的广告诉求比“销量更好、质量最佳”等效果更有效。

6）贪慕虚荣。乔治·奥威尔曾经说过一句话：所有的动物都是平等的，但有些动物比其他动物更平等。我们一方面追求人人平等，一方面又希望自己成为不平等的那一部分人，希望自己有些“小特权”，以满足自己内心的优越感。这种意识在消费方面也体现地淋漓尽致，最典型的一个应用就是 VIP 的广泛使用。

VIP 是 very important person（非常重要的人）的意思。在商业领域，VIP 本来就是指创造 80%利润的那 20%的人群，这部分人群直接关系到企业的兴衰、员工的饭碗。因此，企业对这些 VIP 客户细心呵护，格外照顾。如银行 VIP 客户不用排队，航空公司 VIP 客户有单独的休息室等。

很显然，在商业的环境中，商家们正在努力营造一个不平等的环境，一边推出各种优惠增值服务作为诱饵，一边向客户灌输“VIP 并不是天生的，人人都可以成为 VIP”的理念，来刺激消费者贪慕虚荣的心理，而人总是希望自己成为多数人中拥有少数特权的人。

7）希望得到重视。人绝对是一个群居性动物，没有人愿意长期一个人生活在自己的圈子里，自得其乐。每个人都希望融入社会群体中去，希望得到别人的关注，希望得到别人认可，希望得到别人的尊重。威廉·詹姆斯说过，人性深处最大的欲望，莫过于受到外界的认可与赞扬。给予他人由衷的认可，和不吝啬的赞美，人们会感怀在心，牢记你的每一句话，甚至在你早就忘掉自己的赞美之后，他们依然视同珍宝般反复地从记忆中取出，慢慢地品味、咀嚼。

8）爱占便宜。人不一定喜欢便宜的产品，但一定喜欢占便宜，这是亘古不变的真理。试想一下，有谁不贪便宜呢？只要你曾经消费过，你就一定在各路商家的打折、免费试用活动中掉入过陷阱。在类似“清仓、免费、大甩卖、五折起”的招牌下，热血上涌，不能自制地兴奋、激动、迅速说服自己，进行原本不需要的额外或者过度的超前消费。

9）崇拜国外经验、名牌、名人。外国的月亮不一定比国内的月亮更圆，但国外的产品在很多人的心中中看起来比国内的产品更好。这就是为什么总有那么多人没有理由地买着、爱着、唠叨着国外货。这就是为什么那么多国货喜欢给自己起一个哼洋气的洋名字：味千拉面、培芝牛初乳、澳优奶粉、卡姿兰彩妆、鸿星尔克、阿尔皮纳、博西尼橱柜、欧典地板、Nicefeel 家居、香武仕音响等这些洋味十足的品牌，其实都是国货。

除了热衷于国外经验之外，消费者还热衷于名牌。事实上几乎所有的人都追求“高贵”，而高贵的含义就是“使用的产品价格高、凸显自己身份显贵”，而名牌正好满足了这种虚荣。几乎没有女人能在品牌面前不为所动。只要有可能，所有的女人都愿意穿着名牌，背着名牌，用着名牌。

不管你承认还是不承认，很多消费者之所以会选择使用某个产品，是因为他喜欢的明星也在使用某个产品。即使她知道张曼玉的那张脸并不是用玉兰油抹出来的，李嘉欣这么美也不是因为拥有欧莱雅，代言百事可乐的迈克尔·杰克逊压根不喝汽水……但是我们依旧因为产品上面有这个明星的图像，广告上有喜欢的明星代言而购买这个产品。

10）喜欢随波逐流。在法国著名社会心理学家古斯塔夫·勒庞的名著《乌合之众》中提到：在群体中，个人的材质和个性被削弱，群体往往表传出冲动、急躁、没有长远打算、情绪夸张与单纯、轻信、易受暗示等特征。这一现象从经济学来描述称之为“羊群效应”。羊群是一种很散乱的组织，可一旦头羊行动，其他的羊就会不假思索地一哄而上，全然不顾前面可能有狼或不远处有更好的草。

羊群式的盲从在人类中也经常会出现，一个群体里面一旦出现了意见领袖，他的所作所为都会竞相成为别人模仿的对象。

（2）如何激活客户重新购买

当我们研究完消费者的情况之后，接下来就该考虑如何激活他们了。对于如何激活他们，根据消费者的购买产品的情况，总的原则有两个：满足消费者的需求，消除消费者的风险。具体操作有：

① 提供针对性个性化页面。认真研究和分享产品以及消费者的需求，然后针对需求定期制作个性话针对性的页面。如我在给“健康送”生鲜电商进行运营的时候，我们经过深思熟虑之后，针对产品的特性、以及消费者网购生鲜产品的需求情况，针对性地制作了一个页面：孕妇套餐。

② 让客户参与进来。在运营产品的时候，你的消费者可能比你更熟悉你的产品，当然也比你更加了解他们的需求所向。因此我们在运营的过程中，我们必须想方设法让客户参与进来。

③ 打造良好的客户体验。客户体验是客户对你网站是否有好感，是否对你的网站忠诚，是否以后还会来光顾你的网站的关键所在。整个网站的运作过程，从网站策划、网站建设、网站运营、网站推广都是围绕着客户体验进行展开的。甚至可以说，客户体验是电子商务进行一切活动的核心。那么我们应该如何来打造良好的客户体验呢，如何让客户有种宾至如归的感觉呢。

④“微促销”。不管是什么渠道，也无论是什么产品，消费者对价格是最为敏

感的，因此要想让客户重新购买你的产品，可以考虑从价格方面来做文章，最常见的一种手段就是促销。促销的手段有很多，对于微店运营来说，最常使用的促销方法包括折扣、抽奖等。

5．铁杆粉丝部落

当经过上面一系列的工作之后，你的粉丝开始慢慢变成你的铁杆粉丝、你的忠诚客户。也就是说我们初步形成了“部落电商”。那么我们如何去运营“部落电商”，如何去维护铁杆粉丝呢？对于“部落电商”和铁杆粉丝的维护，最核心的一点就是三个字：影响力。

（1）影响力的决定因素

我们不能否认，互联网是一种思维，而电商首先是一种生活方式。要想培养和改变人的生活方式，就必须通过影响力这一手段。要想了解如何培养平台、企业以及产品在目标人群中的影响力，我们先得了解目标人群的需求。

对于目标人群，他们在找信息的时候，基本有如下三个明显的特征。

- 刺激—触发特征

营销的本质就是发现客户的需求到满足客户的需求的过程，在很多的时候都是因为某种需求才去执行某项活动行为的。如我们会因为饥饿，所以去吃饭；会因为实现自己的梦想而努力工作等。其实我们所有人都是这样的，我们会因为有某项需求而去选择某个行为。

消费者当受到某个因素的刺激之后，他就会产生一个行为，而且随着人的生活习惯的积累，长期执行这个行为就会产生一个固定的行为模式。也就是我们的行为习惯。如我们在购买书籍的时候，往往会选择去当当网购买；而购买家电的时候，可能会选择上京东；如果去看电影，可能会选择去拉手网、美团网等团购去购买。这就是我们的行为习惯，一旦受到某种刺激（如买书），就会触发某种行为（上当当购买）。

因此，电商不仅仅是一次渠道的变革，一次营销的变革，更多的可能是一次消费者行为的变革。

- 捷径一简单原则

我们生活在信息化层出不穷的社会中，每一天都要主动因为工作需要、生活需要或者其他方面的需求，去接受各种不同的信息。信息千变万化，人的需求也各不相同，因此要想巩固好自己的“部落”，就必须满足一点：帮助你的目标客户人群以最便捷的速度找到他们所需要的“产品”（包括信息）。这是消费者“时间效率”的一个体现。具体操作可以从以下方面入手。

第一、位置信息的控制。说到平台的重要性，我想有一个人他是深有体会，这个人就是以“打假”闻名的方舟子，最初他通过新浪微博平台揭发了揭发了很多名人的信息（如中国打工皇帝第一人唐骏假学历事件），使得方舟子很快就成为网络名人。然在 2012 年 8 月 13 日，方舟子出走新浪、走向搜狐，此后的方舟子犹如离开海洋的鲨鱼，尽管攻击力还在，敌人还在，但主场的观众已经不在了。没有观众的主场，还有谁会关注呢？

位置信息的控制从某种意义上来说是媒体平台的选择，不同的平台就代表着不同的人群、不同的流量，这对我们进行信息传递至关重要。

第二、知识信息的控制。要想让消费者以便捷的方式找到他们所需要的信息，我们就必须提供他们所需要的知识，而且对知识的控制非常强。这就好比我们生病了，我们都不会不假思索的去医院治疗，老老实实的听医生的话，乖乖地交费（从来没有讨价还价一说），医院之所以能做到这一点，就是因为他们对知识信息（如医学知识）的控制。我们通过互联网进行产品销售的时候也是一样，我们必须对最专业的知识信息进行掌握。

• 认识—对比原理

大千世界，产品万千，信息千万，完全的商业化社会给大家提供了太多选择商品的可能性。开放的互联网为所有人提供无数想要的信息咨询，这使得互联网受众的信息选择性更多，使得企业要想在互联网上实现自己的目标的难度愈加困难。这就好比我最近在选择购买一块手表一样，太多的选择给了我对不同手表品牌的认识以及对比。

这种认识和对比不仅仅在产品的选择过程中出现，在信息平台和购物平台的选择上也同样会出现。要想让你的平台在这方面获得优势，除了在内容信息上进行把控之外，还可以从以下几个方面入手。

第一，专一。尽管在现实生活中，我们每个人都需要接受各个方面的信息，但是对于经营产品来说，我们不能讲所有的消费者需求的信息都包括了。更多的情况下，我们应该结合产品和消费者的需求特点来做“减法”，要想经营好企业的互联网平台，就必须解决一个问题：如何帮助消费者把时间花在有价值的事情上？而要做到这一点，我们的企业互联网平台首先是能满足为大家（主要是目标客户）提供知识和捷径的平台。

第二，重复。绝大多数的社交平台并不是一蹴而就的，更多的是经过漫长的时间积累所建立起来的。这就要求我们从建立互联网平台开始，就需要不断的塑造权威平台的形象，而这需要我们一遍一遍不断地围绕着某个内容（某个主题）来发展。

（2）权威

每当我们面对一些选择的时候，在我们的背后总有一些推动的因素，他们使我们自然而然地想到答案。而且这些推动因素的存在是有着充分的理由的，甚至正是因为这些推动因素的存在，使得我们顺从。这些因素我们可以将其视为“权威”，无论在什么时代，我们从出生之日起，社会就告诉我们，顺从权威是正确的，违抗权威是不对的。如我们从小就顺从父母的教育，而等我们长大之后，我们又要顺从老师的教育，进入社会之后我们又要顺从公司的制度、社会法律的约束。

当然每个人并不是天生就选择顺从的，只是历史告诉我们，选择顺从权威人士的命令，总是会给我们带来一些实际的好处。如在学习，我们听取老师的一些意见，这些意见会对你的成长有很大的帮助，会使你变得更加博学。所以我们愿意去听老师的教诲。

建立权威信息平台对于企业来说，在维护铁杆粉丝方面有着非常重要的作用，记得我当年大学毕业的时候，我对社会和工作都处于懵懵懂懂的状态。为了使自己能快速地成长，我找到了最好的办法，那就是多去听听公司员工（前辈）的意见，多去听听其他企业家的意见，因为我相信这些权威的信息（至少我当时是这么认为的）可能会指导我在未来的工作中应该如何行动。

既然在前面我们已经说到权威是如此的重要了，那么哪些因素能影响权威呢？

第一，头衔。头衔是最难也是最容易得到的权威的象征，因为正常来说，要得到真正的头衔必须付出多年的艰苦努力。例如我在大学教书，很多人都叫我老师，对于老师这个权威的头衔，并不是轻而易举就能得到的，需要我长达十多年的求学、以及刻苦研究才能得到。当然，也有人会毫不费力地给自己贴上个标签，就轻而易举地得到他人的自动顺从。在社会新闻里，我们经常会看到一些骗子喜欢给自己冠上各种头衔，做权威人士的打扮，带相关的身份标识，衣冠楚楚地从高档汽车钻出来，自我介绍说是某某某医生、法官或专家。

对于这些骗子，先不说他们是不是合法，是不是符合道德，但至少可以证明一点，头衔有可能比当事人本身更能影响人。就好比同样一句话，从普通人口中说出来和从名人口中说出来，效果差距非常大。而影响这差距的不是其他，正是头衔。在绝大多数情况下，头衔就代表权威，除了能使人表现更加恭顺，还能让这些拥有头像的人在其他人眼中显得更加高大。

第二、身份标识。身份标识是体现出你权威的另一个方面，比如，现如今我们生活中有很多媒体资源，有电视、网络、报纸、杂志、还有自媒体等，但针对这些媒体，同样一条新闻在不同的媒体报道，相比网络和自媒体而言，我们可能更加相信电视和报纸；即便是针对电视而言，我们绝大多数的人对中央电视台提供的信息更信任。之所以产生这种差异，原因就是身份的标志。

身份的标志在社会化媒体营销过程中也同样出现，如在进行微信营销、微博营销的时候，我们经常会出现微信矩阵、微博矩阵（矩阵是指企业有很多微信公众平台或微博公众平台）。对于各类型微信公众平台或微博账号，他们传播的特点不一样，但是就权威性来说，我们更加相信企业的官方公众平台或官方微博。

第三、知识的掌控性。尽管绝大多数的浏览者在阅读信息的时候，是采取简单的阅读方式，但是真正要想打动人，要想让人信服，还得取决于信息知识本身的掌控性，尤其是在产品传播过程来说更是如此。在很大程度上，我们的用户对我们所介绍的知识有一定的了解，甚至可以说是半个专家，因此当我们说出自己的想法和自己的观点的时候，能不能打动人，能不能吸引人，这就需要我们对知识进行掌控。

（3）喜好

我们大多数人总是更容易答应自己认识和喜好的人所提出的要求，甚至在我们的消费过程中，友谊的吸引力、温情感、安全感和义务感全都被带到销售的环境中。如我们在决定是否购买某产品的时候，社会纽带的影响要比消费者对产品本身的好恶要强得多，对于这一点，恐怕不会有人感到吃惊了。那么可以从哪些方面来提升铁杆粉丝对平台的喜好呢？

第一、给铁杆粉丝一个喜好你的理由。消费者选择一个平台、选择一个产品的理由是有很多的，它可能是喜好你的企业，也有可能是喜好企业里的某个人。但不管怎么样，无论是企业或者企业的某个人，我们都需要做到一点，就是树立自己的外表魅力。如给企业或品牌树立正面的形象，或塑造企业某个人的正面特点，如有才华、善良、诚实、聪明等。

第二、接触与互动。每一个铁杆粉丝，其实就是一个活生生的人，他们跟所有的人一样，他们希望能得到你的特别关注。要想让他们喜欢你，你就得像政客一样，多和粉丝互动沟通，只有这样，你的粉丝才会对你不离不弃。

第三、承诺和一致。要想让粉丝喜欢你，信任是最基本的，而建立信任的基本就是你现在的行为要和你过去所做的任何事情保持一致。

第 7 章

移动阅读

2009 年 4 月公布的“第六次全国国民阅读调查”显示，中国大约每四个成年人中就有一个使用互联网、手机等各类数字媒介进行阅读，边走边读的现象变得非常常见；而在 2010 年易观国际发布的《中国手机阅读市场用户调研报告 2010》中称，手机阅读已将成为移动互联网用户使用频率较高的应用之一，每天阅读一次及以上的用户占比达到 45%。

7.1 移动阅读概念

1．概念

移动阅读很显然是利用移动互联网通过手机、平板电脑进行电子信息在线阅读的一种方式。目前移动阅读有两种方式，一种是以手机、平板电脑为载体，可通过访问 WAP 站点直接浏览，或者在手机上下载一个手机阅读的客户端软件进行阅读，使得手机客户端不仅可以在线阅读，还可以将图书下载到手机上进行离线阅读；另一种方式则是以专用的电子书如电子阅读器为载体来进行阅读，如通过汉王、华为、大唐电信、方正等多家终端厂商推出内置 3G 模块的 G3 阅读器，进行在线阅读以及 WAP 网络阅读。

2．分类

按移动阅读产品内容形式进行分类，移动阅读一般包括电子书（含网络文学）、电子报、电子杂志和手机动漫等。在具体表现形式上，包括纯文本、图片、文字+图片（如图文书、彩信手机报）、音频（如听书等）、视频（如富媒体电子书、培训教程等）等。

从用户接触内容的渠道上划分，移动阅读可以分为基于手机短信、基于 WAP 站点、基于应用和 Web 应用等途径进行的阅读。

根据内容获取方式的不同，还可以分为离线阅读和在线阅读两种。

7.2 手机报

1．手机报概念

手机报是依托手机媒体，由报纸、移动通信商和网络运营商联手搭建的信息传播平台，用户可以通过手机浏览到当天发生的新闻。它的实质是电信增值业务与传统媒体相结合的产物。3G手机报的推出，使得个人、企业或政府单位能够建设自己的手机报，如发送政务手机报、企业内刊、行业手机报、客户手机报等，是企业客户关系处理、企业内刊、企业内部沟通、广告传播的一种新途径。

手机报的实质是最新电信增值业务与传统媒体相结合的产物。具体来说，手机报是将传统媒体的新闻内容通过无线技术平台发送到彩信手机上，从而在手机上开发短信新闻、彩图、动漫和WAP（上网浏览）等功能。

2．手机报的发展历程

手机报成立于2006年8月1日，致力于打造网络新媒体，以学习教育为主，发展传统媒体与网络媒体。2009年年初，中国移动在浙江杭州设立手机阅读基地，并深度整合内容资源，高调发展手机阅读。随后，中国电信和中国联通也分别在杭州和长沙设立阅读基地。2012年，中国移动、中国联通和中国电信三大电信运营商实现的移动阅读收入达到58.86亿元，占我国移动阅读市场总营业额收入的九成以上，是移动阅读的绝对领导者。即便是在现在，尽管有更多的手机阅读方式出现，但手机报凭借庞大的用户群、强大的资金实力、成熟的结算通道以及先天的传播渠道和营销推广方式，一直在手机阅读产业链中占据领导者的地位。

3. 手机报操作模式

手机报的阅读方式有三种，一种是彩信手机报模式，这种模式类似于传统纸媒，就是报纸通过电信运营商将新闻以彩信的方式发送到手机终端上，用户可以离线观看；另一种是 WAP 网站浏览模式，这种模式是手机阅读用户通过访问手机报 WAP 网站，在线浏览信息，类似于上网浏览的方式；除此之外还有一种 APP 应用客户端模式，这种模式是针对智能手机用户，通过手机下载相应的 APP 应用客户端，可以第一时间进行新闻提醒、新闻推介，这种模式使用起来比前两种更为便捷、直观。

7.3 电子书营销

通过 WAP 站点直接点击网站，这种阅读方法基本上跟电脑端上网阅读没什么区别，在本章中，我不做过多的阐释，重点阐释电子书阅读。

关于电子书，其实并不是一个什么新型的词汇，电子阅读器发终端发展已很久，而真正引起人们关注的应该是在 2009 年，那一年可以说是电子书发展非常迅速的一年。在那一年各类厂商纷纷进入中国电子阅读器市场。从电子阅读器终端厂商来看，除了汉王、翰林、易博士、易迪欧等品牌之外，方正文房、大唐、三星、艾利和等品牌也相继融入市场，电子阅读市场可以说是真正的百花齐放。如今随着智能手机的广泛使用，以及电子书阅读器价格的逐步降低，当前我国电子出版业正快速增长，2011 年，美国亚马逊公司 Kindle 电子书的销量已经超过纸质书，国内数字出版领域的领跑者如方正、中文在线等也已经开始发力。与此同时，国内互联网巨头百度、新浪、腾讯等也纷纷涉足数字出版业务，如淘宝网推出淘花、腾讯推出了手机 QQ 阅读，百度推出了手机版百度文库等。可以说手机阅读正在改变图书出版发行的模式。

电子书又称为电子阅读器，是一种专业数字内容如电子图书、电子报纸和电子文件等的承载终端。目前电子书一般为用户提供 Wi-Fi 或运营商网络连接，用户可以直接下载数字内容进行阅读（见图 7-1）。

图 7-1 移动阅读

7.4 APP 阅读应用

随着移动互联网的迅猛发展，移动阅读产业的技术门槛正在不断降低，基于 Google 安卓、苹果 iOS 以及微软 Windows Phone 平台的阅读应用呈喷发势的发展状态。以苹果为例，截止 2012 年 12 月，苹果的 APP Store 上教育类应用占比 10.34%，图书类应用占比 7.47%，新闻类应用占比 2.69%，三者相加站全部应用的二成以上。在安卓平台上，各类阅读应用占比也超过二成。

几乎所有的主流的数字出版企业都开发了 APP 阅读软件，如 QQ 阅读、熊猫看书、当当读书、京东 Lebook、亚马逊 Kindle 等阅读软件平台。此外，各大新闻门户网站之间也在移动阅读工具上竞相亮相，百度新闻、网易云阅读、新浪新闻、搜狐新闻等主流新闻阅读应用纷纷涌现。与此同时，传统媒体也将 APP 阅读工具作为其数字化转型的重要方向，具有品牌影响力的知名报纸、杂志几乎都推出了自己的 APP 阅读工具。

当然，在移动 APP 阅读领域，像 Zaker、Flipboard、酷云阅读、鲜果联播等社会化媒体聚合类 APP 也可以说正风生水起，占据了一席之地。另外值得注意的是，微信、微博等社交网络将成为专业内容浏览的重要平台（见表 7-1）。

表 7-1 各种类型阅读 APP

类 型	代表企业（产品）
门户类	百度文库、新浪读书、QQ 阅读、网易云阅读等
电子商务类	当当读书、京东 Lebook、亚马逊 kindle 阅读、淘宝读书等
专业阅读类	云中书城、掌阅（iReader）、熊猫看书、Ggbook、百阅、多看等
内容提供商类	亿部书城、中信飞书等
咨询聚合类	Zaker、Flipboard、酷云阅读、鲜果联播等
社交网络类	微信、微信公众平台、微博等

7.5 阅读类 Web 应用

除了上述的几种移动阅读之外，移动互联网的快速发展，使得手机浏览器市场也变得异常火爆。手机浏览器是一种用户在手机终端上通过无线通信网络进行互联网内容浏览的移动互联网工具，其最重要的应用为网页浏览，同时也可以聚集大量的应用，如导航、社区、多媒体影音、天气、股市等，为用户提供全方位的移动互联网服务。

近年来随着 HTML5 技术的日益成熟，网页应用的用户体验和各种 APP 的用户体验的差距正在缩小，移动 Web 应用将在未来的移动阅读市场中迸发出巨大的市场能力。

附：常见的移动阅读软件

1．Pocket

阅读软件 Pocket 被 APP Store 评为 iPhone 和 iPad 的最佳应用程序之一，有超过一千万人使用。与其他的阅读应用不同的是，当用户在其他地方看到喜欢的文章、视频、网页以及其他内容，但当下又来不及阅读时，用户可以把所有内容收集到 Pocket 中，之后可以通过手机、平板、PC 等多种设备查看，即便是在没有网络的情况下。用户发现感兴趣的内容时还可以通过电子邮件把链接发给自己，或者将选项卡堆叠在浏览器中，持续跟踪这些内容。Pocket 不仅可以从 PC 上手机阅读内容，它最大的强项是还可以收集 APP 上的内容。Pocket 支持 300 多个应用，阅读面非常庞大，但多以国外阅读软件为主。

软件性质：免费软件

软件大小：23.9MB

系统要求：需要 iOS 6.0 或更高版本，与 iPhone、iPad、iPod Touch 兼容，另有安卓版本。

2．Instapaper

这款应用提供了储存文章来阅读的最简单方法，任何时候、任何地点都可以，并且用完美的格式化来阅读。Instapaper为iPhone、iPad和iPod Touch提供手机优化的文本视图，将大部分的网页保留为文本形式，除去全尺寸的版面来为iPhone和iPad的屏幕量身定制。可在用户的智能终端里存储多达500篇文章，并且在Instapaper的网站上无限量存储文章。支持离线阅读，在飞机上、地铁里、电梯中以及其他没有移动信号或Wi-Fi接入的情况下都可以继续阅读。在一些细节设计上也相当贴心，比如提供夜间阅读的黑暗模式和亮度控制，当用户所在位置为日落时间时，还能够自动完成模式切换。

软件性质：收费软件

软件大小：16.9MB

系统要求：需要iOS 7.0或更高版本，与iPhone、iPad、iPod Touch兼容。

3. 掌阅iReader

掌阅iReader被称为“全本连载小说的集结地”，到去年年底已经拥有超过20万种的正版图书资源，与300多家优势版权机构形成了战略合作，也因此能够长期位于阅读类应用畅销排行前三甲，日均活跃用户更是早已达到千万级别，累计用户超过3亿。

在产品功能方面，掌阅iReader推出了护眼、多媒体、云存储、社交分享等功能，尤其是护眼功能堪称亮点。通过实现过滤可见光中对人眼伤害最大的短波蓝光，最大程度减轻阅读过程中用户所受蓝光辐射对眼睛的伤害。启动护眼模式，可以看出相对柔和的滤镜效果立即得以显现，无论背景还是字形都少了一份锐利感，更适应个人视觉习惯，长时间阅读的视觉疲劳感也有所降低。

在最新的版本中，掌阅对其书城进行了全面改版优化，本地书架更换，增加精品书模板，个人中心增加第三方登录，包括QQ账号登录、新浪微博登录等，此外侧面栏还增加了扫一扫功能。

软件性质：免费软件

软件大小：19.4MB

系统要求：需要 iOS 6.0 或更高版本，与 iPhone、iPad、iPod Touch 兼容，另有安卓版本。

4．网易云阅读

这是网易推出的一款综合性的移动阅读应用，提供包括超过 10 万本精品图书、超过 3000 本杂志以及海量的互联网资讯、精美图片相册等内容，支持阅读 Google Reader、有道阅读、RSS、微博和 QQ 空间。用户可以一键阅读自己和好友的微博、博客、QQ 空间等社交主页。另有专业编辑团队精选财经、科技、汽车、体育、娱乐、时尚、视觉、人文、社交、生活、书籍等资讯内容，分类呈现，实时更新，用户可以自由添加内容，实现个性化阅读。

在具体设计方面，版面界面和布局精致而富有美感，可调节字号、亮度和翻页效果，带用户找回阅读的美好体验，同时有夜间模式保护用户的视力。强大的离线下载功能，用户可以用 Wi-Fi 预下载文章和图书，没有网络时也能继续阅读，此外还有智能清理缓存的功能。

软件性质：免费软件

软件大小：40.9MB

系统要求：需要 iOS 5.0 或更高版本，与 iPhone、iPad、iPod Touch 兼容，另有安卓以及 Windows Phone 版本。

7.6 移动阅读营销

对大部分用户来说，使用媒体和信息工具的核心目的应该是以下三条：寻找、分享、创造。关于分享和创造，应该说已经被很多媒体意识到了，很多媒体正在通过各种手段和工具鼓励读者进行分享和创造。

既然读者的目标是“寻找”信息，那么媒体平台或者工具所能做的就远远不止提供高质量内容这一件事。

首先，作为新媒体工具或服务，必须能够让用户“寻找信息”的成本尽可能低，这个可以从以下 6 个方面努力。

（1）把质量高的文章优先推荐给读者，在同一时间区间内，根据文章质量对文章进行排序。既然现在所有的文章都可以方便地被社交网络分享了，那么换句话说我们完全可以通过社交网络对文章的反响进行分析，决定将受欢迎的文章排在前面。

订阅界面可自动记录用户近期的阅读频道，将用户常看的频道默认放至最前排。同时提供置顶频道功能，可将频道放在最前，且不受自动排序功能的影响。

（2）按照物以类聚、人以群分的原则，让读者优先看到那些被和自己类似的人所推荐过或者赞赏过的文章。这一点做起来比较难，需要首先能够对读者的身份和兴趣属性进行分析，但也不是没办法。想想亚马逊怎么卖书的，读一读《大数据》这本书，就知道其实文章也可以通过同样的算法手段来“卖”。本着认真负责的态度，我在此特别强调这个地方千万别做成那种在一旁喋喋不休说你的好友谁谁又看了什么、转了什么、赞了什么的体验，一方面这有点侵人隐私，一方面也分散了用户注意力，还毫无实际内容推荐价值。因为，好友并不代表着共同的兴趣属性。

（3）在读者所阅读的每篇文章之下为其推荐相关文章。这需要通过语义分析对文章进行分析，还需要有足够的文章库和一套关联算法。如果同时可以结合对内容质量的判断和排序，这样的推荐显然可以大大减少读者“寻找信息”的时间，更好的是，还可以增加读者的阅读量和停留时间（说到这里，严重鄙视一下那些把一篇高质量长文章拆成八块给读者看的网站，让读者点击 N 次“下一页”才能看完整篇文章，你们这算是为读者考虑吗？！这种手段换来的广告展示数和 PV 让我不屑一顾）。

（4）区分深度阅读文章和碎片快讯类文章，让读者根据自己的时间和需求来看。不要光想着“荤素搭配吃饭不累”了，如果把值得精读的文章和新闻快讯类文章放在同一个列表里，这其实会增加读者的寻找成本。或许会让读者在一篇其实看标题就足够的快讯上浪费了一次点击，也或许会让读者因为时间匆忙而无暇细看一篇本来可以打动他的精品文章。

（5）考虑到屏幕尺寸的限制，移动新闻阅读工具应该避免用内容报道所覆盖的领域作为标尺来设置不同的栏目 / 频道。比如像通信、消费、汽车等这种分法就都不对，因为你永远无法用细分来满足全部用户需求，而每一个满足了某类用户的细分频道，都意味着其他频道同时在浪费宝贵的手机版面。

（6）如果可能，去打通各个媒体平台，让文章不再有疆界。

第 8 章

移动视频

其实这部作品的完成至少可以提前一年的，耽误了这么久的原因就是我用了一年的时间去研究、完成了我的第三部作品《30 分钟玩转视频营销》。之所以做这样的决定，一是因为国内目前还没有关于视频营销的书籍出来，但视频营销、微电影营销早就成为网络营销中的重中之重，所以我作为一个传媒方面的研究者，出自于一个网络营销人的职责，应该尽自己的一份力量，去完善视频营销这部分国内的空缺；二是我从事网络营销 7 年了，服务了很多的企业，这些企业包括工业品、也有快消品，每次跟他阐释营销方案、或做网络营销培训的时候，总是要重点介绍视频营销，而且我也一直都觉得视频营销无论是建站、推广、运营还是品牌传播，都太重要了。

正是因为对视频营销的如此重视，我在写作移动互联网营销的移动应用软件时，就把移动视频营销独立出来撰写。

8.1 移动视频的概念

1. 概念

移动视频是指利用 GRPS、EDGE 或 3G 网络数据服务，在支持流媒体格式播放（Windows Media、Real、3GPP）的手机上观看直播电视节目、下载视频、音乐片段的一种视频模式。

2. 观看方式

目前移动视频的观看方式主要有两种：第一种是通过 WAP 方式在线直播或点播，即在手机直接观看电视直播频道或为手机视频客户端制作的循环播放的视频内容；第二种是下载视频客户端方式，下载播放，也就是将节目完整下载到手机后，存储在手机终端上再进行播放。

3. 移动视频的优点

关于视频营销的优势在我的第三本作品《30 分钟玩转视频营销》进行了详述，我在这里就不过多介绍了。在这里我要重点说说移动互联网的一些特点：第一、满足用户在移动展台下获取信息和娱乐的需求；第二、能够长久保存精彩瞬间的视频文件，并可通过“好友推荐”功能与他人进行分享与互动；第三、移动视频节目丰富，汇聚多家合作伙伴提供丰富的视频，用户可任意点播观看自己喜欢的内容，随心所欲。

8.2 常见的移动视频类型

1. 微型视频

随着网络电影电视的丰富与多元化，人们很难将一部长达九十分钟的电影分秒不落地看完，而是选择“跳着看”，这样就错过了精彩的视频段落。人们更专注于精简省时的小视频、微播客，微视的出现正好满足了人们的需求。

微型视频的时间通常是 5~30 分钟，因为时间短、占内存小，便于人们下载与收藏，所以微型视频将成为移动视频的主流与趋势。

2. 微视的概念

从本质上来看，微视是属于腾讯网的一款独立的 APP 应用软件，其定位是基于开放关系链的 8 秒短视频分享社区、用户通过 QQ 号、腾讯微博以及腾讯邮箱账号登录，可以将拍摄的短视频同步分享到微信好友、朋友圈、腾讯微博等平台的一种视频形式。

微视虽然只有短短 8 秒的短视频，但完全可以设计广告视频宣传推广，因此微视营销跟微信、微博一样，也将成为移动互联网营销中重要的社交平台。除此之外，微视跟其他的移动视频不同之处还在于以下三个方面：

第一是产品形态。目前市场上大部分视频软件都是APP工具或插件，而微视则是一款独立的社交产品，从登录、分段拍摄、即时分享到转评、点赞等互动，能够在同一平台完成，加载和读取速度也很快。

第二是社交属性。用户除可通过腾讯微博、腾讯邮箱登录之外，只要有微信或手机QQ其中之一在线，便不需要再输入用户名和密码，即可实现快速登录。用户发布微视后，可以将内容同步到腾讯微博和微信朋友圈，亦可轻松分享到微信好友、Qzone和新浪微博，无缝触及好友。

第三是腾讯“微社交”平台优势。开发一个类似微视的产品不难，难的就是它的持久生命力，而这生命力除了自己本身的优势之外，更重要的取决于产品依托的平台，而微视依托平台的优势也是其最大的优势所在。大家都知道微视“背靠”腾讯，而腾讯QQ、腾讯微信等软件已经成为智能手机里的基本配置，用户数巨大，同时微视与微信、QQ等腾讯平台无缝连接，使得其在社交能力上不容忽视。

8.3 微视操作流程

为了更好地阐释移动视频的相关概念，我们以移动视频中最常使用的微视作为案例进行介绍，至于其他视频，大家可以去阅读我写的作品《30分钟玩转视频营销》。微视的操作流程大致如下。

1．准备工作

跟其他营销一样，既然微视营销是为企业服务的，那么在运营微视的时候，我们要提前做好相关的准备工作，主要包括：

（1）下载微视 APP 应用软件。微视应用软件是进行微视拍摄、制作、上传、分享、传播的平台工具。

（2）根据自己的产品和行业定位自己的视频类型。微视营销既然是为企业的移动互联网营销服务的，那么在从事微视营销之前，应该确定自己的微视类型。如微视账号，对于微视账号的定位，最简单的办法就是根据你企业所在的行业和产品来进行定位。如你是卖化妆品的，你可以设计成为一个美容俱乐部；如果你是做服装的，那么你可以设置搭配潮流风等。这样的设计有助于分享视频，吸引粉丝订阅，为营销做准备。

（3）准备 QQ 号码、腾讯微信或腾讯微博号，为微信登录注册账号做准备。

2．登录微视

微视登录操作非常简单，跟登录其他的移动应用软件一样，首先点击微视应用软件（见图 8-1），将进入微视登录页面，通过 QQ、腾讯邮箱、腾讯微博等进行登录，当然如果你的微信或手机 QQ 已经登录上线了，你也可以选择通过微信、QQ 快速登录（见图 8-2）。

图 8-1　点击微视软件

图 8-2　注册微视

登录微视之后，进入微视页面，在微视页面的下方，有 5 个按钮，其功能分别为：

- “主页”主要是展示用户所关注的人拍摄并发表的微视频，这样你就可以随时查看他们的动态了（见图 8-3）。值得注意的是，微视的浏览方式是滑动浏览，页面中的视频会自动播放，滑过的视频暂停播放，单击视频可以暂停；
- “动态”所展示的就是用户所关注的人的相关动态，如他们所转发的微视（见图 8-4）；
- 中间的圆形为拍摄按钮；
- “发现”主要是微视官方推荐的微视内容（见图 8-5）；
- “我”则是对用户的账户信息、视频信息等相关内容的设置（见图 8-6）。

图 8-3 微视“主页”页面

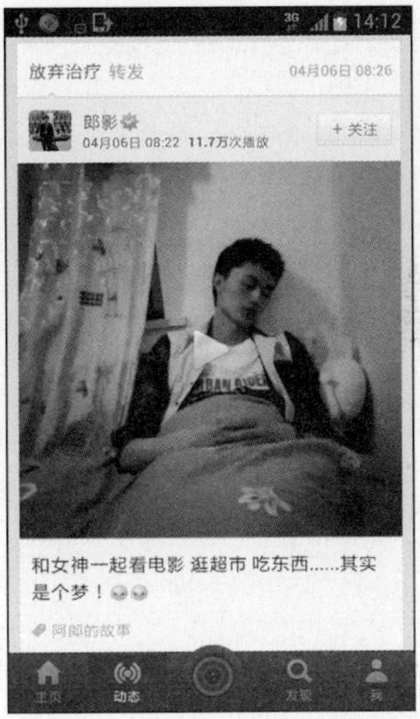

图 8-4 微视“动态”页面

图 8-5 微视“发现”页面

图 8-6 微视“我”页面

3．微视拍摄

微视的拍摄也非常简单，点击微视中间的圆圈，进入拍摄状态（见图 8-7），点击“延时”按钮，就可以进入拍摄。当再次点击“延时”按钮，会出现 3 秒倒计时，3 秒后开始自动拍摄，拍摄中途可以点击屏幕停止拍摄，然后你可以换一个场景，继续拍摄。如不点击，则拍摄 8 秒后自动停止。

如果你对上一段拍摄视频不满意，可以按“回删”按钮进行删除，按一下，上一段视频进度变红，再按一下则完成删除工作。

当然你也可以点击“视频”按钮，从已经拍摄的视频中，截取不超过 8 秒的一段视频（见图 8-8）。通过墨绿色图标可以左右移动来截取你所需要的视频。

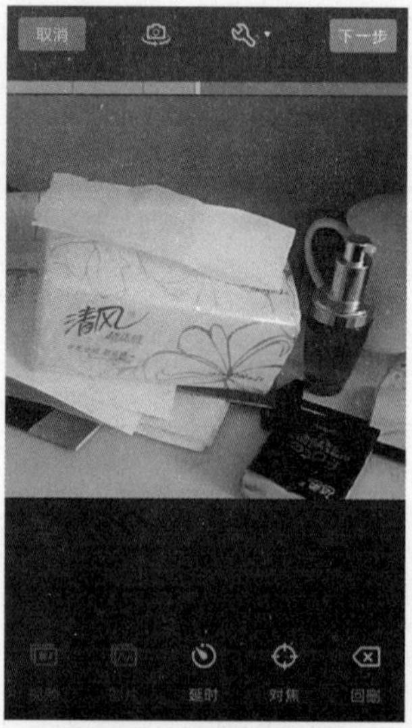

图 8-7　微视拍摄

图 8-8　本地视频截图

在拍摄过程中，还有一些辅助工具。如对焦，对焦按钮让你寻找拍摄角度，按一下对焦按钮，再按住拍摄焦点，就会完成自动对焦。对焦完成后，需要再按一下对焦按钮，取消对焦状态（见图 8-9）。

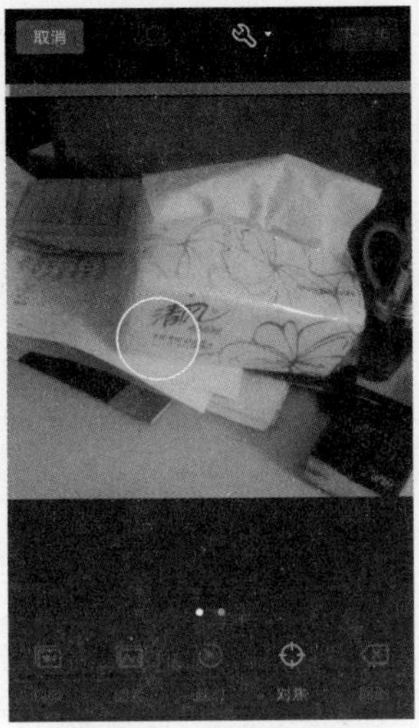

图 8-9　视频对焦

除此之外，还有“网格”、“闪光”等功能（见图 8-10），具体操作流程就是点击视频拍摄上方的“工具”按钮，选择“网格”或“闪光”按钮，就会出现网格或闪光，再按则取消。

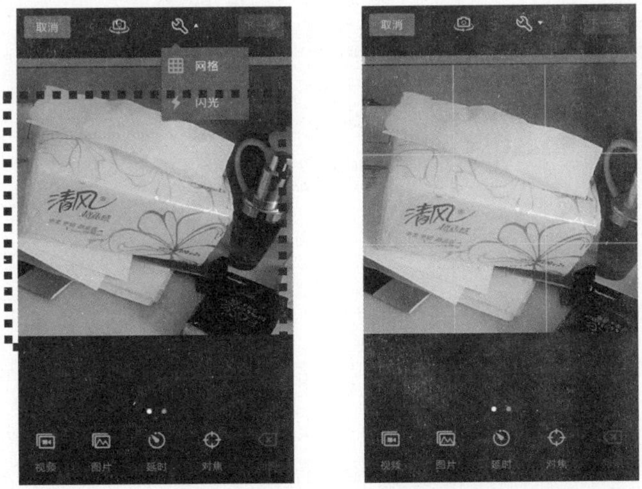

图 8-10　视频拍摄网格调位

4．编辑制作

拍摄完成之后，点击右上角的“下一步”，进入视频编辑界面。在视频编辑的过程中（见图 8-11），可以有水印、配乐、滤镜、主题等四个功能。通过这些功能，我们可以对视频进行简单的视频编辑，如添加音乐、个性化水印、滤镜等画面处理等。

当然，在视频编辑过程中，如果出现一些文字，我们可以点击这些文字，然后编辑水印中的文字（见图 8-12）。

图 8-11　视频编辑

图 8-12　编辑水印中的文字

5．微视发布

编辑完成后，点击右上角的“使用”按钮，进入发布页面（见图 8-13）。然后在编辑页面，针对视频编辑添加文字、表情、插入当前位置、提醒某人观看添加标签、设置是否私密、是否同步到微博、微信等，然后点击“发送”就完成了整个视频发布的工作。

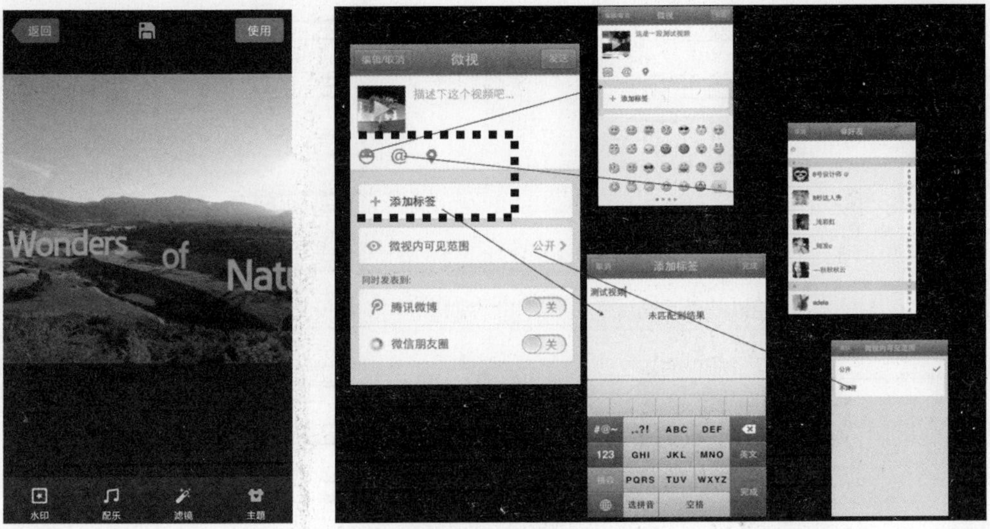

图 8-13　微视发布

8.4　微视营销

视频广告其实本来就是互联网上比较流行的一种形式，包括原来传统的电视广告和互联网视频广告，现在都已经在网络营销中占据比较大的比例。对于微视来说，虽然只有 8 秒的短视频，但它依旧可以承担营销的作用。

微视营销跟微博、微信营销基本上差不多，在注册完微视账号后就是需要推广微视，发布视频内容，吸引粉丝关注。发布一些有创意、有意义的分享视频，鼓励微视用户转发评论，并和粉丝建立良好的沟通，培养客户。关于这一点我就不做太多的阐释，大家可以按照微信的推广思路来考虑。

我想说的就是，当你有一定的粉丝和用户的时候，你就可以推广宣传自己的产品或公司，可以录制一些简短的公司简介、公司活动、产品说明、客户见证、产品广告等微视。当然，对于这些“硬”广告，需要注意的就是发布要适量，个人建议每周发 1~2 条就可以了。不要大量的发布，不然很多粉丝都会对你反感，取消你的关注，这样的话就得不偿失了。

直接发“硬”广告并不是上上之策，但企业从事微视营销主要是出于营销目的，最好的办法就是采取广告软发的办法。如植入广告，通过一个精彩的微视，可以巧妙的将自己的产品或品牌植入到微视里面去（见图 8-14）。

图 8-14　微视置入广告

第 9 章

其他移动互联网应用

随着智能手机的普及和 3G 移动互联网技术的迅速发展，手机的概念正在被重新定义，其功能不再仅仅限于通讯工具。人们对手机的依赖性越来越高，手机已经成为普通民众生活中不可或缺的一部分。除了在前面说的这些移动互联网应用之外，手机的应用还有以下几大类：

9.1 移动支付

整个 IT 行业都在由互联网平台向移动互联网平台进行迁移或升级，移动电商作为移动互联网中最典型的一种基础应用，也将成为移动应用中最为核心的一部分。而移动支付作为移动电商的重要支撑，它将成为移动应用中非常重要的一个领域。

9.1.1 移动支付的概念

移动支付是利用手机进行金融支付的统称。从用户使用场景分类，移动支付产品可大致分为近场支付和远程支付两大类。近场支付是指手机通过近场通信技术（如 NFC、2.4G 等），与近场金融机具（如 POS 机、自动售货机、智能手机等）进行交互，完成支付。典型应用如公交一卡通、小额电子钱包等；远程支付是指手机通过远程网络（3G 网络、短信），与远程服务器交互，完成支付。典型应用如转账、还款、网上支付等。

当然，随着技术的发展以及用户需求的不断提高，各种支付开始交叉融合，近场支付和远程支付之间的界限变得越来越模糊。但不管怎样，与传统支付相比，移动支付更方便、更灵活，能为用户提供优质便捷的金融服务。

9.1.2　移动支付产业链

移动支付作为支付服务的下一块淘金宝地，正迅速渗入普通消费者生活的方方面面，爆发出巨大的发展潜力。移动支付涉及范围广，产业链长，如图 9-1 所示，在国内，银联、银行、第三方支付以及移动运营商等机构都纷纷针对自身业务特点，推出了移动支付产品，构建了丰富的移动支付产业生态圈。

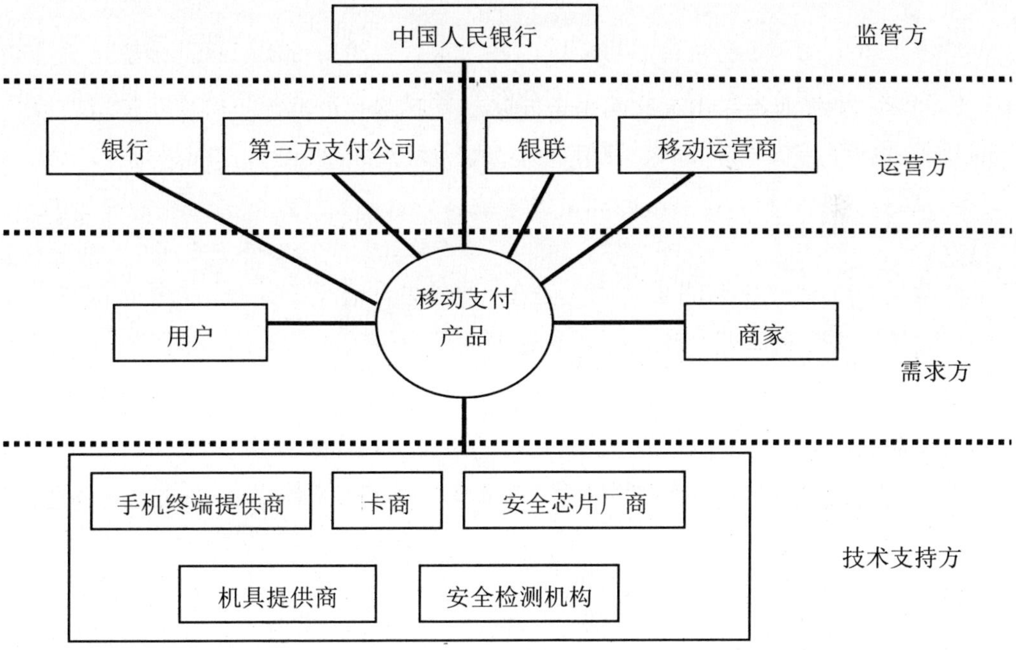

图 9-1　移动支付产业链

1. 中国人民银行

根据《中国人民银行法》，中国人民银行是第三方支付机构监督方，可依法制定支付结算规则，维护支付清算系统的正常运行，并对第三方支付机构的行为进行监督。

2. 银联

中国银联是中国的银行卡联合组织，承担了银行卡跨行转接清算功能，自2002年成立以来，银联一直在探索和发展能使各方共同参与的移动支付模式，目前已经推出了第三代移动支付标准，其核心理念就是以金融智能卡为载体，承担金融支付应用，通过无线通信网络以及非接触通信技术进行支付。

3. 银行

银行承担发卡方的角色，目前国内各大银行也纷纷推出了移动金融产品，如手机网银、手机无卡 ATM 取款等。当然，移动支付的业务也涵盖了柜台所支持的转账、查询、缴费、还款、理财等各项业务，也帮助降低银行柜台压力。

4. 移动运营商

截至2012年，中国的三大移动运营商均成立了移动支付公司，并获得了央行颁发的第三方支付牌照。移动运营商逐渐由外围进入移动支付产业核心，从通信渠道慢慢向移动支付终端提供者、资源整合者甚至是发卡机构、资金清算机构等角色发展。

5. 第三方支付公司

第三方支付公司在获得了支付牌照后，业务的合法性获得了政策的认可；未拿到支付牌照的第三方公司，根据自身特点，也在产业链里找到了自己的位置，如有的公司提供支付产品设计方案，有的公司专门为有牌照的公司做支付产品运营等。

6. 上游厂商

如图9-1所示，上游厂商包括以下5个部分：

（1）安全芯片厂商：各类基于硬件产品的移动支付方案都需要用到安全芯片，其作用是为用户金融数据的保存和交易数据的加密提供支持。

（2）机具提供商：机具终端提供了最终的支付受理环境，其产品形态也不断创新，有的能支持电子签名，有的能支持二维码扫描，有的能插在手机上接受刷卡。

（3）卡商：在一些近场支付产品中，用户的手机卡需要更换为卡商研究的内置安全芯片的手机卡。

（4）手机终端提供商：智能手机的普及是移动支付的重要基础，手机的性能和成本直接影响用户对产品的选择。

（5）安全检验机构：移动支付产品在上市之前，需要送往独立、权威的安全检验机构进行检验，以证明其产品的金融安全性。

9.2　移动游戏

近年来，我国网络游戏发展成熟，网页游戏如火如荼，移动游戏也不甘示弱，市场规模和用户规模都迅速增长，其中 PC 端的大量客户端网游经历了几年的高速发展之后，这部分人群中有很大一部分转入移动端网游。这为移动端网游保持持续发展的状态提供了最稳定的保障。

9.2.1　移动游戏的定义

移动游戏是指运行于手机或其他移动端上，通过移动网络下载或依靠移动网络进行的网络游戏。

9.2.2 移动游戏产业链

根据中国互联网信息中心（CNNIC）发布的《第 31 次中国互联网网络发展状况统计报告》显示，截止 2012 年 12 月底，我国手机游戏的用户规模为 1.39 亿，在手机网民中的使用率为 33.2%，比 2011 年增长了 3 个百分点。

除此之外，随着智能手机和移动互联网的快速发展和完善，移动游戏发展也非常迅速，逐渐成为网民的一种娱乐生活方式。越来越多的用户习惯在碎片化时间玩游戏，如乘公交车、乘地铁、排队和就餐等各种场景下均可随处可见在畅玩游戏的人。而关于移动游戏的产业链也逐渐完善。如图 9-2 所示，移动游戏产业链主要由电信运营商、手机游戏开发商、手机游戏运营商及推广平台、手机游戏终端制造商、用户共同组成。

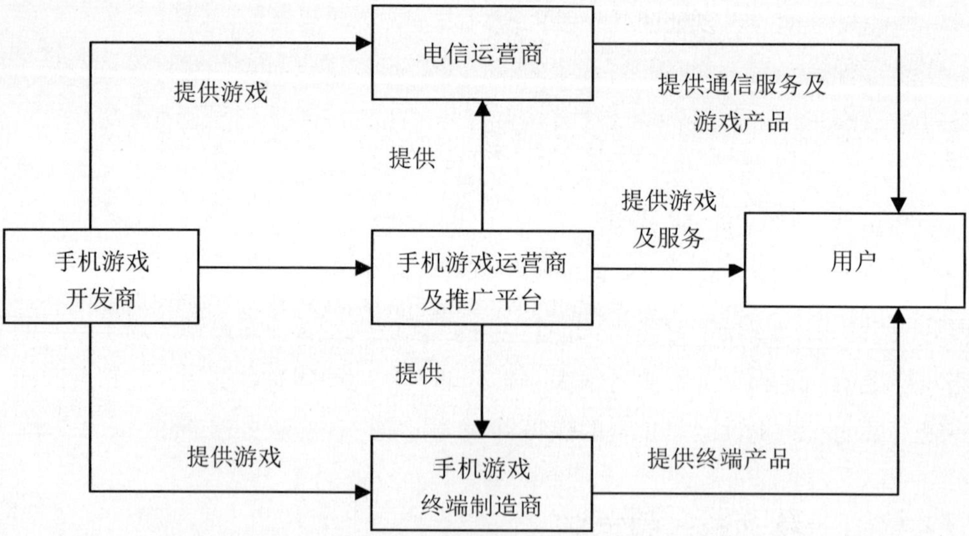

图 9-2 移动游戏产业链

产业链上的各主题中，电信运营商占主导地位，其次是手机游戏开发商（CP），移动游戏运营商及推广平台（SP），用户和渠道的地位最低。

9.2.3　移动游戏商业模式

第一种模式是完全免费的手机游戏，完全靠游戏中附加的广告盈利，严格地说，这并不算商业模式，更多的是通过“免费”培养市场的方式。目前，绝大多数游戏尤其是新生的游戏公司都是打着免费旗号进行营销推广。

第二种模式是下载收费，这种游戏业是目前中国市场最主要的方式之一，该模式在欧美、日韩都属于主流模式。不过，在国内的付费手段比较单一，多数通过运营商的支付渠道实现，如短信扣费、WAP 扣费等，而在国外供的 WAP 网站等可以直接用银行卡付费，显然更为方便和安全。

第三种模式属于免费和付费模式相结合，玩家下载游戏免费，通过道具、服务等增值收费。目前国内多数打着免费旗号的手机网游都采取这种方法。

9.2.4　移动游戏营销

尽管移动游戏非常火爆，但对于企业来说，如何将移动游戏和自己的企业或产品结合起来，这一方面做的并不是太好。目前大多数都是采取在移动游戏中植入广告的模式。我在写本书的时候，主要是从企业的角度去思考的，关于移动游戏的推广就不做详细的介绍。

9.3 移动应用广告

在我们大多数人的记忆中，第一次接触移动广告（也称之为手机广告）可以追溯到 2001 年的“短彩信时代”。当时手机广告的投放载体是基于运营商通信管道的移动增值业务，包括了媒体和运营商合办的大大小小的短彩手机报，以及大量以数据库营销或会员服务为主的短彩信推送。由于移动广告的发展时间太久，大约在 1992 年开始就有了短信，1997 年有了彩信，接近 100%的手机用户使用短信，几乎 100%的上网用户使用彩信。因此短彩信技术是最成熟的，用户规模也是最大的，使用习惯也是最普遍的。

但不可否认，虽然短彩信广告非常成熟并且能带来一定的效果，但过度的使用也会让消费者感到厌倦，随着移动终端性能的不断提升、LBS（基于地理位置的服务）和 AR（虚拟现实增强）技术的日渐成熟，给移动互联网营销和移动互联网广告的发展带来了无限可能。

相比于移动互联网的快速发展，移动广告明显要滞后于移动互联网的发展，但在最近一两年，移动广告也有了好的发展趋势。如根据艾瑞咨询的研究调查报告显示：2012 年中国移动应用广告平台营业收入规模为 10.6 亿元，相比 2011 年增长了 135.6%。

9.3.1 移动广告的概念

随着智能手机的普及，移动应用商店中可供下载的 APP 数量激增，iOS/Android 的商店中已经超过了 100 万款，使得移动 APP 成为了移动营销的前沿阵地。与此同时，随着腾讯、新浪、凤凰、百度等门户巨头纷纷转战移动互联网，建立起基于 WAP 站点的手机门户网站，并迅速占领用户的移动端人口，数以千万甚至亿计的消费者正使用移动设备去搜索、了解和比较品牌、产品以及服务信息。于是，短彩信、手机网页以及 APP，成为移动互联网的三大广告形式。

我们认为：无论短彩信、手机网页还是 APP，其本质都是基于移动终端、移动环境和移动消费者的移动“应用”，消费者通过移动设备（手机、平板电脑等）访问这些移动“应用”时所显示的广告，我们称之为移动广告。

对大多数消费者来说，移动广告还是一个新鲜的东西，它提供了其他传统媒体无法提供的便捷随时的交互体验，比如兑现优惠券、观看视频、手机支付等。对于品牌主而言，移动广告相对于传统广告，主要体现在以下几个方面的不同。

1．精准性

与传统媒体相比，移动互联网广告的核心差异就是它能做到到人、到位。首先，它突破了传统的报纸广告、电视广告、网络广告等单纯依靠庞大的覆盖范围来达到的营销效果的局限性，而且移动广告媒体在受众人数上有了很大的超越，传播面甚至更广。其次，通过技术手段，移动广告可以根据用户的实际情况和实时情境，在适当时间，将合适的广告直接推动到相应的人的手机上，实现现实的“精准传播”。

2．即时性

移动广告的即时性来自于手机的可移动性和随身性，移动广告对用户的影响是全天候的，广告信息的到达也是随时随地、最及时最有效的。

3．互动性

相比传统营销手段，移动广告则在品牌主和用户直接建立了一座双向交流的桥梁，用户可以非常方便地发条短消息，或者直接呼出商家的电话，还可以直接把有用的广告内容通过社交分享或者信息转发提供给亲朋好友，这一切让用户的主动性增强了，也让品牌主更及时地了解用户的需求和反馈。

4. 整合性

移动广告的整合性优势得益于移动互联网技术的高速发展，智能手机将不仅仅是一个实时通话设备，更是一个集影音、娱乐、游戏、金融等为一体的功能丰富强大的工具。通过文字、图片、视频等不同形式组合，再加上 HTML5、LBS、AR、重力感应、二维码扫描等技术手段，将呈现出丰富多彩、功能多样的移动广告。

9.3.2 移动广告的形态

移动广告虽然有百种玩法、千种样式，但要究其根本，一定广告的形式其实也就只有三种：文字、图片和视频（包括语音）。下面我们根据移动广告的三大类型短彩信、移动网页和 APP 上的主流运用，对移动广告进行分类，大致分为以下几种。

1. APP 启动全屏

APP 启动全屏的优点是启动时自动打开，强迫关注，由于对用户的骚扰直接，一般只服务于大型品牌主，因此广告的设计大多比较精美。

2. 首页或内页焦点图

手机网站或 APP，在开启后的首页或内页的固定位置设置焦点大图广告，与互联网的 Banner 广告类似，一般也会有三轮播或五轮播。

3. 富媒体广告

在手机网站或 APP 开启后，从手机屏幕上方或下方弹出广告 Banner，类似互联网的飘窗，可以手动关闭。

4. Banner广告

位于手机网站或APP的顶部，图片的高度是3~5毫米，有的可以手动关闭。

5. 文字连接广告

这种广告非常普遍，各大手机网站、APP内，都在各种位置上设置了文字连接广告，一般要求控制在13~17个字符之间，文字连接广告用于各种营销活动的推广中。

6. 短彩信广告

这里所指的是包括短信、彩信等给予移动运营商通信管道的可以作为媒介的移动增值业务，如中国最大的手机报媒体12580生活播报、交通违章查询、本地优惠券等。

7. 移动视频贴片广告

移动视频贴片广告是指用户用手机、平板电脑观看视频时弹出来的广告，是移动视频主体不可放过的一种广告模式，因为在手机和平板电脑上看视频时，用户比在PC上更愿意点击视频广告。

9.3.3 移动应用广告的困境

移动广告尽管在近年来保持平稳向上的发展势头，但相比移动互联网的发展速度，它还处于起步阶段。同时，与全球发达的广告市场相比，国内广告本身就处于后发、初级发展阶段。很显然，目前来说，国内的移动广告还处在一些问题。

1．移动应用广告平台开发者即时回报率低

移动应用广告从出现之日起就以其即时互动性、位置获知功能和投放精准度见长，这些优势令其他传统广告载体可望不可及。但这也对移动应用广告在技术水平上提出了更高的要求，决定了移动应用广告平台不能追求短期利益，要放眼长远，在技术上进行战略投资。

除此之外，移动应用广告还要肩负移动应用开发者的利益，而目前品牌广告主对移动广告平台的效果大多都处于观察阶段。所以就目前来说，移动广告平台多处于“烧钱”阶段。

2．第三方效果监测缺失

与电视广告、互联网广告相比，移动应用广告平台自身尚处于起步阶段，其整体行业环境需要不断健全。目前，各移动应用广告平台的数据都是各自拥有、各自发布，缺乏独立的广告主和移动广告平台之外的第三方效果监测和数据发布。这也会导致广告主对移动互联网广告效果普遍缺乏信任。

3．品牌广告主对移动应用广告认识度不高

品牌广告主对移动应用广告平台投入还处于谨慎试水阶段，一方面由于缺乏统一规范和具有公信力的营销效果数据，另一方面是无法聚集行业力量。移动应用广告平台常常在产业链中处于被动的地位，而无法得到品牌广告主真正的认识和尊重。

4．移动应用广告平台面临其他形式广告平台的竞争

电子商务类广告主在智能手机端投放水平下降，转而利用对价格战更为有利的微博营销。因此，移动应用广告平台在想方设法从传统媒体、网络媒体那里取得广告的同时，还要面对新型的网络营销形式的竞争。如在国外，Facebook 推出

了“达到率生成器”（reach generator），提出了 CPC（按点击付费）和 CPM（按展示付费）的模式，对移动应用广告平台产生不小的冲击。

9.4　移动搜索

与 PC 端搜索引擎相比，移动搜索远远要平静得多，但随着移动终端的日益普及和 3G 网络环境的成熟，用户搜索行为从 PC 端逐渐向移动端延伸、融合。搜索引擎整体市场份额概念被更多地探究和认同。PC、移动的整体市场份额将能够更加真实地反映出市场发展情况。因此，在本节中，我们重点介绍一些移动搜索的相关概念。

9.4.1　移动搜索的概念

移动搜索是指以移动设备为终端，进行对普遍互联网的搜索（见图 9-3），从而实现高速、准确地获取信息资源。随着科技的高速发展，信息的迅速膨胀，手机已经成为信息传递的主要设备之一。尤其是近年来手机技术的不断完善和功能的增加，利用手机上网也已成为一种获取信息资源的主流方式。

图 9-3　移动搜索

9.4.2 移动搜索应用

1. 语言搜索

苹果在推出 iPhone 4s 期间，苹果公司也推出一个语言服务 Siri 语言控制功能。使用这个功能我们就可以直接把手中的 iPhone 变成一个智能化的机器人，可以公共语音让手机进行天气查询、搜索查询等功能。同时苹果系统的对手安卓也在很短时期内推出语音操作系统，这一手机功能上的创新也将会改变搜索者的搜索行为。我认为，在未来，移动搜索将会把语音搜索变成一个重要的搜索途径，只要你说几句话就可以进行搜索，将会使许多的搜索用户舍弃繁琐的键盘输入，使用语音搜索。

2. Google 搜索

Google 推出了一系列的产品如加密搜搜、Google+、搜索加上你的世界（SPYW）等，进一步突出搜索的个性化。未来移动搜索也不例外，移动搜索的功能将会变得更加个性化，移动的搜索结果也将根据搜索位置、搜索偏好、以及个人的社交网络信息等做出调整。同时，我认为基于移动设备的特质，移动设备的搜索结果也将更加本地化，你的搜索结果将会以你本地附近的搜索结果为主。

3. 百度搜索

百度搜索客户端主界面包括四部分：搜索区（包括垂直搜索切换、搜索框、语音输入搜索）、内容导航区（包括新闻、贴吧、小说、热搜榜、导航）、Ding Widget 切换区、功能导航区。整体 UI 设计很清爽，并能在设置中选择预设或本地图片作为个性化壁纸。值得一提的是，其语音输入搜索相当棒，在相对安静环境下普通话识别率接近 100%，方言识别测试也竟能识别大部分，体验的确很赞。

最吸引人的是主界面下方的 Ding Widget。Ding 是将百度的搜索引擎优势，与用户的信息获取需求紧密连接的重要纽带。Ding 的添加过程非常有意思：当用户在搜索天气、股票、小说类关键词时，在搜索结果的第一条会显示 Ding 结果，用户可以自行将 Ding 添加至客户端首页。通过 Ding，用户可以在百度搜索客户端主界面上第一时间获取到所关注信息的最新状态。

2012 年，百度在移动搜索领域展开了多端布局，从入口上看就包括了网页版移动搜索、百度移动搜索 APP 以及内嵌于手机浏览器、WAP 站等各处的移动搜索框，这让用户可以从多个渠道获得快速、全面、精准的移动搜索服务，也让百度在移动互联网时代的入口地位得以凸显。

2013 年 1 月，国内知名 IT 网站 TechWeb 发布“2012 年最受欢迎的十大移动应用”榜单，经过用户和组委会票选，百度移动搜索、微信、微博等移动互联网热门应用凭借为用户提供的个性化、智能化的优质搜索体验，跻身 2012 年最受欢迎十大移动应用。

4．盘古搜索

由新华通讯社和中国移动通信集团公司联手打造的搜索引擎——盘古搜索 2011 年 2 月 22 日正式上线开通，覆盖了新闻搜索、网页搜索、图片搜索、视频搜索、音乐搜索、时评搜索以及一系列实用的生活资讯搜索。

盘古搜索将互联网服务与移动终端深度融合，充分利用新华社的新闻信息资源和中国移动的技术优势，提供搜索服务新体验。其中“网页搜索”采用了将桌面搜索结果“直达”手机短信的服务方式。

5．中搜搜索

2013 年 12 月 12 日，北京中搜网络技术股份有限公司发布移动个人门户平台搜悦 3.0。该平台是以搜索技术为核心基础，实现多个移动互联网的入口级功能。

其主要功能包括：搜索、阅读、网址导航、应用商店、购物、线下商户评价、社区等。这些功能都带有显著的个性化特色，例如阅读的个性化订阅、线下商户的电子会员卡包、网址导航的个性化设置等等。

9.4.3 移动搜索与桌面搜索的区别

移动搜索更容易搜出本地的搜索结果，但还不能按照品牌和商店进行过滤搜索，因为绝大多数人用手机搜索兴趣点应该在本地信息上。

移动搜索用户与桌面搜索用户相比，对搜索结果的关注度较高，但由于屏幕所限，很少有用户使用下拉条，在移动搜索结果上排名第一与第四之间的点击率可能相差 90%以上。

移动搜索结果很少使用过滤，搜索引擎会记录你的习惯，给出定制的搜索结果并展示，点击率和跳出率是决定移动搜索结果排名的一个关键词因素。

移动搜索很少使用关键词，用户所处的“地点”是关键，而桌面搜索就宽泛得多，内容是通用的，地点也不是那么重要。因此，如果你要优化自己的手机网站，做地区优化是必不可少的，甚至需要你修改网站的地理位置信息。

9.4.4 移动搜索优化

既然出现了移动搜索，网站自然就会根据关键词出现搜索结果排名，因而也会诞生出针对搜索引擎排名而产生的搜索引擎优化。截止目前，移动搜索引擎的相关情况还处于摸索过程中，因此对于如何进行移动搜索引擎优化，还没有一个比较明确的定义。但经过我的初步研究，我们可以从传统网络搜索引擎优化（SEO）的相关规律入手考虑。重点还是那三句话：内容为王、外链为皇、关键词是基础。

至于如何具体进行优化，大家可以去阅读我的作品《你的网站赚钱吗——写给 4000 万中小型网站的网络营销工具书》。

9.5 移动云端

9.5.1 云端的概念

云端是一个小软件，但又是一个大平台。安装云端之后，再使用其他软件时将不再需要安装——点击、下载、直接使用。并且，通过虚拟化的运行环境，能够保持系统长久的干净、绿色，并保持软件与系统的安全隔离——此方面类似沙盒（sandbox）。简言之，云端=应用软件的免安装/便携化安全环境。需要注意的是，云端软件平台的“云端”二字，并不是指目前正在热炒的“云计算”。云端是基于应用虚拟化的技术的软件，它与 VMware ThinApp、Symantec SVS、Microsoft APP-V 在技术上有共同之处，但这三者都是面向企业级市场提供服务，而云端是面向普通用户群体的免费软件。

9.5.2 云端特点

1．虚拟化环境，带给系统轻便、干净、稳定，减少重装烦恼

（1）全面绿色化

绿色软件通过分析安装过程、修改、删减而有免安装、方便卸载、移动便携等优点。但仍旧是运行在真实环境，有些绿软仍然要写入注册表。

云端为软件提供虚拟化的运行环境，在保证软件完整性、无改动的情况下，囊括绿色软件所有优点，并为软件运行虚拟注册表、文件 io 等，让软件运行全程无污染，全面绿色化。

（2）隐藏与激活

隐藏与激活是系统与软件之间的阀门。隐藏的软件会被撤出虚拟环境，该软件各虚拟位置（如 C:\Program Files 下的安装目录、注册表等）将从系统中消失，保持虚拟环境和系统的高效率工作，和系统环境的清洁。软件激活时，将被装载入虚拟环境，保持与系统良好的关联。

当需要时，可从隐藏状态直接运行软件。

（3）重装系统不再烦恼

重装系统的最大烦恼之一：所有软件都要重新安装。但如果安装了云端，重装后只需在云端指定原来的缓存目录，所有软件即刻恢复使用，帮你消除重装烦恼，还你轻松与快捷。

使用此功能，要求缓存目录必须设置到非系统盘。

（4）操作系统保护

云端提供的虚拟化环境，极大地避免了软件安装使用和软件安装过多带来的操作系统出错、系统运行缓慢等，有效去除了软件卸载不干净而残留的注册表、dll 文件等系统垃圾。降低了重装系统的频率，保护系统的干净、稳定。各种软件想装就装，不再怕系统被拖慢、污染。

2. 一键化的操作，体验速度与流畅

（1）一键使用

所有云端软件平台的软件资源，从下载到使用一键搞定，体验流畅与快捷。

（2）一键重置

运行异常、出错的软件，一键重置为初始完好状态。解决了以往需要把软件卸载后再重装的麻烦。

（3）一键删除

不再有繁琐的、要“下一步、下一步”点击的卸载。在云端，无用软件一键删除，快速无痕。

（4）一键备份

本地软件列表一键备份到网络服务器，配合云端资源平台，随时随地使用你熟悉、中意的软件。

3．丰富、安全的软件资源，便捷的软件使用、获取方式

（1）丰富、安全的资源

云端的软件资源，注重质量，不断丰富。所有软件均经过虚拟化处理，无毒、无木马、无捆绑插件，放心使用。

（2）快速装机

内置在云端的“装机必备”列表，涵盖常用流行的软件，帮你迅速装机。迷你资源门户，让你快速搜索、下载所需软件。

（3）免安装使用

云端软件平台的所有软件都免安装使用，省去每次安装的繁琐，节约你的时间。

4．方便实用的软件管理，灵活软件分享，移动便携

（1）软件分类管理

软件分类管理，直观、清晰；软件状态图标，状态一目了然。让你集中、方便地管理软件。

（2）软件分享灵活方便

云端提供多种软件分享方式：将本地云端缓存复制到另一台电脑上，即刻可用；将本地云端软件列表或下载链接导入另一台电脑，即可下载。

云端的多点分发，在局域网内分享时，下载可达到局域网内传输的高速。

（3）软件轻松移植，移动便携

云端里的软件可以轻松移植至别的电脑中，换了电脑，也可立即使用。

可将云端缓存设置在移动存储上，或将缓存复制到移动存储中，实现软件随身携带，移动办公。

附　录

术语解释

3G：即第三代移动通信技术，是指支持高速数据传输的蜂窝移动通信技术。3G 服务能够同时传送声音及数据信息，速率一般在几百 Kbps 以上。3G 是指将无线通信与国际互联网等多媒体通信结合的新一代移动通信系统，目前 3G 存在 3 种标准：CDMA2000、WCDMA、TD-SCDMA。

4G：即第四代移动电话行动通信技术，该技术包括 TD-LTE 和 FDD-LTE 两种制式，4G 是集 3G 与 WLAN 于一体，并能够快速传输数据、高质量音频、视频和图像等。4G 能够以 100Mbps 以上的速度下载，比目前的家用宽带 ADSL（4M）快 20 倍，并能够满足几乎所有用户对于无线服务的要求。此外，4G 可以在 DSL 和有线电视调制解调器没有覆盖的地方部署，然后再扩展到整个地区。

HTML5：HTML5 是用于取代 1999 年所制定的 HTML4.01 和 XHTML1.0 标准的 HTML 标准版本，现在依然处于发展阶段，但大部分浏览器已经支持某些 HTML5 技术了。HTML5 有两大特点：首先，强化了 Web 页面的表现性能；其次，追加了本地数据库等 Web 应用功能。

HTML 语言：Hypertext Markup Language 的缩写，即超文本标记语言，是用于描述网页文档的一种标记语言。

iOS：iOS 是由苹果公司开发的手持设备操作系统。苹果公司最早于 2007 年 1 月 9 日的 Macworld 大会上公布这个系统，最初是设计给 iPhone 使用的，后来陆续套用到 iPod Touch、iPad 以及 Apple TV 等苹果产品上。iOS 与苹果的 Mac OS X 操作系统一样，它也是以 Darwin 为基础的，因此同样属于类 UNIX 的商业操作系统。原本这个系统名为 iPhone OS，直到 2010 年 6 月 7 日 WWDC 大会上宣布改名为 iOS。

Android：是一种以 Linux 为基础的开放源码操作系统，主要使用于便携设备。目前尚未有统一中文名称，中国大陆地区较多人使用安卓（非官方）或安致（官方）。Android 操作系统最初由 Andy Rubin 开发，最初主要支持手机。2005 年由 Google 收购注资，并拉拢多家制造商组成开放手机联盟开发改良，逐渐扩展到到平板电脑及其他领域上。2010 年末的数据显示，仅正式推出两年的操作系统的 Android 已经超越称霸十年的诺基亚 Symbian 系统，跃居全球最受欢迎的智能手机平台。Android 的主要竞争对手是苹果的 iOS、微软的 WP7 以及 RIM 的 Blackberry OS。

OMS：OMS 操作系统是中国移动主导的开放式操作系统，其基于 Google Android，参考了苹果 iPhone 操作系统和 Windows Mobile 手机操作系统的优点。但与 Windows Mobile 全封闭式不同的是，中国移动可以在 OMS 上嵌入所有自主开发或者协议方开发的应用软件，据业内人士分析，此系统有望成为中国移动“掌控移动互联网平台的入口”。

O2O：Online to Offline 的缩写，即将线下商务的机会与移动互联网结合在一起，让互联网成为线下交易的前台。

SNS：Social Networking Services 的缩写，即社会性网络服务，专指在帮助人们建立社会性网络的互联网应用服务。也指社会现有已成熟普及的信息载体，如短信 SMS 服务。SNS 的另一种常用解释是 Social Network Site，即“社交网站”或“社交网”。

Wi-Fi：Wi-Fi 是一种可以将个人电脑、手持设备（如 PAD、手机）等终端以无线方式互相连接的技术。Wi-Fi 是一个无线网路通信技术的品牌，由 Wi-Fi 联盟所持有。目的是改善基于 IEEE 802.11 标准的无线网路产品之间的互通性。现时一般人会把 Wi-Fi 及 IEEE 802.11 混为一谈，甚至把 Wi-Fi 等同于无线网际网路。

APP：APP 应用指可以在移动设备（包括平板电脑、手机、和其他移动设备）上运行的一切应用程序。

二维码（2-dimensional bar code）：是用某种特定的几何图形按一定规律在平面（二维方向上）分布的黑白相间的图形来记录数据符号信息。在代码编制上巧妙地利用构成计算机内部逻辑基础的“0”、“1”比特流的概念，使用若干个与二进制相对应的几何形体来表示文字数值信息，通过图像输入设备或光电扫描设备自动识读以实现信息自动处理。二维条码/二维码能够在横向和纵向两个方位同时表达信息，因此能在很小的面积内表达大量的信息。

移动搜索：移动搜索是指以移动设备为终端，进行对普遍互联网的搜索，从而实现高速、准确地获取信息资源。随着科技的高速发展，信息的迅速膨胀，手机已经成为了信息传递的主要设备之一。尤其是近年来手机技术的不断完善和功能的增加，利用手机上网也已成为一种获取信息资源的主流方式。

社会化媒体（social media）：是一种给予用户极大参与空间的新型在线媒体，博客、维基、播客、论坛、社交网络、内容社区是具体的实例。正文从社会化媒体的概念、重要性、具体形式等方面进行阐述。

社会化电子商务（social commerce）：是电子商务的一种新的衍生模式。它借助社交媒介、网络媒介的传播途径，通过社交互动、用户自生内容等手段来辅助商品的购买和销售行为。

SoLoMo：2011 年 2 月，著名风投、美国 KPCB 风险投资公司（Kleiner Perkins Caufield & Byers）

合伙人约翰·杜尔（John Doerr）第一次提出了“SoLoMo”这个概念。他把最热的三个关键词整合到了一起：Social（社交）、Local（本地化）和 Mobile（移动）。随后，SoLoMo 概念风靡全球，被一致认为是互联网未来发展趋势。

LBS：基于位置的服务(Location Based Service，LBS)，它是通过电信移动运营商的无线电通信网络（如 GSM 网、CDMA 网）或外部定位方式（如 GPS)获取移动终端用户的位置信息(地理坐标,或大地坐标),在 GIS(Geographic Information System，地理信息系统)平台的支持下，为用户提供相应服务的一种增值业务。

移动广告：移动广告是通过移动设备（手机、PSP、平板电脑等）访问移动应用或移动网页时显示的广告，广告形式包括：图片、文字、插播广告、HTML5、重力感应广告等。

开放平台（Open Platform）：在软件业和网络中，开放平台是指软件系统通过公开其应用程序编程接口（API）或函数（function）来使外部的程序可以增加该软件系统的功能或使用该软件系统的资源，而不需要更改该软件系统的源代码。

反侵权盗版声明

举报电话：（010）88254396；（010）88258888

传　　真：（010）88254397

E-mail：dbqq@phei.com.cn

通信地址：北京市万寿路173信箱　电子工业出版社总编办公室

邮　　编：100036

電子工業出版社 PUBLISHING HOUSE OF ELECTRONICS INDUSTRY http://www.phei.com.cn

BroadWell 博文电商 电商图书旗舰品牌

明星图书推荐

淘宝大学 电商精英 系列教程

《网店推广.店铺内功》

定价：69.00 元

《网店推广.实战分析》

定价：79.00 元

《网店推广.核心工具》

定价：69.00 元

《网店美工实操》

定价：59.00 元

《网店视觉营销》

定价：59.00 元

《数据化营销》

定价：68.00 元

《流程化管理》

定价：68.00 元

《电商大数据——用数据驱动电商和商业案例解析（软精装）》

雪鹰传奇　著

ISBN：978-7-121-22556-7

定　价：98.00元

淘宝开店天猫电商必读，决战大数据时代必读，国内第1本将大数据与电商完美结合的权威之作！

《中小网店流量宝典》

杨鑫　著

ISBN：978-7-121-23883-3

定　价：59.00元

让您花费最少的成本，获得更多流量。

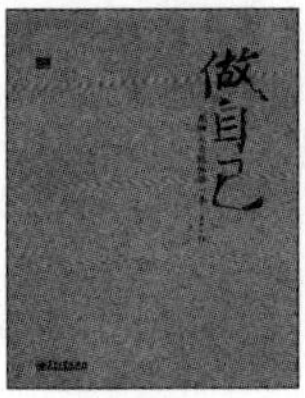

《做自己——鬼脚七自媒体第一季》

鬼脚七　著

ISBN：978-7-121-20710-5

定　价：77.00元

鬼脚七第1本自媒体著作，分享电商正能量。

《30分钟玩转视频营销（全彩）》

刘徽　著

ISBN：978-7-121-23162-9

定　价：59.00元

视频营销，未来十年最有价值的营销武器。

《移动互联网时代的品牌密码：重建用户口碑相传法则》

叶坚峰　著

ISBN：978-7-121-24152-9

定　价：49.00元

移动互联网时代，如何在线上做品牌。

《价值为王——互联网精准营销实战密码》

高学争　编著

ISBN：978-7-121-24011-9

定　价：80.00元

互联网精准营销的集大成者，更翔实的内容助力网络创业。